嘉靖帝的四季

[美] 窦德士——著

谢翼——译

皇帝与首辅

九州出版社
JIUZHOUPRESS

主要人物表

桂　萼（卒于 1531 年）　来自江西安仁。嘉靖在大礼议中最早的
　　　　支持者之一，和张孚敬亲密合作。

郭　勋（1475—1542）　一个杰出的军事家族的后裔，他继承了
　　　　侯爵头衔，后来成为公爵。嘉靖在大礼议中的强力支持
　　　　者，之后嘉靖的道教仪式的参与者。去世于狱中，被控巨
　　　　额腐败。

胡宗宪（1512—1565）　来自安徽绩溪。严嵩的党羽，生活豪
　　　　奢，但在镇压 1554 年至 1562 年倭寇的沿海袭扰中扮演了
　　　　主要角色。因与没收严嵩财产有关而被捕，去世于狱中。

霍　韬（1487—1540）　来自广东南海。鲁莽好辩，先前是嘉靖
　　　　的支持者，之后和其他大礼党派成员分道扬镳。

蒋太后（卒于 1538 年）　嘉靖的生母，为人意志坚定，与其子关
　　　　系密切，并分享了他对礼仪修正的热情。

仇　鸾（1505—1552）　来自宁夏的一个军事家族，继承了侯爵
　　　　头衔。大礼议中和之后嘉靖信奉道教的支持者。协助终结
　　　　了收复鄂尔多斯计划。在 1550 年俺答汗袭扰期间，被任
　　　　命为指挥明朝守军的大元帅，但表现糟糕。被指控勾结敌

人谋反，死后被斩首，直系亲属被处决。

王阳明（1472—1529） 来自浙江余姚。很可能是明代最伟大的全才。他的道德学说在整个国家产生影响，并且强烈影响了徐阶处理生活和政治问题的方式。

夏　言（1482—1548） 来自江西贵溪。精力充沛，拥有全权，是嘉靖的古代公共崇拜体系重建方案的主要设计师。1537年至1548年担任大学士。1548年，嘉靖由于他在复套之议中的角色将其处决。

徐　阶（1503—1583） 来自南直隶华亭。儒家伦理学家，培植了一批松散而热情的官僚追随者，其中包括许多改信王阳明学说的人。在1550年俺答汗对北京的袭扰期间跻身显赫地位。1552年至1568年任大学士。协助策划了严嵩的垮台，并且是嘉靖遗诏的主要作者，终结了道教的国教地位，并恢复了嘉靖年间所有政治和司法受害者的名誉。

严世蕃（1513—1565） 严嵩唯一的儿子及其官僚机器的总管。因腐败的指控于1562年被免职，1565年因谋反的指控被处决。

严　嵩（1480—1565） 来自江西分宜。1542年至1562年担任大学士，这是明朝历史上最长的任期。他作为一名政客的效用最终被其严重的腐败损害，最终耻辱地死去。

杨廷和（1459—1529） 来自四川新都。作为首辅，协助安排了嘉靖在1521年的登基。在大礼议中反对嘉靖，并于1524年致仕。1528年，嘉靖将其削职为民。

曾　铣（1499—1548） 来自扬州江都。其详尽的收复鄂尔多斯地区的计划最终被嘉靖驳回，并被处决。

张　璁 （1475—1539） 来自浙江永嘉。礼仪学者、理论家、官僚战士，以及嘉靖的亲密个人顾问。大礼议期间坚定地站在嘉靖一边，从 1527 年至 1535 年担任大学士。1531 年，嘉靖赐名"孚敬"。

朱厚熜 （1507—1567） 嘉靖帝。

朱厚照 （1491—1521） 正德帝，嘉靖的堂兄和前任。他没有兄弟和儿子，因此打开了嘉靖的即位之路。

朱祐樘 （1470—1505） 弘治帝。朱祐杬的同父异母兄长、嘉靖的伯父。嘉靖拒绝过继成为他的儿子，引起了大礼议和 1524 年的镇压。

朱祐杬 （1476—1519） 嘉靖的父亲，兴王。他应被如何尊崇的问题使明朝官僚出现两极分化，1524 年，嘉靖在僵局中彻底胜利。

大事年表

1507 年	9 月 16 日，未来的嘉靖帝朱厚熜出生于兴国的所在地安陆（今湖北钟祥）。
1519 年	嘉靖的父亲兴王去世。
1521 年	嘉靖作为其堂兄、无子的正德帝的继承人抵达北京。
1524 年	围绕大礼的示威和镇压。一场严重的兵变在大同爆发。
1527 年	大狱的镇压。
1528—1529 年	青羊山盗匪最终被镇压。
1530—1531 年	复兴古代礼仪和建造所需殿堂的关键年份。
1535 年	1527 年以来的大学士、首辅张孚敬最后一次被免职。
1536 年	夏言入阁。
1539 年	由于莫登庸的屈服，出兵安南的计划被取消。嘉靖访问了安陆（改名为承天）的儿时故乡。
1542 年	宫女暗杀嘉靖失败。嘉靖撤离紫禁城，并搬入西苑仍在建设中的建筑群。

1548 年	嘉靖终止了曾铣收复鄂尔多斯的计划。曾铣、夏言被处决。严嵩被任命为首辅。
1550 年	俺答汗袭扰北京（庚戌之变）。
1552 年	被指控谋反的大元帅仇鸾被处决。徐阶被任命为大学士。
1555—1559 年	倭寇沿海袭扰的高潮年份。
1562 年	严嵩被免职。徐阶成为首辅。
1565 年	严嵩之子严世蕃被处决，严氏庞大的财产被没收。
1566 年	海瑞呈上痛斥嘉靖的著名奏疏后被逮捕。
1567 年	1 月 23 日，嘉靖驾崩。其子朱载坖（隆庆帝）继承帝位。

导　言

　　1550 年世界人口大约为 4 亿，其中约四分之一处于明代中国的嘉靖帝（1521—1567 年在位）统治之下。明代中国是 16 世纪全球最大的有组织的政治实体——其人口数量、领土面积、财富规模都是最大的。没有一个中国人知道世界上真实存在能与其帝国匹敌的国家，世界上其他地方的统治者也对嘉靖帝一无所知，尽管他们必然听说过中国。

　　本书用"四季"来比喻嘉靖帝牢牢抓住控制国家的缰绳之后，其漫长统治的四个阶段。每一个阶段的突出标志在于不同的、强有力的首辅，他们与皇帝合作，应对迄至当时世界上要求最高的政治责任。

　　这位皇帝的姓名是朱厚熜，尽管从不曾有人如此称呼他。他经常由以下这些词汇称呼或者代指："上""圣""天子""陛下"，以及其他类似的词。为了方便起见，我们只用他的年号"嘉靖"来称呼他。

　　据记载，这个年号是由年轻的皇帝亲自选定的，出自儒家经典《尚书》中他最喜欢的章节《无逸》。"嘉"的意思是"改善，使华丽"，"靖"的意思是"安定"。他在西苑的主殿便名为"无逸殿"。这确实从政策角度简洁地阐述了这位皇帝将要特别关注之事，以及他将要采取的行动的严肃性。他的确是个认真的人。[1]

与嘉靖同时代的西欧，被宗教冲突和王朝战争撕裂。这是路德与加尔文、亨利八世与查理五世的时代。政治上，欧洲是一个不幸地由几个大国和 500 多个微小邦国组成的拼凑体。但是，西班牙人对玻利维亚的银矿的开采，加上日本生产的白银，使这种金属也开始充斥中国，银两成为标准的货币计量单位。印度的面积与中国接近，但是莫卧儿帝国与明廷毫无接触，巴布尔及其之后的皇帝在嘉靖在位期间忙于征服南亚次大陆。几乎与嘉靖同时期的苏莱曼一世统治下的奥斯曼土耳其侵入南欧，它虽然在 16 世纪中叶到达权势的顶点，却从未与中国发生任何接触。伊凡雷帝正在酝酿俄罗斯的指数级扩张，但是同样没有（亦未尝试）与中国接触。明代中国的扩张阶段在早先的一个世纪已经结束。中国的扩张是自行停止的，并且与其他大的政治体系相比，它是成熟的力量，其机构发达而稳定，政治思想锚定在文明的黄金时代，在地缘政治上的姿态是确定不变的。治理明代中国的庞大官僚机器也是同样成熟的，甚至是过分成熟的——在确实发挥作用的同时，也庇护了一系列锈斑，有一些仅仅是不美观的，而另一些则潜藏着严重的后果。

年轻皇帝的工作就是操控这部机器。巩固和扩张其权力范围不再是他计划中的内容，但是要确保这部机器按照明朝建立者的设计意图行事。这意味着它的缺陷和故障也被固定下来。下列事项受到严密监控：税收和国防，基础设施建设及其管理（控制黄河泛滥的水利设施、大运河生命线、交通系统等），国内治安和司法管理（两京十三省被分为 159 个府，监管着 240 个州、1114 个县及 1.5 亿百姓）。明朝政府同样管理着民间宗教及其大量公开仪式——嘉靖认为，在全国范围内建立涉及日常必需品和关系的宇宙象征主义的仓廪是至关重要的。这部机器由超过 2 万名有品级、有俸禄的官僚组成，他们通过国子监和科举考试跻身仕途，而科举的目的就在于网罗天下前途最为光明的青年才俊为国效力。

这部机器有着极强的自我调节能力，备有详细的程序规范。吏部负责官员的任命和定期考核，同时御史和给事中（二者合称"科道"）弹劾无用、腐败之人。由于言官提供想法、计划和建议，因此其中一些人受到高层的排挤、打压和惩戒。嘉靖是至高无上的，他独自执政并应要求做出最终裁断。为了提供必不可少的帮助，他有一个小型顾问团队，也就是内阁。

嘉靖并不是以通常方式继位的。在他 13 岁时，他的堂兄正德帝无嗣而崩。首辅杨廷和与张太后发布诏书召见他，一队谦逊的随行人员从位于北京以南 600 英里①外的安陆出发前往北京。这件事发生于 1521 年。

在他漫长的统治期刚开始的那几年里，年轻的皇帝表现出了自己的勇气。1524 年，他挫败了一场由 200 多名京师官员举行的示威。这些官员提出，皇帝应在礼仪上与其已故的父亲断绝关系，并同意过继给其父亲的兄长弘治帝，成为已经绝后的那一支的后嗣。尽管嘉靖还很年轻，但他决定对这一要求发起反抗。这个问题引发了很多激烈的情绪，就像我们今天（21 世纪初）关于同性恋权利和堕胎的辩论一样，影响了全国的子女和家庭秩序。最终，嘉靖在这场斗争中成功获胜，他也使自己成为确定无疑的独裁者。

---

① 1 英里约合 1.6 千米。——译者注（本书脚注均为译者所加，下文不再标示）

然而，如果没有首辅张孚敬的帮助，他或许无法取得成功。[2]

在"春季"阶段，嘉靖接着改革了明代中国全部的政府宗教仪式，修建（或重建）了北京的祭坛、寺庙和其他祭祀场所，使作为世界先进文明灯塔的中国自身的感受变得辉煌灿烂。礼仪并不仅仅是装饰性的。这是绝对严肃的事情，对于国内社会秩序意义重大，向所有外国人展示优越感是绝对必要的。张孚敬是首辅，他在这些尝试中提供了一只强有力的引导方向的手。

在嘉靖统治的"夏季"阶段，事情开始变得糟糕。嘉靖从紫禁城撤出，搬入西苑，舍弃了许多公共责任，但保留了对管理责任的关注。在首辅夏言的辅佐下，礼仪改革停息下来，明朝转而炫耀军事力量——在安南是成功的，至于夺回鄂尔多斯的计划则以悲剧收场。这个计划的崩溃使夏言付出了生命。

嘉靖的漫长统治时期的第三个阶段，即"秋季"阶段，在日益腐败的首辅严嵩的引导下呈现出懈怠和自我满足的特征。张孚敬在正义事业上是一位强硬的战士——他真诚、严肃、博学多才，所以嘉靖与他关系亲密。夏言才华横溢，精力充沛，但并不是一位耽于享乐的社交家，因而他对比常常感到厌烦，漫不经心。嘉靖对他印象深刻但从不亲近。严嵩凭着细致、勤奋和对嘉靖信奉的道教的热情，最终受到宠信，尽管道路曲折坎坷。他的对手夏言用尽全部才智，也未能看出道教所有特殊的祷文和仪式的必要性。严嵩松弛的协商妥协政策，最终引发了 16 世纪中叶沿海地区和北部边疆危急的暴力浪潮。但是他仍然享有明朝首辅中最长的任期——1548 年至 1562 年，总计 14 年。

到了最后一个阶段，嘉靖时代的"冬季"呈现出令人振奋的改变：从严嵩腐臭的遗产到皇帝恢复了在最早的"春季"中对良好治理的兴趣。这是首辅徐阶的成就，是他说服皇帝抛弃老一套的能力和机制的结果。嘉靖驾崩时（1567年1月23日），徐阶正在工作，起草了嘉靖的遗诏，诏书将清除过去多年间由一人统治积累的肮脏碎屑。我已经写了一本有关徐阶的书，所以并不想重复其中说过的关于他的内容。[3] 比照三位前任来看徐阶，我将介绍一些新材料来揭示他的故事的其他方面，但并不想在此过早详述。

嘉靖是一个什么样的人？在他与自己的首辅们交换的书面信件这一语境之外，他是非常难以被理解的。四位首辅都留下了大量收藏的文书，被其后代或者感兴趣的党社印刷从而广泛传播。尽管如此，他们在一些文章中并没有将自己置于非常有利的地位。从嘉靖的御批和大学士们的答复中，今天的研究者可以通过这群位居官僚系统最高层的人透视管理国家的许多私密细节。尽管不是每个问题都能得到回答，但许多问题都是可以的。

原始档案对任何历史学家而言都是珍贵的收藏品。本书将其与嘉靖和四位首辅，也可以说是他的亲密顾问团队的故事交织在一起。其中，除了张孚敬是一位之前没有官僚经历的士人和理论家，夏言、严嵩以及徐阶三人在入阁之前都曾在礼部工作多年。在嘉靖时代，礼部是一个享有特权的执笔写作和训练未来大学士的机构。史料阅读并不仅限于他们与嘉靖之间的函件，还有他们的信件、奏疏和生涯早期的政策提议。这提供了一个深入详尽的视角，可以了解他们的生平和对许多重要（或不那么重要）事情的反应，这些贯穿了他们活跃的一生。等到他们每一个人入阁的时候，我们对他们是什么样的人就有了一定的了解，包括他们的缺点、才能和个人经历。

本书提供了一条进入这个中国历史上非常复杂的时代的途径，

至于更全面的研究则要等待未来的历史学家。我希望这部有点像打入瓦砾、泥土和岩石中钻孔的探测器一样的作品，能有效帮助读者了解嘉靖时代的一些争论和危如累卵的危机。本书不是一个单一的主题，而是把大量主题聚集在一起，从而表达出现实世界中嘉靖这位当时中国最高层管理者必须应对的一些事情。

最后，谨向施姗姗（Sarah Schneewind）的帮助和支持，薇姬·傅·多尔（Vickie Fu Doll）图书馆馆长的专业评价，帕勒罗（Pam Le Row）的文字技能以及 Rowman & Littlefield 优秀的编辑：苏珊·麦凯克恩（Susan McEachern），贾尼丝·布朗斯坦（Janice Braunstein）和奥德拉·菲金斯（Audra Figgins）表示感谢。

目　录

第一章

少年皇帝

初露锋芒

1521年，正德帝作为先皇的独子在29岁无嗣而崩。在此之前，建立于1368年的明朝皇室还从未遭遇过人丁繁衍上的挫折。首辅杨廷和与皇太后张氏迅速同意召见正德帝13岁的堂弟朱厚熜，而朱厚熜的父亲则是弘治帝之弟（弘治帝是正德帝的父亲，张皇后是他最重要的配偶）。这个年轻的小伙子已经听到了好消息。一个多月以来，明王朝的御座虚位以待指定的新继承人。[1]

朱厚熜是去世于1519年的兴王唯一存活的儿子。兴国被封于北京以南600英里外汉江之畔的安陆（今湖北钟祥）。一群象征着明朝权力结构各个关键组成要素（军队、文官以及宦官）的显贵，带着邀请和金符于正德死后的4月15日从北京出发，前去奉迎朱厚熜进京即位。他们是定国公徐光祚（明太祖麾下大将军徐达的后代）、寿宁侯张鹤龄（太后之弟）、驸马都尉崔元（朱厚熜祖父成化帝女儿的丈夫）、大学士梁储、礼部尚书毛澄以及三名太监。他们于5月2日到达安陆。为正德代写的传位遗诏由毛澄保管，崔元则携带金符。[2]

年轻的皇位继承人在安陆府门迎接迎侍诸臣，毛澄向他出示了诏书。他将诏书带入宫殿，并在迎侍诸臣和自己的随从面前宣读。所有人都对这位少年如何使场合变得更加庄严留下了深刻的印象。迎侍诸臣被赐以银币绢帛。

　　即使朱厚熜对自己被选中继承帝位这个消息感到喜悦，他也很好地将情绪隐藏了起来。由于要离开健在的母亲和已故的父亲，去面对新的生活和未知的命运，而不是为了素未谋面的驾崩的堂兄，他在公众场合总是一副流泪哀伤的样子。因此，5月6日，他在父亲的墓前伏地恸哭，左右不得不将他扶起。所有看到这一幕的人都被感动得落泪。次日，也就是5月7日，他在辞别母亲时又流泪了。母亲劝告他要成为尧舜之君，她稍后也将进京。

　　车驾同日前往北京。朱厚熜自己的随从有40余人，包括两名宦官、兴王府长史袁宗皋以及仪卫的指挥骆安，其余是卫兵和各类官员。一行人向北渡过汉江。少年命令一名太监下令，沿途不得骚扰当地官员和搜刮平民。湖广按察司副使因为车驾经过其管辖的区域时没有表现出适当的尊敬，结果被北京迎侍诸臣中的一名高级太监投入监狱。①

　　5月26日，车驾到达北京以南约20英里外的良乡，来自礼部的使者已在那里准备好迎接车驾入京的仪仗。由于朱厚熜是兴王，他将从所有来访亲王指定的入口，即北京城的侧门东安门入城，而不是从正阳门（今前门）入城。据说，年轻的亲王在阅读了程序之后对他的导师袁宗皋说："遗诏以吾嗣皇帝位，非为皇子。"袁对此表示赞同。

　　次日，亲王和他的行殿到达北京郊外，首辅杨廷和在那里第二次请他从东安门入城。袁宗皋对此表示反对："今上继序即帝位，可复行藩王礼耶？"他大声要求开启大明门，并由此入城。³知晓

---

① 原文表述疑有误，《通议大夫大理寺卿龙湫王公碑墓志铭》："又二年，迁湖广副使……至湖广，适武庙宾天，群臣奉皇太后旨迎今上嗣统。巨閹谷大用者，八党之一，亦在迎侍中。强公长跪，公不屈，肆行悖侮……而公即弃官归。"

这场争论的张太后最终向年轻的朱厚熜屈服，让他从正中的大明门进入北京。这是这位年轻的皇帝在制定礼仪和建立超越其上的最高权威的漫长斗争中取得的第一个小小胜利。

登基典礼在入城的同一日波澜不惊地举行了。定策国老杨廷和精心构思了一道复杂的诏书，内容包括皇位继承、减免全国范围的税收以及一份庞大的削减花费、消除滥赏的改革清单。新皇帝即位后的最初几年，将在执行这道诏书的过程中度过。

从此刻开始，我们就可以用他的年号"嘉靖"来称呼这位新皇帝了。但在之后的八个月中，仍然沿用正德年号纪年。与此相应，嘉靖元年将从 1522 年 1 月 28 日开始（明朝法律规定禁止在年中改元）。

但是，在 1521 年 9 月满 14 岁的朱厚熜与 61 岁的杨廷和之间，矛盾的种子已经种下。杨廷和从 1507 年开始就一直是大学士，1518 年成为首辅。对于内阁和整个文官集团而言，这绝非一段令人愉快的岁月。自 13 岁继位起，正德帝就厌恶傲慢的文官，在他统治的 16 年间，内官和侍卫军官以忽略、蔑视的态度和偶尔的残暴行径对待文官集团。杨廷和与大多数官僚决定控制住年轻的嘉靖，以确保复兴文官的尊严和权威，尽管他们从未控制住他任性的堂兄。实际上，嘉靖在此后很长一段时间内，证明了自己在和大学士们一起统治中国时是易于服从的。嘉靖与杨廷和在当时是意见一致的。是什么事情导致了他们之后的冲突？许多人将原因归咎于杨廷和对少年皇帝角色的错误判断，以及对皇室祖先崇拜仪式的技术细节的不当处理。

毫无疑问，嘉靖对其父兴王之死深感失落。兴王在 42 岁因"伤暑"去世之前，慷慨地把自己的注意力都放在儿子身上，给他上了第一堂儒家经典课，示范他如何使用毛笔，在如何做一位亲切、有同情心的藩王方面给他树立了榜样。嘉靖对父亲的爱和尊敬是漫无止境的，却因杨廷和的阻挠而无法表达出来。[4]

这个险些撕裂明王朝的问题，除了源自杨廷和未经深入思考和仔细研究的草率看法，也是由于父死子继的皇室正统因为正德帝无嗣已经终结，不得不以死后过继的方式维持整体性的延续。嘉靖不得不同意成为他的堂兄正德帝之父、自己生父的同父异母兄长弘治帝的养子。嘉靖按照常规，向已经去世的父亲给予礼仪规定限度的爱，而且宗室要在自己的封地表示出孝行。因为嘉靖是亲王的儿子，而且这名亲王并没有继承皇位的权利，所以嘉靖只有通过死后过继，成为皇位相继的序列中的一名先皇之子，他才能成为正统的皇帝。对于已故亲王的礼仪仅仅是私人的家庭事务，对于皇帝的礼仪胜过对于父亲的礼仪。以子女的身份向弘治帝行礼是全国范围内的大事，其严肃性和重要性完全超过嘉靖对自己家人纯粹的爱。

杨廷和的论点有些道理，但是否合适？这些规则在儒家经典中是否有出处？在中国漫长的历史上是否有明确的先例？最重要的是，嘉靖对此是否同意？

这些并非问题的全部，还要考虑到少年的母亲。5月30日，嘉靖派两名太监到安陆护送其母进京。10月24日，她和随从最终到达京师以东20英里外的通州。驸马都尉崔元和大学士蒋冕在那里正式迎接她。礼部向嘉靖建议，他的母亲从正阳左门入城，然后经过一连串侧门，到达她在紫禁城中居住的宫殿。这仍然是另一场礼仪上的权力游戏。嘉靖拒绝了这一建议。礼部以亲王妃之礼待之，这确实是合适的，因为此时她还没有被尊为太后。

嘉靖下令：他的母亲必须从正中的大明门入城，然后谒见太庙，即皇室祖先之庙。宫廷官员掀起了一场抗议的风暴。因此嘉靖请求她在通州等待。同时，他命令锦衣卫以太后礼向她提供法驾法服。

嘉靖的母亲蒋氏出身于北京一个小官吏家庭，受过一些教育，于1491年和兴王成婚。她到达通州时，听闻北京的官员极力要求嘉靖以弘治帝为皇考。据记载，当时她愤怒地说："安得以我子为人之子？尔曹已极宠荣，献王尊称胡犹未定？"她坚决拒绝在蒙受这种羞辱的状况下进入京师。

这的确是一个危机时刻。嘉靖沮丧地哭泣，他告诉弘治的遗孀张太后，自己想退位并将其母带回安陆。

在这个关键时刻，在官方一致的声浪中，一封名为《大礼或问》的奏疏炸出了一道裂缝，并旁征博引地对嘉靖以弘治帝为皇考这一要求的正当性提出质疑。它的作者是刚刚考中进士的张璁（后来改名为张孚敬）。他之前引起嘉靖注意的尝试毫无进展，因为杨廷和的党羽一开始封锁了他的奏疏，并且之后要求嘉靖对此不再回应，然而皇帝默默地对他能读到的那些内容表示赞同。

11月1日，杨廷和表示让步并同意折中的方案。嘉靖的母亲拒绝进入北京，嘉靖以退位为威胁，加上那封支持嘉靖且有说服力的奏疏十分令人不安的效力，所有这些使他除了妥协别无选择。所以，他将嘉靖的祖母邵氏和母亲蒋氏一并称后，并指示礼部追尊嘉靖的父亲为帝。

因此，在耽搁了将近两周之后，嘉靖的母亲在11月2日进入北京城。她从大明门入城并进入紫禁城，嘉靖在那里等着她。她并没有同意谒见太庙这座准公共性质的、祭祀祖先的神圣场所，而是拜谒了两座私人祖庙——为已故的明朝皇帝、皇后建造的奉先殿和奉慈殿。

因此，仅仅在即位一个月内，到目前为止才 14 岁的嘉靖已在向着完全掌控明朝政府的目标前进了。虽然还很年轻，他却本能地将权力理解为：如何运用个人资源，凌驾于那些比他年长且阅历丰富的男人（以及女人）之上并为所欲为。

杨廷和的首要工作是清理正德时代累积的所有弊政和赘疣——宦官、士兵、工匠以及其他种种过于庞大的花名册上的人员。嘉靖支持此事有数年之久，但他的支持是有限的。围绕着帝国礼仪的改革议题引起了嘉靖的注意，这也许象征着明代中国整体太平无事的氛围，礼仪比国防、国内安全等其他事务更加重要。关于礼仪毫无共识的争论，很快导致了 1524 年对"大礼议"中示威者的血腥镇压，以及嘉靖作为明王朝无可置疑的决策者耀武扬威的登场。

这位皇帝并不希望独自重制礼法，他知道自己需要帮助。他急需一个与自己观点类似的私人代表，以其渊博的学识和精力为自己争辩。他也需要一个人充当总管，去协调雄心勃勃的礼仪改革和复兴的计划。

多年之后，嘉靖仍对杨廷和趁他年轻恐吓威逼自己的回忆感到愤怒。在给予其母（作为皇帝的母亲，而非亲王妃）应有的尊重的议题上向嘉靖让步之后，杨廷和与其他大学士以及许多联合签署了支持声明的官员，在皇室死后过继的问题上决不妥协，拒绝让步。1522 年年初，嘉靖不情愿地屈服了。这似乎表明争论即将结束。[5]

　　然而争论并没有结束。杨廷和在 1524 年 3 月致仕（愤怒的皇帝在 1528 年剥夺了他的全部荣誉，杨在次年去世）。慢慢地，张孚敬[6]和少数有着同样想法的学者型官员开始强调自己的看法，他们有说服力地赞成嘉靖不以弘治帝为皇考的愿望。通常情况下，张孚敬并非明朝最高职位可能的候选人，是所谓的"大礼议"将他驱使至此。

　　张孚敬出身平民，其家族是生活于沿海的浙江省永嘉县的灶户。父亲张昇（1427—1509）拥有一片不大的农田，面积仅 30 亩，张孚敬将其称为"薄田"。张昇自称是农民，其实他并不是贫穷的农民，因为他担任了一名不付薪的收税员和代运人，取了一个号并以此炫耀。他从自己的粮仓中支付报酬给工人，让他们拖运石头，为张孚敬在 1498 年中举修建了一座纪念碑。张昇相继娶了三位妻子，还有一名小妾，她们给他生了四个儿子和两个女儿。儿子全部活到了成年，张孚敬是其中最小的，女儿也全部出嫁了。没有一个贫穷的农民能应付这些，即使他像张昇一样是节俭的素食者。

　　而张昇的财力是有限的，他的儿子不得不接受施舍，短暂借宿于当地开办学校的富户邵家。张孚敬的堂姐夫王养直（1433—1515）[①]在他还是孩子时也收留过他，在其翠竹成荫的书房中将他与自己年幼的儿子们一起教导。王养直是一个富裕的农民和收税员。张孚敬的叔父张积（1431—1504）比他的父亲更富裕，而且他的儿子，即张的堂长兄张珊，用自己的财产为当地的公共建设工程提供资金，资助了张孚敬家的开销。当儿子成为温州府学廪生

[①] 原文疑误，《王竹房墓表》："正德乙亥九月九日卒……生正统癸亥三月二十五日，卒年七旬有三。"

时，张昇十分高兴。作为廪生，张孚敬终于有了结婚必需的财力，于是他与一名农家女子蔡氏（1480—1530）成婚。根据张孚敬为她写的墓志，他们的生活条件十分恶劣，她却从来没有抱怨过。这些都表明，虽然张孚敬的直系亲属收入有限，他的家族深处于一张慷慨施舍的亲族关系网之中。所有成员都力争从农民或灶户上升到士的地位，但只有张孚敬一人成功了，而且是经过多年的考试之后。[7]

张孚敬于 1498 年中举，时年 23 岁，名次排在相当低的第 78 名。此后从 1499 年到 1517 年，他连续七次在每三年于北京举行的会试中落第。这段时间内，除了成为监生和自学，我们并不清楚他做了什么。1518 年，他正式向当地的山神、河神宣布，要在乡下兴建一所书院，在那里聚集生徒。他的堂兄张珊向他提供了帮助。学生是谁，如何教授，教授什么，这些都不为人所知。一些当地人嘲笑它并且怀疑"书院"的名称是否合适。这可能只是一所初等学校，张孚敬需要从学费中获得收入。

1521 年，张孚敬终于通过了在北京举行的考试，时年已经 46 岁，比考生平均年龄大了 10 岁。他并不是进入翰林院的第一甲前三名，也不是成为翰林院庶吉士的 24 人精英集团的成员。他最终在 330 人中排名第 76 位，其前途看起来并不光明。

在会试（他排在第 96 名）与最终的回合——应由皇帝亲自主持并签核最终排名的殿试——之间出现了耽搁。会试举行时正德还在世，但他的疾病与驾崩迫使殿试几经推迟，直到嘉靖在位的 1521 年 6 月 9 日，才宣布贡士们首先在西角门集合行礼（五拜三叩头），然后入紫禁城内的奉天殿丹墀内作答。6 月 22 日，他们在西角门集合，嘉靖在那里主持。鸿胪寺设策题案，翰林院官捧黄榜授礼部置于案。由于正德的大丧，恩荣宴与唱名均被免去。文武百官具素服，乐设而不作。新科进士再次行礼。礼部官捧黄榜出，至长安左门张挂。状元将得到特殊的护卫。四日之后，他将得到一袭特殊的冠带朝服。6 月 24 日，所有进士到鸿胪寺排练下一个步骤的内容；6 月 25 日，状元率所有人至西角门谢恩；6 月 26 日，再至先师庙行释菜礼。礼部将吩咐工部制作一块刻有所有人名字的石碑，置于国子监。[8]

张孚敬在这样一个特殊的时期出席了北京的这些仪式，这肯定给了他一个机会，从而察觉到最近发生的礼仪危机，向他应该接触的人了解消息，并且弄清楚如何以私人方式将自己的奏疏传递给嘉靖。嘉靖必须在礼仪上与父母断绝关系的争论盛行于当时，在其中发现纰漏并非难事。毫无疑问，这既违背人情，也没有任何儒家经典的规则能证明这是正当的。

张孚敬得到的第一个官方任命是在大理寺观政。当时他还只是一个没有官位的"实习生"，就上呈了第一道长篇奏疏《大礼或问》。时间是 1521 年 8 月 2 日。它带来了一些对抗当时盛行观点的无畏勇气。10 月 30 日，第二道奏疏跟随而至。御史和给事中以其第一道奏疏"倡邪说以惑圣聪"为由弹劾他。嘉靖拒绝了礼部严惩张的请求。他召见杨廷和，企图改变其想法。杨拒绝让步。1522 年 10 月，当皇帝的母亲在通州中止她的行程并拒绝从侧门入京时，张孚敬上呈了第二道奏疏。当时他已经很难让任何人接受了。最后，他亲自去左顺门将奏疏呈送上去。杨廷和试图让翰林院修撰、状元杨维聪去阻止他，但失败了。所以嘉靖看到了奏疏。他简单地批了"知道"。因为张孚敬制造了麻烦，礼部与杨廷和决定将他赶出北京，实际上，他们将其放逐至南京刑部任主事。[9]

难以觉察的少数官员支持嘉靖，保留对自己父亲的真诚和成为先皇继子的愿望。张孚敬是其中一员，而且他并不受欢迎。其他人为数很少，他们是些什么人？他们为什么要挑战在礼法上盛行的观点？1524年年初，嘉靖得知了五个这样的人，并传召他们进京。

嘉靖之所以能发现他们，是因为他惯常定期召见官员集会，并将他们在争议性话题上的观点进行整合。当然，嘉靖已经觉察到张孚敬了。他从其信件中得知了担任南京刑部主事的桂萼（1478—1531），桂萼呈上了一道长篇奏疏，支持嘉靖在大礼议上的立场。1524年2月24日，嘉靖将他的奏疏转给礼部尚书汪俊，并命其召集全部高级文武官员和科道"言官"，对他们的意见进行调查。

3月2日，汪俊报告了结果。代表着250余名作者与联署者观点的82份抗议书被呈上御前。北京的官员们几乎一致反对桂萼，仅有四人站在嘉靖一边。汪俊提供了这些人的名单：张孚敬、霍韬、熊浃和桂萼。他们既不在北京，也没有参与这次调查，所以他们的奏疏必须在先前被保存——这已经在早些时候做了。另外两份奏疏稍晚被发现，来自席书和方献夫。

嘉靖两周内未发一言。然后在3月17日，他吩咐汪俊自己要再次讨论此事，需要达成一些妥协，皇室正统的完整性需要保持，而皇帝尊崇自己去世的父亲的情感也要得到满足。同时，凭借自身的权力，嘉靖命令他的支持者们上京。[10]这是一个16岁的少年在玩一场复杂的权力游戏。谁会向他提出建议还并不清楚。

这些人是谁？他们是一个有趣的团体。其中一开始最杰出的是席书（1461—1527），他是一名四川籍中级官员，有着漫长且令人尊敬的省级官员经历，也是享有盛誉的王阳明与其哲学上的对手罗钦顺的朋友。意识到北京正在发展的礼仪之争后，席书准备了一份奏疏支持嘉靖，但是不敢呈上。1522年，他作为南京兵部侍郎，被指派负责赈恤因长江以北的洪水和以南的旱灾而产生的大量饥民。同时，他的同僚，与张孚敬一起在南京刑部担任主事的桂萼热心地将他的奏疏寄至北京（席书有才干且有同情心，并不是一个挑起争执的人）。

桂萼则完全不同。他作为支持嘉靖的派系中最早的两个鼓动者之一，经常与张孚敬共事。回忆录作者和年代记编者们经常将他列在张的前面（后来二人的顺序被调换了）。桂萼是一个鲁莽到偶尔会心理崩溃的人。1511年考中进士之后，他被任命为知县，这是对榜单上名次较低的及第者的惯例任命。上级发现他不服约束，曾两次将他免职。嘉靖在位时，他重新被起用，1521年被任命为南京刑部主事。一年后，张孚敬担任了与他一样的职位。

熊浃（1478—1554）是江西人，1514年考中进士，作为一名给事中，在正德时代扮演了一个揭露犯罪和渎职不法的主要角色。1522年，他写了一道奏疏支持嘉靖，但没有被采纳，反而被外放任河南参议。他重新呈上此疏，但是服丧期的义务迫使他推迟进京，直到1527年。熊浃是程朱理学正统活跃、真诚的信徒，经常寻求"体验"来认识"道"。[11]

霍韬（1487—1540）和熊浃是进士同年，像他一样也是个富有激情的人。他和熊浃一样，在1521年较早地表示了对嘉靖的支持，所以皇帝了解他。1524年，他正在广东南海家中休病假，没有时间从北京以南 1200 英里外的广东再上一道新的奏疏，所以肯定有早先已被存档的奏疏。他最终于 1527 年到达北京。[12]

方献夫（约 1485—1544）是一位 1505 年及第名次较高的年轻进士、翰林院庶吉士，不久后任吏部员外郎，跟霍韬一样也是广东南海人。嘉靖 1521 年即位时，他已经在家休了十年的病假。新政府召他回到过去的职位。那年夏季去北京的路上，方献夫听到了正在发展的大礼议的风声，于是写了一道奏疏支持嘉靖。到达北京后，他发现政治气氛十分令人不安，因此决定不上这道奏疏。但是一份副本不知怎么落到了桂萼手中，桂萼将其与席书的奏疏一同上呈。桂萼正在把半心半意的战士们聚集到支持嘉靖的事业上来。

以上所有人组成了一个支持嘉靖的核心官员团体：桂萼、张孚敬、席书、霍韬以及方献夫。截至 1524 年 3 月，方献夫是唯一在北京的人。在江西家中的熊浃从来不是这个核心圈子的成员，《明史》记载他"不甚党比"。霍韬仍然避居广东。席书、张孚敬和桂萼则都在南京。他们立刻回应了嘉靖完全凭自身权力发出的传召，而京城官场对此毫不知情。这肯定会引起嘈杂的抗议，被一脚踢开的官员们将如何应对？

定策国老、首辅杨廷和于 1524 年 3 月 15 日致仕，此时他已经 64 岁了。他的个人权威虽大，但始终视帝王的宠信而定，且不断受到侵蚀，加上嘉靖的埋怨，因此感到心灰意冷。杨廷和是三朝元老，并非由嘉靖任命。后续几任首辅中，没有一个能像他一样如此炉火纯青地指挥和控制明朝政府。蒋冕厌倦政事，6 月 2 日就辞职了；毛纪于 8 月 26 日辞职。到 1527 年为止，做过首辅的还有费宏，他用尽心机摇摆于嘉靖和众多反对他的官员之间。所以，当嘉靖开始用自己选择的人选往反对自己的集团中"掺沙子"时，内阁并不能阻止对反嘉靖集团力量的削弱。

4月24日前后，反对嘉靖的礼部尚书汪俊感觉身体不适并乞求致仕。直到他死后不久，嘉靖仍认为他可能在装病。他斥责其"违悖正典，肆慢朕躬"，并将其免职。吏部提出两名取代他的候选人，嘉靖都拒绝了，并凭借自身权力任命席书担任此职。这是对反对者的第一个重大打击。[13]

同时，关于给予嘉靖亲生父亲适当的尊号，以及作为继子的嘉靖是否有权在紫禁城内为父亲建庙的争论正在激烈进行。3月17日，嘉靖在传召来自南京的支持者桂萼、张孚敬之后，发布了一道诏书表示自己不敢扰乱宗庙正统。尽管如此，他仍希望能对亲生父亲表达最深厚的感情，所以指示群臣对他的困境提出合适的解决方案。[14]他通知仍在北上途中的桂、张二人不必前来了。独行的席书也被命令停止行程。[15]

桂、张二人在4月15日收到消息，当时他们已到达凤阳，距北京仍有500余英里。他们从当地的邸报抄本上读到了嘉靖表示妥协的诏书。桂萼由于某种疾病（可能是类风湿关节炎）无法行走。但最终他和张孚敬通过一名家仆呈上奏疏，斥责嘉靖没有察觉出现在这道表示妥协的诏书中的"本生"一词。这个词是一个圈套，也就是说，"本生"暗示了并非本生的继父的存在。嘉靖收到奏疏后意识到了自己的错误，决定最好还是让两人继续前往北京。即将于一个月后致仕的蒋冕警告他，两人抵京时会遭到人身攻击，但嘉靖并不理会。他同样命令席书重启行程。[16]

同时，京师的斗争日益激烈。嘉靖暂时在父亲的尊号上妥协之后，他能否在皇宫内为父亲建庙则上升为争论的首要问题。吏部尚书乔宇对此表示反对，在皇宫内建庙使得在安陆王府建庙变得毫无必要，而且使嘉靖家族的小宗与皇室大宗相混淆。其他一些知名人物附和了他的观点。

礼部很快就会变成一座试验场，嘉靖将尝试重塑大礼，并实行进一步重制中国礼仪的长远计划。嘉靖任命一名反对者、礼部侍郎吴一鹏作为汪俊的临时替代者。同时，他以非同寻常的方式（即直接用特旨）命席书抵京时即刻就任礼部尚书。

这种挑衅式的皇帝权威展示，引发了反对者的一场小规模抗议风暴。他们指出，按照已确立的先例，礼部尚书通常由吏部推荐的翰林官担任。席书两个条件都不满足。反对者要求嘉靖撤销这一任命，但他对此表示拒绝。[17]

席书并不是一个狭隘的辩论家，而是一个有能力而且在各省有丰富经历的人。作为贵州提学副使，他为著名士大夫、思想家王阳明修建了一所书院。他协助镇压了云南的一次部族起义。他在湖广兴修水利，镇压盗匪，惩治腐败。然后他调往南京，在那里遇见了张孚敬和桂萼。席书希望升职，但按照惯例两次都辞谢了。7月8日，反对者弹劾他在赈恤长江南北的大饥荒中存在严重的腐败和处置不当。8月13日，嘉靖收到席书对指控事项的申辩："臣奉命赈恤凤阳诸郡县，夙夜奔劳，出入于瘟疫之境，所全活百万余人，窃意庶几不负委任，乃以大礼建议，为诸臣所嫉，竞相排击。臣之心迹终无以自白，乞敕多官勘明，臣死无所恨。"席书在6月10日公开的奏疏中指控反嘉靖集团"讲学不明"，他说："斯礼也，廷臣耆旧，自有知者，不敢犯众。而璁、萼等感激不平，力犯群议，举朝疾之如仇。"

嘉靖命令司礼监、户部、法司、锦衣卫各派正官一员，同抚按官对席书的指控从公查勘，具实以闻。[18]

如前所述，首辅蒋冕于 6 月 2 日乞求致仕。他说自己因嘉靖为其父亲建庙的坚持、对席书专横的任命，以及恢复让张、桂二人进京的命令而心灰意冷。他也说了对皇帝在各处兴起的意图的看法，以及上述种种命令必须被撤销。嘉靖同意了蒋致仕的恳求，另外又斥责他在如此忙碌的时期企图抛下工作，并将正在发展的危机归咎于皇帝。[19] 大学士毛纪取代他成为首辅。

引发争议的嘉靖父亲之庙于 6 月 10 日完工。皇宫内的祖先之庙奉先殿内用于供奉他的房间被安排在侧室，并被重新命名。一群官员（包括不情愿的吴一鹏）奉命前往安陆，奉迎嘉靖父亲的神主并安放在新庙内。[20] 反嘉靖集团显然被削弱了。

张孚敬和桂萼最终于 6 月末到达北京。桂萼仍然过于虚弱，无法行走。6 月 21 日，他的船到达北京以东的通州货运、客运枢纽张家湾。他在那里雇了一顶轿子，次日在正阳门外找到地方停宿。他告诉嘉靖，等自己身体好转时将与其私下在宫内会面。[21] 张孚敬则带着与桂萼联合写的奏疏，出现在 6 月 25 日的早朝队伍中。[22]

京师官员们愤怒地做出反应。科道官发起弹劾，30 余名给事中联署了一份激烈的抗议书。礼科都给事中张翀指控这两个刚到达北京的人撰写虚伪、惑众的奏疏，煽动邪恶的"变乱宗庙"计划，"离间宫闱"，"诋毁诏书"，"中伤善类"。44 名御史攻击张、桂、席以及其他几名支持者是心中只有自我利益的马屁精。[23]

嘉靖对这些奏疏仅批了"知道了"，就将其发布出去，让群臣讨论。张、桂二人的任何奏疏却留中不发。这是一个新的战术。

7 月 9 日，张、桂二人递交了一份回应所有攻击的尖锐答复。他们提醒嘉靖，礼官们在顽固地捍卫着从一开始就错了的立场。

科道代表着那些将保住权力看作最重要之事的高官们，是只会诽谤和威胁的"鹰犬"而已。他们强烈要求嘉靖在紫禁城内合适的地方召集大学士和礼官，他们将在那里公开阐明自己的意见。嘉靖决定暂时搁置此事。

7月13日，嘉靖向当前的混乱局面发射了一枚"鱼雷"。他宣布任命张孚敬、桂萼和方献夫为翰林官——张、桂二人为翰林学士，方为侍读学士。

在院的翰林官们的反应是迅速而不可饶恕的。翰林学士丰熙和其他三人拒绝到院，实际上形同罢工。科道官发出警告。御史刘谦亨说："萼等曲学偏见，骤得美官，天下士自此解体。"

丰熙等人上疏请辞，嘉靖不允。吏部尚书乔宇要求将这些佞幸之人全部罢黜，另寻他人。嘉靖表示拒绝，并令桂萼等人"视事"。他昭告天下，张、桂等人"忠议学行，简在朕心"，"执经论礼，岂悦朕心以干进者"。

29名给事中和45名御史的答复充满火药味，要求将这些以一言之合敢于欺君罔上的懦弱无赖明正典刑。刑部尚书赵鉴说，他已经迫不及待地要开始起诉张、桂二人。嘉靖命令他不得妄动。吏部员外郎薛蕙将一道长篇奏疏分成两部分上呈，驳斥了张、桂在继位者礼仪上的观点。嘉靖说薛蕙"出位妄言"，令逮送镇抚司拷讯。[24]张、桂二人提交了一篇答复，嘉靖再次留中不发。

显然，大礼议已日渐显出不祥之兆，而且是年轻的嘉靖自己在加速这一过程。更糟糕的事即将到来。对张、桂二人进行人身攻击的威胁弥漫在空气中，两人称病不到院已有几日之久。然后他们从侧门进出，避开人群。武定侯郭勋出于安全起见，让他们留在自己府中。据记载，他也安排了他们在夜间与嘉靖的会面。

据记载，皇帝说："祸福与尔共之，如众汹汹何？"张孚敬答复道："彼众为政耳。天子至尊，明如日，威如霆，畴敢抗者？需锦衣卫数力士足矣。"上颔之。[25]

7月22日，36名翰林院的低级官员和庶吉士要求辞职，因为他们无法接受桂萼及其同党作为自己的同僚。他们的领袖正是杨廷和之子杨慎。一道鸿沟将他们分开：一边是程颐、朱熹的正统理学，另一边则是离经叛道之论。嘉靖斥责了这些大多数还在实习阶段的年轻人，并扣除了他们的俸禄。[26]

反对者越来越多。7月25日，一名鸿胪寺少卿公开表达自己的观点。8月1日，太医院的两名医士认为"观德殿"这个名字不能匹配嘉靖父亲之庙，请求嘉靖换掉。这激怒了皇帝，他答复道："观德殿名，朕所亲定，用伸孝敬之情，额既悬矣。惠等不务本职，出位妄言，欺慢无礼。"反对者全被逮送镇抚司拷讯。[27]

8月3日，仍在吏部的方献夫请求辞职回乡。这让人回想起他是嘉靖坚定的支持者，不久前才被升到翰林院。他说："窃以大礼之议，乃天地间不可泯灭之理，故不得不言，初未尝有一毫希合干取之意。"他又说："盖臣不去，则论者必谓臣诚有所观望，所言虽是而亦非矣……臣心没没无复可言也，岂不大为此礼之累耶？"嘉靖命令他留下。[28]方是王阳明忠诚的追随者，他和王一样并不好斗，缺乏张孚敬那种对官场斗争的热情。

嘉靖将张、桂二人的所有奏疏留中不发，只将反对者呈上的奏疏发布出去。所以张、桂对所有攻击者说什么都了如指掌，而反对者则因身在暗处，弹药逐渐减少。这不是一场公平的战斗。

被嘉靖在大礼议上弄得完全心灰意冷的吏部尚书乔宇，最终于8月5日被准予致仕。[29]

六天后，京师的政治局势变得白热化。嘉靖下旨命礼部准备方案，向天、地、宗庙、社稷宣告，从今以后将"本生"一词从他母亲的尊号中去掉。这当然意味着他不承认弘治帝的妻子是自己的继母。仪式将于 8 月 15 日举行。[30] 此时，因为席书还未抵京，礼部尚书出缺。所以侍郎朱希周代表礼部抗议道："陛下考孝宗母昭圣三年矣，而更定之论忽从中出，则明诏为虚文不足信，天下祭告为渎礼，何以感神祇？且本生非贬词也，不妨正统，而亲亲之义寓焉。何嫌于此而必欲去之，以滋天下之议？"[31]

这番话听起来的确合理，但嘉靖拒绝接受。在为什么给父母的尊号中必须去掉"本生"两字的问题上，张、桂二人成功地让他改变了想法。嘉靖派一名宦官要求首辅批准这个仪式，毛纪和石珤都推辞了。然后嘉靖安排亲自会见他们，他斥责道："尔辈无君，欲使朕亦无父乎？"大学士无言以对。年轻的皇帝随后于左顺门召集廷臣，并宣布更改其母尊号的仪式将于四日后举行。[32]

京师官场的其他许多官员立刻发起冲锋，去支援礼部。翰林学士丰熙率先表态："陛下颁诏（大礼之议）天下三年，乃以一二人妄言，欲去本生之称，专隆鞠育之报。臣等闻命，惊皇罔知攸措。窃惟陛下为宗庙神人主，必宗庙之礼加隆，斯继统之义不失。若乖先王之礼，贻后世之讥，岂不为圣德累哉？"六科十三道给事中、御史、大理寺丞皆以及吏、户、兵、刑四部郎中加入抗议。嘉靖命逮其为首者八人投于诏狱。[33]

在上述时期，张孚敬提交了 13 点反驳意见，针对到当时为止嘉靖的反对者提出的所有争议事项。嘉靖像往常一样没有将其公开。张孚敬将每个反对的观点都视为"欺罔"。没有人会认为不同意见是诚实的。辩论正因其中的政治色彩而变得有害。张提出的第 13 点（即最后一点）毫无疑问地体现了这一点：

> 今日议礼朋比之故，臣等据礼，决然以皇上为入继大统之君，不应为孝宗皇帝之子。妄议者决然以皇上为孝宗皇帝之子，非入继大统之君。两论相持，三年不决。夫为孝宗皇帝之子说者，其始变于奸权大臣一人（即杨廷和）而已，礼官附之，九卿科道附之，初不顾事体之大、礼义之非者也。臣等仰惟皇上圣明，其纯孝之心如此，何忍负之，是以奋不顾身，与之辩明。其两京大小官员，知朝议之非者，十有六七；阿附不知者，止二三耳。但知其非者，少有私议，辄目为奸邪，风言谪降，并考察黜退。不知礼者，凭为举主恩人，攘臂交攻，不容人语。又如九卿六科十三道官连名之疏，岂议论同哉如九卿之首。自草一疏，不令众见，止以空纸列书九卿官衔，令吏人送与书一知字，有不书者，即令所私科道官指事劾之。虽大臣多衔冤而去，无敢声言。至于科道官连章，则亦犹然者，掌事一人执笔，余者听从，势有所迫故也。今在廷助臣议者不为不多，瞻前顾后，但颔首称是，默然唔然而已。夫古者三公论道，九卿分职，台谏明目达聪，今独无媿（愧）于心乎？此欺妄十三也。[34]

这无疑显示了张孚敬对明廷政治气氛的研究是完全正确的。他毕竟是一个务实的行动者、精明的政治分析家以及礼仪学者。

随着嘉靖母亲尊号的更改已经被安排在 8 月 15 日，一场情感的剧烈爆发已经无法再被遏制。嘉靖将张孚敬的长篇奏疏留中不发。吏部侍郎何孟春却对此疏有所耳闻，而且不知用了什么手段，得到了它在通政司的一份副本。这当然违反了程序，"窥伺"这些奏疏是对嘉靖君权的藐视。这名侍郎用了一整晚对其逐条反驳，他向所有支持嘉靖的"朋党"发起挑战。他坚持所有人的主张都是通过自由思考得来的，并不存在强制威逼（嘉靖又将此疏留中不发）。

事实上，即使 1521 年嘉靖继位之初，首辅杨廷和在礼仪安排上曾经仓皇失措，但是到了 1524 年，那些追随他的人围绕着"皇位继承是一回事，而家庭继承又是另一回事"这一看法已经形成了有力的论证。一边公开、公正、事关公众，另一边则是私人的、私密的，只关乎一家之私利。他们情绪激昂，并断言：如果嘉靖选择这条自私任性的道路，那么只会立即导致文明的完全崩溃。张孚敬犯了一个错误：这并不是纯粹的善战胜处心积虑的恶，双方的意愿都是发自真心的。实际上，嘉靖、张孚敬及其少数同党面对的聚集起来以死抗争的官员们，组成了一个刚被唤醒的、内心充满愤怒而沸热的联盟。

为什么直接继承是一个检验官员的试金石议题？来自儒家经典和包括明朝初年在内的历史记载中含糊不清的信号，已经为学术争论创造了温床，但是事情为什么会由此迅速扩大成党争？党争是不可避免的，任何争议性的话题都会将其点燃。

事件的爆发是在 8 月 14 日。大约十分之一的在京官员停止工作，举行了一场示威。早朝结束后，官员们开始返回各自的办公场所时，何孟春凭着一时冲动，召集那些官员举行示威。所有人都认为：嘉靖将何的奏疏留中不发，意味着他将继续推进不以弘治帝为皇考并破坏王朝正统的更大计划。对于示威能否感动嘉靖改变主意，他们半怀绝望，半怀微弱的希望。在左顺门外，大约232 名大小官员跪伏于地，并开始哭喊明朝正统的第一位和最近一位皇帝的庙号——太祖、孝宗。在附近的文华殿内，嘉靖听到了他们的呼喊声。喧哗持续了数小时，嘉靖派宦官命令他们离开，但没有作用，直到将为首者八人执下诏狱，才让他们安静了一会儿。很快，喧哗又开始了。下午3时左右，锦衣卫采取行动，最终将他们全部逮下诏狱。

示威以失败告终。嘉靖断定这是对他个人直接的藐视，但他的报复是慎重的。参加示威的21名高级官员和65名低级官员被命待罪，134名中级官员于8月19日从狱中被带至午门，各廷杖三十，之后大多数人被拖到皇城边上释放，其中7人于8月27日再次下狱并被杖责。总计17人因伤而死，其他示威者或被降职外调，或被削职为民，或终身谪戍边卫。[35]

嘉靖对示威者的惩罚冲破了阻力。去掉"本生"称号的仪式按照既定日程于8月15日举行。[36]同日，皇帝私下斥责何孟春在示威中扮演了领导者的角色，但姑且夺其一月之俸。首辅毛纪和他的同僚石珤也出来和示威者们同跪了一阵，毛纪赞同他们的动机。由于对嘉靖的专制行为感到心灰意冷，他写了一篇发自内心的长篇抗议书，最终在8月23日被准予体面地致仕。[37]石珤留任，费宏则成为新首辅。

发挥了实际作用的学术研究和残暴的武力相结合，形成难以战胜的组合，解决了对大礼的争议。但善良、正直的人们投入斗争的真诚意愿并没有消散，而这场斗争毫无胜算。自此之后，这仍郁积在被挫败的、愤愤不平的官员心中长达数年之久。

早在8月16日，皇帝已被迫处理了包括何孟春在内的九名高官，因为他们缺席了嘉靖母亲重上尊号的仪式。他们全部承认了自己的罪过。嘉靖只是对其斥责，然后就宽恕了他们。[38]

奉命将嘉靖父亲神主从安陆带来的大臣们于 8 月 20 日到达北京，并举行盛大仪式，将其安放在嘉靖修建于紫禁城中的观德殿内。一些大臣上奏乞求饶恕全部被监禁的示威者，用以向这个神圣庄严的场合表达敬意，嘉靖对此置之不理。[39] 献给嘉靖父亲的尊崇在随后几年中不断上升，最后以一座更好的新庙和直至在死后追尊为皇帝而告终。

8 月 14 日失败的示威留下了两道不同的余波。首先是嘉靖全神贯注于编纂和出版一部专题资料汇编，详尽记载了大礼议的争论内容，用以向天下臣民说明他如何成为正统以及之所以是正统的原因，解释和辩护他在继承礼仪上的观点。另外则是失败者对张、桂二人及其同伙持续不断的斗争，但他们不再主动提及礼仪问题，转而指控他们是自私自利、投机取巧的腐败之辈。

这部专题资料汇编由张孚敬编纂，嘉靖钦赐书名曰《明伦大典》。因为它仅仅关注了皇位继承链条中的技术细节这一可能不会再被提及的事项，所以永远不会受到质疑。这可能再次证实了对于全体中国人而言，孝道在他们的生命中是最为重要之事。

搜集全部档案并将其编纂成书是一件要求严苛、耗尽精力的工作，容不得半点仓促草率。张孚敬是实际上的总纂官，嘉靖持续关注该书的进展，并提出具有洞察力的意见。这部书的初衷就是教化天下所有的士人。

翰林侍讲学士方献夫在早先时候撰写了一份样本。他认为大礼之议还没有得到清晰的解释和广泛的了解。嘉靖同意了方献夫搜集张孚敬等人的奏疏并由礼部刊行的请求。[40]

这还远远不够。正如张孚敬在一道长篇奏疏中所言，需要的是一部最终定版的、不可更改的专题资料汇编。方献夫的汇编是不完备的，再加上其中包括了席书等人的言论，给反对派留下了可轻易利用的漏洞。张孚敬声称："今开馆编纂之人，必昔日（8月14日）跪门叫哭之辈也。其停忿宿怨正欲乘机窃发，未有不紊乱名实颠倒是非者也，是皇上以已定之礼而使之，更以已成之书而使之坏矣。"但是不必将方已经发行的版本缴还。新的专题资料汇编需要在没有翰林院中的地下反对者的参与下迅速编成。[41]

张孚敬和其他一些亲信分开进行编纂工作，事实证明这样使情况变得更加复杂，且对时间和思想的要求更严苛。[42]张和皇帝交换了有关的机密信件。嘉靖希望这能成为一座流传千古以指导未来世世代代的丰碑。1527年7月26日，嘉靖给内阁发了一道有关张孚敬呈上的《大礼全书》书稿的谕旨。嘉靖写道："斯礼也不但行于今日，实系乎万世法。欲使明人伦，正纲纪，所关匪轻。若以大礼全书四字题之，似为未善。朕欲名之曰明伦大典，未知可否。卿等便会璁、萼与议可否来闻。"[43]新的书名被采纳。8月1日，皇帝指示纂修官张孚敬将席书奏疏中的缺略之处增补进去，并纂辑汉宋之事，他说："果于礼合则褒进之，使后人有所守；谬而否者则贬斥之，亦使后人无所惑。"[44]

9月9日，嘉靖再次对书稿回复意见："明伦大典藁（稿）朕览毕，但要实书。内于各官所奏，或自疏，或连名，或会官，或奉旨议，或渎乱破礼，皆要一一直书，以明是非，以见邪正。所谓实书必如此。后可尔等会总裁计详，用心纂修，勿得避难。"[45]

这部书在1528年6月17日修成刊行，当时的大学士（不是张孚敬）被列为总裁修纂官。[46]嘉靖作序，张孚敬作跋。张孚敬、桂萼、方献夫和大学士都得到了升迁。杨廷和与其他反对派高官被削职为民。大礼议最终就这样盛大落幕了。由于这部专题资料汇编的编纂刊行，年轻的皇帝声称自己在道德和智力上已经成圣。

　　1524年8月14日的失败示威的另外一个结果，就是创造了一个沸热的地下反对派。嘉靖不情愿地批准了对他们进行"猎巫运动"以斩草除根。1524年9月19日，一位狂热的给事中陈洸向嘉靖提供了一份名单，其中有包括首辅费宏在内的10位有声望的官员，他声称这些人是持异议的"邪党"成员，应该立即予以严惩。他又挑出了14名受邪党憎恨而应升迁的官员。所以这就是在要求开展整肃运动。但是嘉靖拒绝按此行事。他重申了自己对费宏一直十分信任，并留用了其他人。[47]

　　几个月后，陈洸自己被攻击为礼部尚书席书的党羽，在私人生活中因腐败而臭名昭著。嘉靖命令对弹劾展开调查。席书和费宏因争议而乞求致仕，但是嘉靖没有恩准。许多官员恳求宽恕和赦免那些由于8月14日所做之事被杖责和谪成的人，但被无视了。北部边疆突然爆发了麻烦，官员们将注意力放在彼此合作上面，也许有助于抑制对"猎巫运动"的狂热。

　　终于就任礼部尚书的席书在11月29日的一篇奏疏中敦促向腐败开战。但嘉靖根本就不想开展这种整肃行动。他说："奏内言事皆正德时弊政，朕即位以来厘革始尽……一切政体不欲过为刻核，令上下相安，内外协和，以成嘉靖之治。"嘉靖对席书说他固执于"纷更"，这种剧变是不需要的。[48]

　　嘉靖虽然性情急躁，偶有残忍行为，却从未发动过像明朝建立者明太祖那样妄想狂式的大清洗运动。他想要终结争论并推进其他计划。但 1524 年示威的三年之后，也就是 1527 年，一件大事意想不到地突然爆发了，这就是所谓的"大狱"。大狱的细节朦胧含糊，但是官僚们重燃怒火，终于让真相水落石出。

大狱牵涉一位难以捉摸的白莲教领袖——李福达。他的家乡在当时山西省最北端的草原边疆上。据称他和其叔父聚集了大量崇拜弥勒佛的信众，据我们所知，弥勒的重生被认为预兆着世界的终结。他们在陕西省中部制造破坏，明朝军队出动镇压。他的叔父被捕后遭到处决。李福达则逃脱了，躲在离家不远的地方。据称他在那里付给一个姓张的人钱，让他以"张寅"这个新名字载入张家的家谱。

李福达富有创业的才能。不知何时，他想方设法进入了北京，并且通过贿赂获得了山西军官和北京匠籍的身份。匠籍身份让他的三个儿子可以从事炼丹药的活动。据说调制的药是献给武定侯郭勋的，他是张孚敬和桂萼强有力的内部保护者，以及嘉靖在大礼议中的关键盟友。正是这一点，使得一起地方上的犯罪事件演变成著名的全国性案件。

有人回到山西告发，张寅实际上就是在逃的通缉犯李福达。李的两个儿子在北京被捕。回到山西，知州和巡抚对于指控李福达的供述是否属实产生了分歧。最后，巡按御史马录在审问他本人和询问了当地了解李福达的人之后，做出了令人信服的判断：张寅就是李福达。郭勋代表李福达从事炼药的几个儿子给马录写信，要求他放过这个案子。即使中间存在贿赂，马录也没有理会。更糟的是，他弹劾郭勋包庇一个因制造屠杀而被通缉的反贼，实属大逆不道。他将郭勋的信作为证据出示。

嘉靖一开始倾向于支持马录的主张，认为张寅就是李福达，李应该被处死，全家为奴。李福达回到山西监狱，等待着自己的命运。郭勋的介入使皇帝产生了犹豫。礼部尚书席书为郭勋辩护。一名大理寺评事将郭、席二人一并弹劾，并请求皇帝召集所有廷臣一同议罪。都察院也提出了类似的建议。但嘉靖并不理会，他传见郭勋并要他做出解释。武定侯为自己辩解，坚持认为张寅不是李福达，并乞求饶恕他。嘉靖并没有立即采取行动。

李福达的一个儿子根据郭勋的建议，代表他的父亲提交了一份陈情书。这份陈情书被公之于众。这导致了南、北二京的科道官的奏疏如雪片般飞来，纷纷要求处死李福达并严惩郭勋。作为答复，郭勋争辩说所有这些愤怒的指控只是那些在大礼议上失败之人的报复。嘉靖倾向于同意这个解释。所以李福达案就转变成了关于大礼的全体投票。

李福达案从山西转到北京进行合议与审讯。马录提交了一份言辞激烈的起诉书，言官对此表示赞同并弹劾郭勋。

张孚敬和他的亲密盟友桂萼在幕后告诉嘉靖："廷臣内外交结，借事陷勋，渐及议礼诸臣，逞志自快。"嘉靖认同他们的看法。

同时，李福达被带到北京关押，包括锦衣卫在内的十名高官对他进行审问。李承认了全部指控，他们建议立刻将其处决。嘉靖没有立即同意，他要求召集所有廷臣进行审判。最初的指控者和那些怀疑他的当地人被再次询问。有一个当地人撤回了自己的证词，他否认曾质疑过指控者。嘉靖得知了这份新证词，但怀疑其真实性。他宣称将亲自进行调查。大学士杨一清说服他放弃了这个打算，他认为这件事对皇帝而言过于微不足道，不必亲力亲为。

刑部主事唐枢呈上了一道经过仔细研究、论证合理的奏疏，大意是说李福达的罪行清楚，必须将其处死。[49]嘉靖愤怒地将唐枢削职为民。这一反应吓到了刑部尚书颜颐寿等官员。一道经过修改、做出了案情不明的新结论的奏疏，与所有互相矛盾的证据被一同呈上。但这样的让步并不能让嘉靖平静下来。

1527 年 5 月，皇帝派锦衣卫到山西，把巡按御史马录和其他牵涉到最初告发张寅（实际上是在逃的李福达）一案的官员关押到北京进行拷讯。刑部尚书颜颐寿重申了自己最初的观点，即李福达"一或纵舍，异时复有洛川之祸"。嘉靖拒绝接受颜的意见，指责他"朋奸"。颜请求再次会讯，嘉靖表示同意。马录和李福达被置于同一处。马录重申了自己的指控，而李福达并没有努力去反驳。所以颜颐寿再次提出自己的请求。

嘉靖以强权和狂怒回应。他指控颜颐寿"朋比罔上"，将颜和其他七名刑部、都察院以及大理寺的官员关入诏狱。局面正在变得难看。

年轻皇帝的下一个行动是极端露骨的。他把自己在议礼中的亲密支持者塞满了各个司法机构，期望他们会坚定地声称张寅和李福达是两个不同的人，把郭勋从迫在眉睫的毁灭中拯救出来，并重新夺回支持嘉靖的派系在大礼议中的优势。

因此，为了证明马录错误地将张寅辨认成李福达，推翻其做出的有罪裁定，嘉靖于 1527 年 8 月 31 日令桂萼署刑部尚书，张孚敬署都察院左都御史，方献夫署大理寺卿。张孚敬实际上进行了一次大清洗，把 20 余名言官以及嘉靖年老的劲敌杨廷和过去的党羽都免职了。然后他拷打马录，逼迫他承认自己做出了错误的控告。在一道给嘉靖的奏疏中，张孚敬解释说："未决之张寅犹可以宥当死之马录……故在马录，应处以烟瘴地面永远充军。"嘉靖表示赞同，并按他说的行事。[50]

大狱事件造成的大范围的逮捕、关押和拷打，导致 40 余名支持马录或以此类推为反对大礼的官员被免职或者被列入黑名单。李福达从监狱中被释放。为了表示嘉靖在这一丑陋事件中占据了道德高地，张孚敬提议编纂一部专题资料汇编来为这次镇压辩护。全部有关档案被集中在两卷书中，在北京刊行了 1700 部，嘉靖又命令各省刊印更多副本以供参考。这部专题资料汇编被命名为《钦明大狱录》。[51]

这些就是嘉靖统治的宏大开场，当时皇帝正从少年成长为青年。随着混乱的大礼议的最后一章终于结束，他已经 20 岁了，并且镇压了顽固的反对派。他已取得了将在接下来 40 年中一直执掌的权柄。

他将以皇帝的权威，为过去、现在和未来的人们规定什么是孝道，并坚决主张这是一项没有任何事物能凌驾于其上的基本权利。这些主张在他在世的余下时间中被天下臣民普遍接受，或是至少默认了。

但是胜利并非毫无代价。胜利的取得是以那些好人们的生命和被毁掉的生活为代价的，而他们在 1524 年和 1527 年诚恳地不赞成嘉靖，并心甘情愿为自己的信仰忍受常人难以忍受的不幸。张孚敬、桂萼和嘉靖的其他支持者无法逃脱为追求名利不择手段的非难，他们不是像通常那样以自身优点为基础，而是靠嘉靖个人的传召，利用大礼议从默默无闻到高官厚禄。武定侯郭勋不是一个在道德上完美无缺的人，而是一个极其富有、生活豪奢的阴谋家。嘉靖不得不和这些人共事去赢得胜利，这给他对孝道的解释在伦理学和哲学上的理论根据涂上了一层令人不快的色彩。但是不论嘉靖的方法如何，他的态度是真诚的。这在最后是战胜一切的力量。

第二章

春 季

大学士张孚敬

年轻的嘉靖凭着自身品性的力量，充分运用明朝皇位的传统特权，以及仅仅六位关键支持者的帮助，将自身的意志强加于数以千计难以应对的官僚，再通过他们施加到亿万民众身上。礼仪修正是一件严肃的事情。

嘉靖支持者的小集团并非一支军队，其中人人都是不可或缺的。但是有一股不知其规模的后备力量，由官职较低的机会主义者、士人、怪人和其他各式各样的人组成，渴望从大礼议中谋利，借此获得权力和财富。没有哪个领导者会想和这样一群人共事。但是这意味着即使在1524年和1527年的大镇压之后，嘉靖和他的党羽还是要不断地应对已经被制服、但并不意味着毫无生气的官僚机构，它会抓住任何一丝机会，向年轻皇帝的内部小圈子发泄愤怒。

在嘉靖的漫长统治中，张孚敬在1527年升入内阁以及1529年至1535年占据明朝最高职位内阁首辅的这段时期，可以称之为"春季"。他曾几次由于激烈的攻击而被迫暂时辞职。1529年，桂萼成为大学士，加入他的内阁，但是于1531年去世。方献夫1532年入阁，1534年致仕。其他的大学士大多是如李时、翟銮那样低调行事的人。关键的吏部、礼部尚书经常由嘉靖亲自任命，有时由桂萼和方献夫担任。

　　这些年间明朝的议事日程上有哪些事项？国内和边疆都是绝对平静的。王阳明在 1528 年成功镇压了数个西南部落。次年他去世了，从而引发了一场持续不断的争论。王阳明的遗产点燃了未来混乱的党争。但是，这些年间的另一件大事发生在北部边疆要塞城市大同，那里的明军在 1533 年第二次发动兵变（第一次发生于 1524 年）。发生在山西南部的青羊山起义（1528—1529）同样引起了混乱和争议。但是最吸引人们的注意力并使他们集中精力的事情，莫过于嘉靖雄心勃勃地致力于为明朝民间所有宗教重制礼法的决心。

　　嘉靖乘着刚刚取得大礼议胜利的势头，推进这个计划。这些礼法的重新制定被称为"复古"或者"中兴"。"中兴"这个概念是指将国家恢复到嘉靖的堂兄正德帝之前的样子，他灾难性的 16 年统治让一切事物都在军国主义、淫乱放荡、贪污腐败的沼泽中腐烂。但是重制礼法比这意味着更多。"复古"这个标签意味着现行的礼法即使是由明朝建立者亲自认可的，也并非安全，而要依据建立于中国文明黎明期的黄金时代的礼仪进行修改。这令人陶醉，当然也存在着争议，既成就了一些人，也毁掉了一些人的事业。

　　嘉靖宏大礼仪改革的第一项内容清楚地显示了这一点。明朝建立者在统治初期就规定，天地应在同一个场所举行的单独仪式中一起祭祀。这道法令在接下来的一个半世纪中一直被遵守。但是若按照古代的先例，这是否正确？[1]

　　致力于重建最为神圣庄严的帝国仪式的领导者，毫无疑问就是年轻的皇帝本人，但是他需要有人协助。一名中层官员察觉到了嘉靖的意图，并应对由此带来的挑战。他就是在 1530 年担任吏科都给事中的夏言（他最终凭着礼仪改革获得嘉靖的支持，在九年之后成为首辅，并领导了嘉靖时代的"夏季"阶段）。

1522 年年初，当时夏言是一名兵科给事中，并忙于没收宦官和宫廷亲信在正德时代强占的农田。他向嘉靖提议：其中一些农田可以抛荒种植桑树，用于养蚕，这样可以复兴皇后举行的亲蚕礼，这是一项已很久没有实行的古代习俗。嘉靖很喜欢这个想法，但是户部因为费用原因将其否决，所以皇帝暂时作罢。

1530 年 2 月 3 日，夏言再次提出这个建议。他在这一天参与了在北京南郊的南海坛举行的合祀天地仪式。这给了他得到皇帝注意的机会。还有什么比慷慨地给予皇帝真诚的赞美更好的做法呢？夏言说："户部覆题竟违臣意，遂被旨寝罢。此盖陛下登极之初，首政万几，宜有所未暇也。乃令嘉靖九年正月初六日，陛下有事于南郊，臣猥以侍从之末，叨陪法驾，祗奉休命，得分献南海坛。仰见陛下对越之严，精禋之恪。即事之夕，馨香升闻上帝居歆，百神来享。又窃见陛下更定时享之期于郊祀之后，行祝天之礼于正元朝贺之前。凡所以小心翼翼昭事上帝者，无所不用其诚矣。则所以轸念黎元勤身乎民事者，又无所不用其情矣。臣感激之余，窃伏惟念向来所建亲蚕之议……臣敢冒昧重为陛下陈之。"他又说："伏望陛下留神垂览，傥蒙采纳，乞敕礼户工三部会集详议以闻，然后谋之儒臣恭酌考订。"一周后，嘉靖答复道："览尔所奏，朕甚嘉悦。"[2]

官僚们对此的意见出现分歧。时任首辅张孚敬认为，亲蚕礼的祭坛可以修建在安定门外。在翰林院任官的霍韬表示反对，他强调张提议的地点实在是太远了。户部对此表示赞同，而且那里也没有水。参照唐宋先例可以修建于西苑内。嘉靖答复道："唐人因陋就安，不可法。"低调的礼部尚书李时提交了一份详尽的计划，建议祭坛置于玄武门外。嘉靖对此表示赞同，于是两个月后，在5000名列于道路的仪卫和另外5000名环绕在祭坛周围的仪卫的护卫下，皇后举行了亲蚕礼。[3] 所以，由于夏言的提议以及巨大的费用，一个旨在重现中国古代礼仪面貌方案的一小部分已经重新回到现实生活中。还有更多后续行动将要到来。

亲蚕礼之后，夏言立刻继续提出了修订、重建祭祀天地礼仪的大计划。这样做是完全安全的。嘉靖和首辅张孚敬早在讨论亲蚕礼之前就已经认真讨论过此事，嘉靖对此并非袖手旁观，而是熟悉每一个细节。

夏言的奏疏于 1530 年 2 月 26 日上呈。他说："诚宜恢定大礼……立万世太平之基……圣人举事，贵能下协人心，上顺天意……稽订三代已行之盛典，不得举汉唐宋沿袭之弊事。"但是，这个计划牵涉许多错综复杂又不得不使其明白无误的细节，所以夏言说："伏乞陛下特发涣汗，下臣此章，令文武勋戚大臣、九卿、百执事俱得上议。"古代的礼仪记载经常留下许多没有答案的问题。[4] 同时，由于张孚敬缺乏合作热情，嘉靖通过在奉先殿占卜的方式，把问题提给了明朝建立者太祖的在天之灵。他两次得到的回应都是"不吉"。张孚敬说占卜并无必要，但实际上嘉靖在3 月 9 日的第三次尝试得到了比之前要好的结果。[5] 但这并不重要。嘉靖喜欢夏言的奏疏，并按他的建议进行了开放讨论。

4 月 8 日，礼部报告了收到的回复结果。192 名官员赞成将祭祀天地的仪式分开，包括吏部尚书方献夫在内的 206 名官员觉得保留合祀更可取，但并不强烈反对分祀。持中立态度的官员有 198 名。

有趣的是，没有人明确表示反对。官员们似乎被发生在暴躁的反对者霍韬身上的事情吓到了，因而避开这个选项。霍韬上呈了一道经过仔细研究、充满激情的长篇请愿书，要求不要将祭祀天地的仪式分开。他指责张孚敬和夏言误导了皇帝。嘉靖亲自答复了一篇长谕，否认了对张、夏二人的全部指责，并表示将两个仪式分开是他个人的决定。[6]霍韬为没有明确地表示自己立场的理论根据而表示歉意，所以他把自己写给夏言与之争论的一封长信的抄件附在后面，将其重申了一遍。[7]

以这种方式挑战皇帝，在政治上并非明智的举动。夏言十分愤怒。嘉靖也被触怒了，他已经尝试警告霍韬放弃反对立场——为什么他置若罔闻？[8]4月7日，皇帝下霍韬于都察院狱进行讯问，以逼迫他改变想法。霍韬被关押了一个月，才放弃了之前的主张。嘉靖这才考虑到霍韬先前在大礼议中的贡献，遂下令将他释放。[9]

于是，礼仪改革在布满恐惧的气氛中继续推进。张孚敬和皇帝之间交换的机密信件中，也提到了这种恐惧情绪。4月6日，嘉靖在给张孚敬的谕旨中询问了三件事。第一部分问张是否知道礼部尚书李时的态度。张在同日做出答复："李时初意亦甚见得分祭是古礼明白，后来却甚疑惧。"

> 臣尝以圣意语之，彼云："二月初四日，在国子监候陪祀先师孔子，顾鼎臣（时任詹事）对面扬言于众曰：'闻朝廷要分祀天地，此是祖宗定制，李先生你须知此事体重大。当初（宁王）宸濠奏讨护卫，吏部尚书陆完一人主议，后来全家抄没。'看他对众便要坐我这等罪名，人心可知。"后相见又

云："若会议，我一定不画题，以此翰林官只有一二人主分祭，余者多不敢。"又云："鼎臣到侍郎严嵩处说教，'严嵩你不好管此事，后来朝廷一定翻悔不认，罪坐你辈'。随后严嵩、湛若水（严的同僚、礼部右侍郎）亦各恐惧，便进本说分祭不是以为后来张本。"又云："给事中田秋说，'我科道官初心俱说朝廷欲分祭是古礼，约定相同。后来尽被翰林官一人（霍韬）惊吓，临时都改了'。"又云："加以霍韬之奏，在外人心愈见惊惧。"

　　臣语时曰："尔为礼官，全要自家见得道理明白，主张得定，惶恤人言。今朝廷举三代典礼，复祖宗初制。议论一定，谁不画题？"但彼终未敢主张为归一之议。臣连日又与（兵部尚书）李承勋计处，谓朝廷盛事所宜将顺。而承勋数日内甚悟，又（都御史）汪鋐亦对众称朝廷之美，而力破众说之非。今日会议亦得此二人调停，为李时之助，已多从分祭画题。[10]

从张孚敬给嘉靖的详细报告中可以看到的是：不是所有人都同意国家的礼仪需要改革。已经通过的改革被卷土重来的反对者阻碍。需要让官僚受到惊吓，让他们至少勉强地默许此事。但是，正如张孚敬经常提醒嘉靖的那样，"礼乐自天子出"。而嘉靖决定不遗余力地使其回归正途，并为未来的时代留下坚固的宗教遗产。

分别祭祀天地的祭坛在同时修建。在南郊的被称为"圜丘"，在北郊的被称为"方丘"。根据古代礼仪文献的提示，又分别在东郊和西郊修建了祭祀日月的祭坛。

　　这是一个庞大的计划。嘉靖在主持的时候就像某部好莱坞史诗电影的导演一样。这一大手笔中没有任何一个小细节是他不反复考虑的。他对这些感兴趣，因此他变得知识渊博，足以讨论精密测量、石料和琉璃砖的相关优点，以及祭祀节目的严格安排——音质、合唱、独唱、和声、歌词等。在外朝的夏言和在内阁的张孚敬担任了嘉靖的总建筑师和总策划。

　　在嘉靖和张孚敬交换信件后的次日（4月7日），夏言呈上了一份当天举行的讨论会议的报告。礼部在紫禁城内的东阁进行讨论。会议决定坚决将天地的祭祀分开，并不再进行后续讨论。现在的问题在于如何安排配祀的太祖和永乐帝的神主。礼部尚书李时主持讨论。他认为明朝实际上有两位有功德的建立者而非一位，他们已经而且应当继续在南郊和北郊的祭坛一同配祀。但是夏言和其他人都不赞成。他们说尽管有功德，但是父应在子之上。他们决定把这件事摆到嘉靖面前，并由他做出最终裁断。

　　皇帝连续九日没有答复。一条报道或传闻说，大学士张孚敬和翟銮不赞成太祖与永乐帝有父子之分。这条传闻是正确的。张孚敬和嘉靖确实被卷入了关于此问题的激烈争论，他们的机密信件毫无疑问表明了这一点。

　　嘉靖在4月20日给张孚敬的谕旨中说："我皇祖文皇帝丰功大德……但开天立极自本我皇祖高皇帝肇之……况我皇祖文皇帝初亦未尝欲与太祖并。"[11]"朕迟留数日，欲默然思自反，冀有所得，惟前之见是知。况十五日前，朕方思惟此事，忽若有数人执持黄纸大幅者四，上书大字，每幅约数百言，如歌体。皆忘记，止记首一句云'悦我祀天并祀地'，非祖宗垂示而何欤？"最后他说："卿等皆畏危言，不能从正其事……特谕卿知，此论或可使时知之。"

张孚敬次日对此做了答复，巧妙地坚持了自己的立场。他说："独以二圣并配，于私心窃有未安。"他阐述道："未蒙明谕，日夜忧惧。本月十七（4 月 14 日）日讲毕，赐茶得遇司礼监太监鲍忠。臣因皇上素以忠为效忠，故敢因之上达愚恳……兹荷蒙圣慈宽臣罪过，赐谕反覆开导，臣捧诵无任感愧。"他赞同嘉靖的看法，但又以巧妙的手腕建议，突然将太宗移出配祀太过唐突。至于皇帝所说的那句"悦我祀天并祀地"，其真实的含义是什么？

张孚敬接着说："圣意以为非我祖宗垂示而何，实以行古之道，故祖宗悦我如此，所谓质鬼神而无疑者。臣与时始即为然。及相与反覆思惟，忽各领略，犹未敢轻以为言。又详句内有我字与并字，亦各有疑焉。既而时去，臣思而又思，终夜不寐。窃谓我者或祖宗自我也。又考韵书，并併同，竝也，合也，岂祖宗因时未可举行，欲皇上仍以天地合祀而悦我心欤？……今早，时来会臣所详我字与并字语意，却与臣愚见相同，欲臣为皇上告。臣即语时曰此意慎之密之，但吾与汝二人知之而已，一闻于外则讹言兴矣……况近者日变月食之异，兼之四方告荒，而舆论者多有乐灾幸祸之心。臣若避危言，不能从正，有变初心，则臣之罪当万死莫赎万死莫赎矣。"

4 月 24 日，也就是三天之后，嘉靖对张孚敬的回奏做出了答复。他对张的谨勉和忠诚表示欣赏。他认为："夫祖宗垂示，朕意云祀天南郊、祭地北郊二事于我心并为悦。"接着他又做了一个梦，这个梦与一个怪字的书写有关。这是什么意思呢？嘉靖旁征博引，给人留下深刻印象地引用了唐代作家韩愈的著作，对其进行错综复杂的推理，以辩护他一直坚持的观点。这毫不奇怪。皇帝也指出，夏言在这个议题上并不同意张孚敬的观点："今虽信之，乃信其言论之正大。彼如非诚恳之实，鬼神自有报，纵今幸免，恐来者难逃。"

次日，即4月25日，张孚敬恭敬地承认了嘉靖确实不支持他们的观点。他愿意不与夏言争辩。他查找了这个出现在嘉靖梦中的怪字，然后发现了它的读音，但是没找到它的含义。最后他说："伏愿皇上敬一以主之，宽裕以处之。而况日有万几，慎弗过劳心思，宜怡神养气，保安圣躬。"

五天之后，张孚敬呈上了一份非常令人不安的公报。对郊祭错误的安排将影响万世并毁灭明王朝，张直言不讳地责备嘉靖，"臣窃恐皇上好礼复古之心或急于行"，他警告道，"又当有欲速不达，进锐退速之防也"。他说，"人君好恶不可令人窥测"（转述富弼的话）。"夫铉言虽似忠，与夏言同，亦不过一时负气，幸知遇耳。皇上如必以臣言有所避忌，为不可信，小怒则臣当逐，大怒则臣当诛。"

5月3日，皇帝严厉地斥责了张孚敬。"朕适以夏言之奏，三命卿等拟旨，坚逆朕意……兹议郊礼，卿竭心以赞，至于配祀之典，乃顿变于心，百欲阻之，未知何为。卿曰二圣并配乃仁宗垂范万世，不可更改……卿平日持正尽忠，尊君畏道，岂应如此耶？"

张孚敬在同日稍晚时候对此做出了回应。他说："臣且读且泣，深知有孤皇上托付之重，恩遇之殊……臣不敢将顺皇上为之也。"皇帝正在犯下大错。他要怎样解释南北二郊礼皆以太祖配祀，而在较小的祭祀中又将太祖与太宗并配？接下来的内容就是一篇旁征博引、情绪激昂的辩护书。

次日，嘉靖很快撰写了一道反驳长谕，并发给张孚敬。他说，"灾变并民有怨劳之意，引为不可，此等说话，恐与小人为言而使借口焉"，而那些小人正聚集在礼部尚书和大学士的小圈子里。他又说："夫孔孟之后，唯程朱为儒者可尊可法者……卿于此则又当重思之焉……卿宜审之慎之，勿执迷焉，勿自负焉。"

张孚敬对此文进行了思考。5 月 4 日，他感激嘉靖启发性的教导，并仁慈地宽恕自己的死罪。但他还是劝告嘉靖："伏望皇上怡神养气，保安圣躬，慎弗过劳心思。"[12]

然后这个议题就被搁置了，嘉靖仍固执己见。皇帝与首辅之间的机密信件的内容恢复到之前较为友好的语气。嘉靖通过其权势强有力地捍卫了自己的观点，并以唾手可得的生杀之权逼得一位博学长者别无选择。他们的争论并没有摧毁两人之间的坚强纽带。

从夏言给皇帝详细的长篇报告中，我们可以明显得知：始于最重要的南郊天坛的四个郊区祭坛的建造是一项庞大的事业。工程始于 1530 年 6 月 8 日，动员了上万名来自团营的士兵拖运建筑材料。另外一千人从事建筑本身的修建，后来又增加了上千名锦衣卫。但这还不够。幸运的是，可以被雇用的极度贫穷的流民和乞丐挤满了北京，他们被招募从事建设。另外一件幸运的事情是，这个王朝顷刻之间被白银储备淹没，所以不必加税。太仆寺手头上有 200 万两白银可用，建造花费估计为 50 万至 70 万两。6 月 21 日，工程刚刚动工，通过有效的管理，速度必将加快。嘉靖的答复表示了鼓励。[13]

7 月 14 日，夏言报告了他不久前视察建筑工地时，与工匠和督工讨论的关于材料和修建方式的各种问题。主要目标就是让祭坛经久耐用。他提交了正面和侧面的建筑图供嘉靖审阅。嘉靖看后再一次觉得不错，但是他命令道："督工官即便会同于工所，用心议了来说。"[14]

7月18日，夏言、武定侯郭勋、张孚敬和礼部尚书李时一同前去视察建筑工地，然后视察了琉璃厂。夏言反对使用琉璃砖，他坚持只有"白石"才足够耐用。其他人并没有听从他的意见，他们要求使用青色琉璃。"监督烧造内官恐恐然，惟惧出火之时，不得如法。又工夫繁细，忧患百端，兼以天雨，坯不得干，恐误应用。畏罪凛若而不敢言。至于知石之坚又费省而工速，凡效忠于陛下者，无不以为然也。"嘉靖同意了夏言的部分请求，认为用白石、琉璃相间是可行的。[15]

7月27日，夏言最后提出了一些财政问题。嘉靖已经同意工部的请求，查催各省应补应解银两，并派官员去催促上解。夏言表示反对。他解释说："湖广、贵州、四川买木支剩银两俱原系仁寿宫大工坐派之数……且仁寿宫大工之期在明年。假以三月则南郊之工可成，不俟逾年则三郊之工皆就。"督工诸臣一致认为，户部漕运羡余银30万两①应该能满足这些工程的需要。嘉靖改变了想法，并完全同意了夏言的意见。[16]

嘉靖与夏言的交流是断断续续的，而几乎每天都要与张孚敬对这座建筑的细节进行最详尽的书面交流。嘉靖不只想要一座坚固耐用的祭坛，更要让它华丽灿烂。他并不喜欢夏言主张使用白石的观点。7月18日，张孚敬视察了琉璃窑厂并报告说："其造

---

① 30万两应指太仆寺马价银，户部漕运羡余银只有10万两。

成并出火者已有百数余件……其质至为坚固，虽石不能过之，所施青色莹然，与天无间。"认为琉璃砖可以代替白石。但嘉靖对此仍持怀疑态度，并认为从南方船运而来的青石是更好的选择。而张孚敬并不同意此观点，"若南方青石一经冰霜，每多剥落，而此地青石亦未见可用者如何"，而"琉璃经火之物，可无虑曝裂"。[17]（琉璃这一选择可能被接受了，这本厚厚的信件记录没有篇幅可以继续讨论这个话题。而朝阳门以南的木樨地的祭坛修建，对尺寸规模严密精确的要求，从紫禁城通向那里的道路，仪式和乐器的选择，漫长而详尽的程序等，则是可以继续讨论的。）

11 月 12 日，首次在新祭坛举行祭天仪式的时间已经临近，夏言提交了一份注意事项的清单：皇帝参与的安排，百官沐浴斋戒的命令，邀请名单以及乐舞生洁净的祭服。[18] 皇帝去四郊祭坛视察是在黎明前的黑暗中，提着灯笼和举着火把的长长队列提供照明，让黑夜亮如白昼。照明费用由当地居民承担，以抵免他们的其他徭役。锦衣卫提着灯笼，举着火把，取代头发凌乱、衣衫褴褛的赤脚小吏、低微之人以及无家可归的流浪汉。还应清扫皇帝的肩舆通过的道路，并临时封锁沿途小巷，以避免出现呆望皇帝乘舆的人。[19]

1530 年 12 月 12 日，嘉靖在南郊进行了首次祭天，只以明朝建立者太祖为配祀。次日，他赏赐和升迁了有关官员和工匠，宣布对某些类别的囚犯实行大赦，同意减免平民税收。在奉天殿内举办大型宴会，款待了文武群臣以及外国使节（四夷朝使）。一切看起来都在顺利推进。[20]

神圣庄严的祭天是中国一系列礼仪中的巨大拱顶石。但是还有许多地方要翻新，许多问题要讨论，许多研究要进行，许多场所要修建。上至皇帝，下至最低微的劳动者，他们投入上述活动的时间之长、强度之大、金钱之多，都是难以想象的。文献中很少提到银两花费的问题。可能与此相关的更进一步的礼仪安排是相当漫长的，但是一份经过审视的摘要认为，其中只有一小部分必须得到满足。

1531 年年初，嘉靖命令在西苑举行古老的皇帝耕敛礼，皇后亲蚕礼也在这里举行。所有安排都由夏言主持。12 月，已升为翰林侍读学士的夏言提交了一份报告，说明截至当时已经完成的工作。3 月 17 日，夏言陪同内官和官府工匠丈量出 7.945 顷农田。户部和上林苑监在祭坛夹道种植了 780 株小桑树，然后准备好播种的旱田和稻禾。两个隶属于京师的县（大兴和宛平）提供了农夫、农具、耕牛和种子。播种后，耕牛被退还，16 头耕地的骡子被带入。到了 10 月初，所有收获的谷物都经过脱粒，858.827 石粮食放在仓库内，用于郊庙祭祀。"一应事宜都立为一定规制。"这些都是夏言提供的，嘉靖在 12 月 27 日对此表示赞赏。[21]

嘉靖之所以命令将先蚕坛改设在他之前否决过的西苑内，是因为皇后早先出行至郊区行亲蚕礼被认为"不便"。祭坛之东建有"采桑台"，台东为具服殿，北为蚕室，左右为厢房，前后为从室，以居蚕妇。三名贵妇被安排在蚕宫署，在宦官的指导下工作。[①] 女乐出席。最后行叩头礼，但是没有祝贺的仪式。[22]

同时，对如何重新安排适当的仪式和重建太庙的思考与规划，正被极大的热情和激烈的情感推进。这一目标必须得到满足。据

---

① 原文疑误，《明史》卷四十九："设蚕宫署于宫左，令一员，丞二员，择内臣谨恪者为之。"

记载，工程开始于 1530 年，此后持续了多年。夏言是背后的主力，许多工作发生在 1535 年之后，当时张孚敬已经致仕，夏言被任命为大学士。

我们将由此转向另一个话题。嘉靖在即位初期是一个什么样的人？他在大礼议事件中控制朝廷的干劲，以及之后重塑中国礼仪自身面貌的决心，告诉了我们非常多的事情——这个年轻人带着与生俱来对权力的了解，展现出钢铁般的意志和狂热的野心。但是，他的个性有着更远的边界。这些在他与张孚敬的通信中传达出来，这些信件在许多年之后被张的后人以《谕对录》之名刊印成书。

《谕对录》的显著位置上有一幅张孚敬的素描肖像，还有 1527 年和 1531 年皇帝颁赐给他并盖在信封上的大印的图片。嘉靖解释说，"朕与卿帖皆亲书，虽不甚楷正，恐代写有泄事情"，因此需要保密。其他大部分事务，张孚敬写成奏疏后，通常首先是皇帝阅看，再分享给其余官员。[23]

一则日期注明为 1527 年（皇帝时年 20 岁）的信件，提供了一个深入其内心、未经过滤的窗口。他说"近日屡见尔等所奏，皆欲朕图新政治"，但问题在于要找到合适的人担任内阁和各部的职务，如此才能让新措施发挥作用。他厉声质问张孚敬（可能在 10 月 28 日将他升入内阁后不久），为何他在位的六年间，没能将可以辅佐他的人带入内阁。最近皇帝又因贾咏和杨一清的事情而苦恼。他说："委赖内阁以辅朕行。奈何居斯任者，累不得人。或罔上而欺朕冲年，或专柄以制驭群下，窃弄威福。"他们显然在逼他躺下享受生活。"况朕生性不好玩乐声色，最不逐则有其时。如人生孰不知好善远恶，而朕身为人长，奉荷天命，安得自逸？不图善治以光前烈乎？"他恳求张孚敬帮助自己为关键职位选择合适的人。张孚敬秘密地推荐了 11 人，全都是大礼议中嘉靖的支持者。他同意皇帝应避免任用反对者的看法。[24]

对此，嘉靖答复说他发现张孚敬非常有用，能给予他帮助，是一个他能倚靠的人。然后他与张孚敬开诚布公地评价了各位高官。皇帝憎恶那些在 1524 年和 1527 年的大镇压后残余的地下反对者。嘉靖写道："今只因议礼，以邪言一兴，群奸附和。以此一事取其官，取其禄，固结同心，意在无君。而善人诽之，正议讥之，聚讼纷纷。若非天鉴在上，祖宗知之，默佑朕躬，故得卿等力主扶正。虽卿等俱尝赞助，厥功之首。深惟卿劳意，否则朕亦不知何如也。"张孚敬答复了许多如何前进的有用建议，嘉靖和他持续几天都在讨论这个话题。[25]

张孚敬希望推进消除腐败。他对嘉靖说："即日差替御史凡十二人俱来辞臣，前去问臣有何教诲。"他对众御史说："臣曰今日赃吏满天下，剥削百姓，冤屈不得上闻，遂至民穷盗起，其重要只在内阁。若内阁官受朝廷厚重俸禄，公心办事，不容人来钻刺，公行贿赂，则九卿就不敢要钱。九卿既不敢要钱，凡在外司府官要钱，则御史遂即当指实纠劾，一一追赃，内阁九卿官遂不敢救他，他亦再不敢要钱剥削百姓。今日朝廷只要安百姓，你众人若不体朝廷之心，仍前胡做，我这里又差人换你回来。"嘉靖在次日（11 月 1 日）做出答复。他表示欣赏张孚敬"体朕为民之心"。[26]实际上，嘉靖从来也没有热心于严厉打击官员腐败（同样，他对持不同意见者的镇压往往让人觉得没有斩草除根）。

11 月 13 日，嘉靖跟张孚敬分享了两件新的机密事务。在统治初期，嘉靖养成了一个习惯，即除了当时生病，都会出席早朝集会。在每一天工作开始之前的黎明时刻，官员们就要以严格的品级顺序排好队列（等待皇帝朝见）。嘉靖说，他能仅仅通过自己看到的视觉线索判断出官员们的态度。他把自己注意到的其中一些事情分享给张孚敬。嘉靖写道："卿同官四人（在内阁中），一清忠诚，朕知之，但一二或不同，卿当致其力也。又前朕说董玘（吏部侍郎）不逊。意为玘在朝班之行与人接耳语，仰面上视，吐笑不恭，兼行走搀越，行礼出位。而不言敬，姑言不逊。惜玘在大臣之列也，而宋沧（右副都御史）亦如是。恐卿未悉朕意，可知之。又朕念卿同官（大学士）銮每行礼，班在原位，伊既行礼，后首近堂阶，而立序仍在原位。"他的注意力可能已经涣散了。

　　张孚敬在次日（11 月 14 日）做出答复。他恰如其分地评价了官员们的举止，然后开始谈论另外的事情——分析大礼议和大狱中团结一致的反对派集团是如何形成和组织的。他对内阁记录的研究显示，这开始于先前正德时代的 1511 年，当时内阁（嘉靖的劲敌杨廷和在其中发挥了主要作用）夺取了对选取翰林院庶吉士（即实习期的新一届贡士中的精英）的控制权。他们选派了其中 30 人（总共 37 人）到各个职位上：19 人被派到翰林院的正式职位上，7 人被派到科道职位上。1517 年，选取的数量是 34 人，15 人留翰林院，13 人补科道官。1521 年，8 人留翰林院，10 人补科道官。[27] 张孚敬写道："只此三科，便选庶吉士九十一名，臣于内阁簿内查实名数如此。是以连年议礼，内党则多翰林，外党则多科道。所以为说牢不可破，大肆罔上之心，遂改彝伦攸废，人极不立。非天生大圣人，其孰能定之以中正仁义如此。今见选庶吉士二十人，又多是内阁私人。先后布列，渐至大位，必为后忧，臣恐（大学士）一清不及见也。若终得尽去私党，量选中外有才行者充补，则恩出朝廷，必各思报效矣。"

这是一个有趣的政治分析，确实有几分真实性。作为回应，嘉靖在 11 月 26 日命令将全部庶吉士派到其他的职位上。首辅杨一清反对道："宜照常例，酌留三五人在翰林及选科道等官。"刚刚成为大学士，但显然是嘉靖亲信的张孚敬在备忘录中质疑道："此辈心切奔竞，口尚乳臭，不应处之翰林，而科道言官，又岂少不更事者之所宜。今悉处以部属知县等官，将来必无营求幸进者。"嘉靖还没有想好怎么去拒绝杨一清。他接受了杨的异议，指示道："祖宗旧制，不可自朕擅改。"于是这个议题被搁置了。[28]

这表明嘉靖的激进主义是有自身限制的。他对变革的渴望很大程度上集中在礼仪改革上，在这方面他倾向于专横跋扈地发号施令，即使这意味着改变祖宗之法。在其他方面，他又显得小心谨慎，并不热心于推进重要改革，部分是由于害怕可能导致的反抗。他写道："奈一清循泥事例，待从容谕伊等省悟，朕于辅臣之言难便拒违，况彼云不可改祖宗之法。若有旨将庶吉士裁革，便可说朕擅改。呜呼，差矣！"接着，他详细讨论了如何任命称职的各省巡抚。[29]

1527 年嘉靖任命张孚敬为大学士时，年方 20 岁。1535 年张孚敬最终以大学士致仕时，嘉靖已经 28 岁了，在此期间两人之间有 360 多封秘密信件。在这些年中，皇帝从少年成长为青年，他与张孚敬分享了涉及自己及其直系亲属的隐私信息，数量令人惊讶。张孚敬的角色不仅是充当政策顾问，更是嘉靖的写作指导、人生导师，甚至是他的医生和心理治疗师。面对张孚敬的目光，嘉靖无拘无束地暴露自己的无知、恐惧和脆弱。

嘉靖经常谈到自己与母亲蒋太后的关系（这让人回想起她在1521年是如何拒绝从侧门进入紫禁城的）。皇帝母亲并非一个独立的、不受公众关注的家庭中的"个人"。相反，她要受到礼仪的约束和民众期望的支配。所以，嘉靖在描述自己如何对待母亲，以及询问对她的行为是否正确时，并未觉得有什么不妥。其中一些事情看起来似乎有点琐碎和浪费时间，但其实并非如此。每一个身为人子的中国人都知道，行孝几乎就是所有人最高的伦理义务。皇帝要尽可能高标准地履行义务，否则丑恶的传闻很快就会给劣行开绿灯，并危及整个国家的家庭秩序。

1527年12月20日，嘉靖告诉张孚敬，他和母亲在讨论是否将其父的梓宫从安陆迁出，并重新安葬于北京附近的明皇陵。嘉靖一直赞成迁葬，礼官讨论后也表示支持，他的母亲流泪反对。她不想他的父亲之灵受到惊扰，并要求死后与他合葬于安陆。嘉靖说道："伏请慈亲安心，爱养尊体以享福寿。此等之事甚非圣母之忧，子不胜待罪。"根据嘉靖的转述，他的母亲答复道："皇帝何只这等说？吾岂不知皇帝之心。其先帝奉还之事委实重大，亦扰百姓。但只他日（我去世时）是必将吾随之先帝南归。如是吾则无忧也。"所以嘉靖问张孚敬，他屈服于母亲的愿望是否做对了。同日，张孚敬使他确信他做对了。[30]

两个月之后，1528年2月25日，嘉靖向张孚敬提出了一个棘手的家庭问题。15岁的谢诏刚刚与嘉靖的妹妹永淳长公主成婚，但他疏于学习，不敬教官。而此时长公主被太后鼓励修行佛法。"朕每进谏，慈意不回，而朕妹所以无忌畏之心。此非圣母责谕之，朕恐失伦纪。岂不上累父母，亦自取过愆矣。朕欲上书进奏圣母，请训朕妹，未知可否。预密与卿计可，备录来闻。"

嘉靖在文章开头强调了其妹家事更大的意义。他重复了《大学》中的关键段落："朕惟帝王以齐家为先，而后亲族化之，天下又化之。"（嘉靖对佛教的敌意在未来的岁月中将会加深。）

张孚敬精心推敲出一篇用词小心谨慎的答复。他提醒嘉靖，佛教倡导慈悲、不杀，"以为人死精神不灭，随复受形，生时所行善恶皆有报应……善为宏阔胜大之言，以劝诱愚俗，故王公贵人最先好之。非皇上聪明天纵之，能崇正辟邪如是耶？圣谕欲上书进奏圣母，请训长公主，诚礼之当然也"。他写道："夫圣母之信崇此教，亦不过欲祈福寿而已。"他建议嘉靖，让其母亲去读唐代韩愈的《论佛骨表》，并将此文抄录附上。"圣母慈意必无不回，圣母意回，必以谕长公主……至于谢诏，宜责教官定以课程，示以趋向。" [31]

三天之后，嘉靖吐露自己没有成功。他不愿意逼迫母亲，她害怕佛会寻求报复。张孚敬对此也帮不上太多忙。他引用了孟子和朱熹关于如何劝告双亲的话，其他宫人应对未能训诫长公主负有责任。读韩愈《论佛骨表》应能治愈皇帝母亲的妄想。"皇上斯举，所谓正伦理，笃恩爱……由是四方风动，天下不足平矣。"

3月1日，嘉靖坦承自己毫无进展。他已经通过一名宫廷贵妇，将一封密信送给母亲。显然，年轻的长公主人宫时，他的母亲将这封信的内容告诉了她；但是母亲继续崇佛，因此她的女儿也是如此。于是面对一场小范围的家庭反抗，嘉靖不知道要做什么。他不想增加对母亲的压力并冒犯她。张孚敬的答复是合情合理的，他说："佛教惑人最深，非皇上聪明睿知（智）之大圣人，孰能明其为异端如此？圣母之意或未能遽回，宜因事积诚，既久必

无不回，诚不可骤也。礼谓起敬起孝，悦则复谏，此孝子之事亲
也。"[32] 此事暂告一段落。

这一年的 8 月 7 日，嘉靖的母亲问他，她如果为去世的丈夫
设一龛座以朝夕奠献，是否可行。他答复道："容加思一二日间，
以复慈命。"他把这个问题提给张孚敬，而张在当日就做出了答复。
这是一件错综复杂的礼仪事务。张孚敬指出："恭惟献皇帝（嘉
靖父亲）神主奉安世庙，神位奉安崇先殿，凡岁时享献……圣母
（嘉靖母亲）已俱不与……兹欲于宫中设一龛座，以朝夕奠献献皇
帝……真可母仪天下者也。夫皇上宜从圣母之心，于宫中便静之
室设一神龛……岁时朔望以伸奠献。如朝夕行之，恐致礼烦，或
未免有劳圣母也……盖存乎礼者也。"[33]

此事还有后续。8 月 12 日，嘉靖告诉张孚敬："朕命所司制神
牌、龛座，于九月上旬吉日奉安，须用一仪节、其牌上书号及捧
安，朕可亲执其事否？又用祝文否？"张孚敬赞成第一次行礼由
嘉靖独自主持，之后由他的母亲接管。"其奉安仪节、用脯醢如常
仪，礼文比时享从宜减省。"次日，张孚敬将对神牌上所书文字内
容的建议，以及所使用的儒家经典《礼记》的相关引文一同呈上。

这仅仅是一个开端——嘉靖母亲对个人特许的简单请求，将
变成嵌入古典先例的正式事务和准公共仪式。张孚敬和嘉靖继续
讨论细节。嘉靖不喜欢张孚敬建议的神牌文字。此外，他要求张
孚敬对他亲自撰写的为首次行礼宣读的祝词发表评论。张孚敬认
为这篇祝词和其他文章非常好，只需要做微小的改动。但两人对
神牌上的文字仍然各持己见。嘉靖想称父亲为"尊主"，张孚敬解
释说这是妾妇所用之辞。讨论就此结束。

9 月 21 日，嘉靖携其母出宫游赏。她问其父之淑妃一同出行

是否合适。嘉靖对此并不了解，所以向张孚敬询问。张在同日答复道："圣母出游，淑妃从之，宜也……臣按古礼庶母谓父妾，之有子众子为之，义服缌麻；无子者无服。淑妃虽生善化长公主，在礼天子绝期亲，而况于缌麻乎……恐不宜别为行礼。"[34] 宫廷生活并非与世隔绝，反而有点像露天舞台上的生活。

12月7日，母亲刺伤了嘉靖的内心。他的皇后陈氏无子而逝，出殡和安葬都已经结束，但他还没有为册立新皇后做任何事情。母亲说："宗祀甚重，况坤宁内治不可久虚，汝其念之。"嘉靖答复道："子弗幸遭此，上致慈虑。伏请尊（遵）命。"母亲命令道："汝欲何如，当自处之，此不可缓。"所以嘉靖问张孚敬，自己应该做什么（我们之后将转到嘉靖与其后妃关系的话题，她们险些将其谋杀）。[35]

出于某些原因，嘉靖觉得对张孚敬坦承自己在照顾母亲上的过失是合适的。1530年2月24日，他说："母子最亲爱非他人者。夫朕失晨昏问安之宜，致慈躬弗康，实有咎焉。"他命令内药房给母亲进药。皇帝母亲痊愈了，并在那天中午拜祭了她在宫中为丈夫设立的神位。嘉靖带着他的新皇后也拜祭了神位，并向她祝贺。嘉靖对张坦承："朕不聪，实赖卿导之力也，恐卿未悉，兹用以报，以慰我忠辅之心耳。"张孚敬表达了自己的感激之情。[36]

3月19日，圣母表示她和儿子一样，对礼仪修正抱有审慎的态度。她想为姒娌张太后（弘治帝的遗孀）举行生日宴会。她不了解有关礼仪，嘉靖也不了解，所以他不想提出一些可能错误的建议，于是向张孚敬请教。张答复说，两宫同称太后，所以嘉靖应向她们一起行拜礼，在宴会上她们应该并排坐在一起。[37]

次日，嘉靖又有其他问题。他在宴会上应该对伯母说什么？另外，他的母亲说："吾当西向坐，进爵行礼一如事姑仪。"嘉靖答复道："在尊意固当敬让。"但他还有第二个想法。他坦率说道："恐太自卑耳，亦恐伤礼。相见时行礼，俟皇伯母先坐，圣母即稍东南向坐，进爵当令执事人行。圣母犹未安，朕兹再问，卿可为朕议来。"张孚敬夸张地赞美了嘉靖母子，并向皇帝劝告道："夫礼太过与不及同，贵得中耳。"嘉靖应当更改侍者的任务，其他方面他做得差不多是正确的。[38]

但是，嘉靖在 3 月 24 日仍有疑问。显然，其他人也对宴会礼仪发表了意见。嘉靖说，某些人认为他应当亲自捧酒注上，然后将酒爵递给他的母亲，她再敬给受祝者。嘉靖认为也许应该是他的母亲倒酒，他来捧爵。张孚敬认为不必如此，"圣母举爵，皇上躬亲注酒，诚孝敬之至也"。[39]

应当强调的是，所有这些交换的信件并没有忽略其他重要事务。宴会的消息经常被插入由几个部分组成的询问和答复之中。此时政策的总体背景仍是中国的礼仪改造。因此，宴会礼仪的讨论是庞大礼仪改造工程的其中一环，而非以此为乐，消磨时间。

10 月 2 日，嘉靖说："朕体已平复，十五日奉圣母游宴兼以秋眺云。"张孚敬答复道："窃闻皇上宫中每奉宴圣母，执礼甚严，至于终日，是诚皇上孝敬之至。"但他不应做得过度，以致身体疲劳。四天后，嘉靖对张的建议表示感谢。他承认，执礼太过并不能使母亲快乐。他转述母亲的话："吾安然处之，但恐皇帝行礼过劳。虽曰尽礼，吾心何安哉？"所以嘉靖同意略去礼节。张孚敬在 10 月 5 日答复道："臣昨日趋东郊视工，仰瞻皇上奉圣母游宴，登翔凤楼眺望，行道之人亦靡不欣欣然。"他认为嘉靖的确对母亲所需之物十分关心。[40]

1531 年 4 月 5 日，皇帝把和张孚敬等人在西苑视察亲蚕礼、耕敛礼布置时所作之赋给母亲看了。根据嘉靖转述，她阅读了这些文章并说："吾阅此录心甚悦。夫皇帝务兹，大臣岂有不喜者？观其所作足为后世法。"嘉靖答复道："子非圣贤之资，实诸大臣赞之也。"另外，应张璁的请求，嘉靖将其改名为张孚敬。母亲向他询问了这件事。"彼以璁字与子名字有似，故更之。"她问儿子为什么选择了"孚敬"二字。嘉靖答复道："子因其敬事其君，以是名之。"其母大悦。[41]

嘉靖的母亲于 1538 年去世。第四章内有她的更多故事。需要强调的是，可以说她有文化修养，和自己的儿子一样对礼仪和道德规范有深切关怀，且程度更甚。而且她和嘉靖彼此间有着深厚的感情，嘉靖的孝道并不是伪装的。

即使明朝宫廷中的母子关系只是半公共事务，它还是必须表现得绝对完美无瑕。皇帝与他的皇后以及其他宫人的关系，以及繁衍后代（最好能生下儿子）的义务，当然也是半公共事务。

嘉靖早先曾向张孚敬坦承自己并不嗜欲。他说："朕于后与二妃皆以礼接，以道率之，亦以正御之。"他又说："但奈朕委不尚嗜欲，而于多欲丧身之戒或过之耳，兼以气质薄而实色荒为惧矣。朕今婚礼告成将近七载，年虽最少，深虑承传为重，恐罹不孝（即无后）之罪也。因此切谕之卿知，庶见朕不敢忽之微意耳。"这件事发生在 1528 年 1 月 15 日。

张孚敬在次日简单地答复了意见，指出皇帝严格遵守所有礼仪，使得自己疲惫不堪。当嘉靖跪在他的母亲面前时，她并不自在；他的伯母认为给她行一次拜礼已经足够，四次太多了。另外，每日在奉先殿、奉慈殿和崇先殿向全部已故的祖先神主祭拜，导

致皇帝膝盖酸软，喘气不止，以致他在早朝时说话急促喘气。张
孚敬说，如果嘉靖好好休息，允许宦官和其他人在其中某些仪式
上代替他，那么孩子很快就会有的。[42]

后嗣的议题在 1528 年 3 月 29 日再次被提及。低级官员们表
示关心并呈上有益的奏疏，大概是为了得到宠信和升迁。嘉靖跟
张孚敬分享了一些生理学和伦理学上关于生育的想法。"尚古之世
男必三十而娶，女必二十而嫁……医家云男子十六则精全，女人
十四则癸至，亦取此意耳。若论其资生之理，则壮年所生之子固，
少年生之者或夭失，此必然之势也（嘉靖当时 21 岁）。"他指出：
"帝王为万民之上，四海莫不化焉。须家道正，上下睦，夫端而
刚，妇顺而贤。如此未有神明不庇护，祖宗不荫佑焉。"嘉靖在文
章结尾指出："斯（无子）皆朕无德所致也，但朕尚在冲年，未甚壮
健。卿可安心勿虑，须徐图之。"张孚敬向他表示鼓励。[43]

上面已经提到，嘉靖的陈皇后于 1528 年 10 月 21 日无子而逝。[44]
官方的说法将其归因于某种疾病。但有传言说她死于流产，由于
嘉靖的严厉斥责，她受到了惊吓。嘉靖虽然自责，但并没有表示
出悲痛。官员们与皇帝对服丧期应持续多久、丧服的种类和颜色、
皇后应以何种方式安葬在京师以西的皇陵、具体位置等问题进行
了长时间的讨论。[45]

嘉靖的母亲催促他另选皇后。12 月 7 日，嘉靖再次向张孚敬
征求建议。张敦促道：坤宁宫不可久虚，天下臣民都期望皇嗣诞
生，应尽快择现有二妃中贤淑者为皇后。

次日，嘉靖坦承了自己的疑虑："朕德无一线而动多怒违，身
承祖宗之位，遂使嫡配（陈氏）遽丧，储嗣延迟未立……今之事
（选择新皇后）则甚难为也，若有待之岁月，亦不为迟，未知可否。

上虽有圣母之至训，朕敢不从。然恐继而为弗祥，何谓也，凡人之为善为恶，出自性中来。间有迁善为恶者，今则艰获斯人也。况君子所配必求淑女，而人之君长之配不可不慎择也。前者初婚之期，皆是宫中久恶之妇（作为中间人）所专主而为，日夜言于圣母，圣母未之察耳，今若又使蹈此事，则不如不必继立也。朕所爱者，德与贤耳，非有偏宠尚色之私……如果择有德者继立，（那些落选者）将不平之怨必作，讥诮之谗必来矣。卿可通将昨引圣母之训并此抄一帖，密与同官议来。"

尽管张孚敬称重病不能入阁，但还是立刻做出了答复。他认为嘉靖无须担忧嘲笑和诽谤，其母敦促他不要拖延是正确的，礼部将提出册立新皇后的正式请求。[46]

1529 年 11 月 21 日，乾清宫内西七间所房发生火灾。[47]这些所房里居住的是年轻宫女。火灾吓醒了嘉靖的伯母，也使嘉靖感到愤怒。次日，嘉靖告诉张孚敬：这也许是一个不祥之兆，是他的过失导致了火灾。对此事负有责任的宫女现已被关押，是否要惩罚她们。张孚敬对这是不是一个征兆表示怀疑，因为嘉靖并没有聚敛财宝，与宦官厮混，以及沉溺于声色犬马。嘉靖应当控制住自己的愤怒，因为这会损害他的健康。

次日，在经筵上，张孚敬注意到嘉靖脸上忧惧的神色。他坚决认为："皇上……罔有所愆……此宫人不能谨防……以为宫中治之，必有常法……但罪属所由，不宜众及耳。"

之后，11 月 23 日，皇帝给张孚敬提供了更多细节。他说："管事人员访获失火者八人，其主家宫人系尚宫女官养病。及审所由，一云方在房内笼火，出外回来，未进房，火已起了。朕以为此皆畏责耳，次早俱收宫正司。"嘉靖坦率地说："连日思之，灾变之来，若归之天不可，责之人亦不可，委诸运数亦不可，本我所致也，故未遽治。因问于卿，卿已言之矣。但宫中女子甚顽，弗问恐不加谨防，亦须量处之。又卿见朕有忧色及嗽者，忧色实惧灾警，深惟德不类也；嗽乃是夕风触，朕亲巡看，四鼓方寝，遂致微嗽，非因怒伤。朕凡宫中未敢过为喜怒，可喜者固不可纵，而可怒者亦随即释去。兹因卿所忧爱，特用细述，以复以慰卿意，卿宜安心。"[48]

五天后，张孚敬继续扮演人生导师的角色。他对宫殿起火这件事进行了反复思考：这应当归咎于群臣，这只是最近发生的各种无法清楚解释的灾异（洪灾、旱灾、蝗灾、彗星）中的一种。所以张孚敬提出了要皇帝遵守的四条养生之法："节思虑，慎寒暑，时寝膳，适游观，此则保圣躬之大端也……奋精神，择妃嫔，充和乐，溥恩爱，此则广圣嗣之大端也……玩理义，养心志，审讲解，笃践履，此则崇圣学之大端也……平好恶，慎举措，察谗谮，宥过误，此则宏圣度之大端也。"

嘉靖阅后，采纳了张孚敬的四条建议。但他想得更多。他注意到，有一道被称为"百子门"的大门紧邻着因火灾受损的七间所房（宫女们已经搬出）。"恐皇天垂眷眇躬，以大本未建欤？"嘉靖又补充道："但中宫皇后（张氏，先前为顺妃，因奉茶惹怒陈皇后的二人之一）血气亦未甚壮，难致胎育。"对于这件事，张孚敬（并非张皇后的亲戚）向嘉靖建议："臣愿皇上请于圣母，更选宫中贤淑血气之壮者以备妃嫔，以时进御，以广圣嗣。候中宫孕秀，所以继统承祧，自不可易。"[49]

但还是没有人立即受孕。1530年4月，张孚敬批准了礼部转呈的意见——最初由一名地方儒生撰写的恢复和实行对高禖（送子之神）的古老祭祀的建议，作者善意地分享了嘉靖和他的母亲对还没有继承人的关心。嘉靖对此表示怀疑，他并不认为这是求子的神灵。他认为怀孕是一个生理学的问题。"夫有男女合而为夫妇，有夫妇而后有父子，非祈祷之所克致也哉。生子有善恶，盖缘于胎教也，亦乃祖考钟祥，夫妇攸和之所致。其生也，受命于天，禀形体于父母。"张孚敬改变了主意，同意了嘉靖的看法。[50]

嘉靖命令翰林院准备方案，用于教导年轻宫人以改善她们的行为。1530 年 10 月 23 日，方案提交，内容包括那些女孩要熟记背诵的诗歌。皇后将带领那些女孩听嘉靖的母亲以及宫廷女官训话。此外还有更多非常正式的内容。[51] 嘉靖认为，给每一个被选为妃嫔的女孩名位是一个好主意。张孚敬对此表示极力赞成。[52]

嘉靖在对教导那些女孩的方案深思之后，提出了一些实际问题。他强烈要求将课程推迟到次年年初。另外他认为，现在该是选取新嫔御的时候了。张孚敬表示同意，并在奏疏中主张："请敕礼部会选在京并北直隶附近地方贵家大族淑女，以充嫔御名位。"[53]三天后，他告诉嘉靖："皇上慎选妃嫔……中外臣工黎庶靡不欣跃……臣昨与时议，宜照例并行南京、河南、山东三处慎选之。"[54]10 月 31 日，嘉靖告诉了张圣母在听到进展时的喜悦心情。[55]

之后，12 月 30 日夜，张孚敬做了一个预示性的梦。他梦见在天的东南方，有一个发光的"徐"字，然后变成"太子"二字。他在梦中欢喜地朝这二字叩拜不止。他醒来后立即把这个梦的内容写了下来。这是不是预示着继承人的诞生？"徐"字由四个部分组成，其中三个部分都是"人"的意思。这是否意味着人丁兴旺？也许新选中的淑女中有徐姓者？又或许她来自徐州？张孚敬对此不能确定。对这个充满希望寓意的征兆，嘉靖答复说虽然他感到惊喜，但还是害怕自己缺少美德以致不能延续正统。但他的母亲得知张孚敬的梦后，确信这是一个好消息。然后她在宫中向其夫的衮座祈祷。嘉靖认为"徐"字也许是某个道教神灵的姓，最近选取的女子中没有姓徐的人。他要求张做出详细解释。

张孚敬认为，嘉靖对其母亲的尊崇以及母亲对孙子（皇位继承者）衷心的渴望，最后必会有一个好的结果。"徐"字的意思也会变得清楚，应当向祖先而非神灵祈祷。

张孚敬接着简要描述了一个不同寻常的景象。他说："臣昨日之奏方上，适提督四夷馆太常寺卿彭泽偶持伊妹婿河南府驿丞戴廷茂所绘庆云图送与臣观，其原寓书云，迩者庆云见于洛中日正当午，炫彩夺目……前未尝见此。"他解释道："盖由圣君礼乐修明，举行文武旧政。"庆云加上瑞麦、黄河水清的报告以及张做的梦，都是祝福后宫有孕的先兆。张孚敬对这些征兆没有按常规报告，解释说这是因为官员们害怕如果这么做的话，会被弹劾为谄媚阿谀。他将庆云图呈给嘉靖。

嘉靖以应有的谦逊慎重态度认同了这件喜事和庆云图。之后，皇帝和大臣便讨论向祖先祈求后嗣最合适的方式。张孚敬强烈建议：现在正是选取淑女的时候，并在太庙和世庙向明朝历代先帝和嘉靖父亲宣布这一举措。这并不是微不足道的私人仪式，而将是一个牵涉到京师所有官员的公共事件。官员们要先穿三天特殊的玄衣赤裳，然后在指定的日期齐聚于午门。1531 年 1 月 12 日完成了这一仪式，张孚敬因重病未能出席。[56]

然而悲剧随之袭来。48 名淑女被选入紫禁城。她们没有被安排住在宫殿内，而是住在沿内道紧密相连、排成一行的木制小房中。张孚敬听闻 1531 年 2 月 11 日至 12 日夜，乾清宫西侧某处起火，他想知道嘉靖是否安然无恙。嘉靖非常震惊地答复道："朕集愆失政，以致宫中东有火殃，且惊祖考，宫闱不胜忧恐。即午时吉，当行露告礼及告内殿。"皇帝坦率说道："朕方寐熟，忽闻来奏被惊，而遍体发汗，汗出而虚作矣，又复嗽加。适刻两宫降视朕，朕即床卧不能起迎，心甚不安。今力疾起，行礼文便看了来。"

张孚敬安慰了嘉靖。嘉靖非常尊敬天地，所以引起火灾的原因不在于他。火灾是宫人的粗心导致的。嘉靖必须保养好身体。2月 13 日是行露告礼的吉日，当日应取消朝会。如果皇帝身体不适，张孚敬可以代替皇帝行礼（事实证明嘉靖身体足够健康，可以亲自行礼）。

仍然心烦意乱的嘉靖给张孚敬写了一份详细的火灾报告。他说："朕躬已康，惟嗽疾未止，盖肺气未清耳。其致火之因，自宫人郭氏房内起。彼已酣醉不醒，就中焚已，其同房住者由窗跳出……宫中地面甚狭，宫房稠密，联接通梁。每遭此患，措手难救。拆昨七所，迫之咸阳长阳二宫，庆安一门，用水浇幸止……今东西两头十四连房尽灾，宫人俱无房住，即二夜在道而卧。"他认为需要制定一个关于防火安全的详细的重建方案。

张孚敬对这一切都表示赞同。他说："至愿宽加安养数日，则肺气自清矣。又宫人致火者既自罹之，同房者诚当矜之，亦原情宽宥之，仁慈也。见无止宿者，请暂以间房居之，诚当有以急处之也。"他建议重建时应使用砖瓦而不是木料。

2 月 14 日，嘉靖诣见母亲，由于火灾，她要求嘉靖取消她今年的生日庆典。这让嘉靖陷入了疑惑：是否应服从母亲？

对此，张孚敬有明确的答案。"此所房之灾，实宫人不小心谨慎所致。正不宜尽归天眚，以起小人借口。夫嘉禾、瑞麦、庆云、甘露本祥瑞也，今却多诋毁。略有少惊，即指以为天眚，以惑人心。皇上宜以此意告圣母。"他劝告道："若复过于忧惧，恐未免惑焉，将至无所用力之地矣。"

嘉靖对此表示赞同，他甚至写了一本小册子，并亲自命名为《御制火警或问》。他给了张孚敬一份抄本，张非常喜欢——为什么不呢？这本小册子紧密地回应了张的观点，即责任应归咎于宫人郭氏。嘉靖详细补充道："宫中地面狭窄，房屋重叠。宫人有三四人止一房者，又不肯相和。昨一氏（可能指郭氏）饮酒酣沉，而睡至二鼓末，惹火着身，犹未觉，即焚其身。方延至屋，人尽睡熟罔觉，至三鼓巡者才见，忽报之所司，急唤众人，火已盛矣。且三十五房接脊通连，无可措手，悉毁之……如以吾禁酒之令失严，及无德罔以弭之者，此其吾之过。"只有出于党派之见的恶棍无赖，才会把火灾解释成上天的征兆。于是嘉靖将其昭告天下，并恢复了心理平衡。[57]

嘉靖一生最终生了八个儿子和五个女儿，其中只有两男两女活到了成年。[58]

嘉靖趁张孚敬临时未入阁，违反了他先前不向神灵求子的决定，在钦安殿安排了一场复杂的道教仪式。礼部尚书夏言主持仪式，礼部侍郎湛若水、顾鼎臣提供了青词（用朱墨写在青藤纸上的道教祷文）的早期范本，它后来声名狼藉。武定侯郭勋、大学士李时、兵部尚书王宪以及另外两人连续几日进香。此事发生于1531年12月末。[59] 对传统神灵高禖的祭祀是不合适的，而对道教神灵的乞求则是合适的，没有人对此做出解释。但是，嘉靖有了另外一位等待时机一飞冲天的精神导师，在嘉靖与张孚敬的信件中从未提到过他的名字和与他有关的事情。他就是邵元节（1459—1539），一名在1524年被嘉靖邀请至京师紫禁城的道士，当时他得到了厚赏和过分的尊敬。[60] 我们几乎可以确定正是他安排了这场仪式。

1531年3月19日，九名最近刚入宫的淑女按照传统先例被册封为"九嫔"，每个人都被赐予名位。九嫔之首是德嫔方氏，即后来的方皇后。

几天之前，嘉靖向张孚敬阐述了他并不认为九嫔的父亲应被授予军职，他们没有军功，这不是他们应得之物，但可以授予其他官职。

张孚敬答复道："臣昨在东郊越宿候圣驾，及夜方承圣谕，令臣详拟加九嫔之父职事……今方锐等俱有此淑女，得与皇上嫔御之选，诚宜加以禄位……国朝凡册后父，即授以五府都督，进之伯爵；册妃父即授锦衣卫指挥。兹册嫔次于妃者，宜授以锦衣卫正千户。若太卑及他文官卑职，恐非所以重朝廷也。"[61]

1531年8月3日，嘉靖要求张孚敬与李时商议以上诸事。张在当日照办，并建议道："九嫔之父初拟定锦衣卫署镇抚，实出圣明慎重恩典。臣等愚见以父以女贵，今加授正千户似亦相违。其进补为妃者，当授锦衣卫指挥职衔……嫔当进为妃，在妃又当加美号矣，其父恩典亦当有加。"[62]

1534年1月23日，嘉靖亲自起草公告，并向天下宣布册立德嫔方氏为新皇后。他强调了皇后作为帝国祭祀必要的参与者、后宫管理者和指导者，以及未来皇位继承人母亲的重要性。目前皇后之位因陈皇后因"病"去世和张皇后因"作孽"被废而空缺。

张孚敬和已升为首辅的李时都审阅了文稿，并表示完全赞成。[63]

废除张皇后必须给予解释。嘉靖在一份给礼部的正式声明中解释道："近乃不思顺、不敬、不逊。屡者正以恩待，昨又侮肆不悛，视朕若何。如此之妇，焉克承乾。今退闻退所，收其皇后册宝，天下并停笺。"[64]九天后，方皇后接替了她的位置。

嘉靖给首辅张孚敬的最后一封信日期注明为1536年6月23日，当时他已经致仕回乡。这只是一份关于皇室最新活动的友好报告：最近又册封四人为嫔，皇帝与他的母亲拜谒明皇陵，还有皇帝陵墓工程的开工。嘉靖并没有谈到政策和政治。一名特殊的信使在7月24日到达张家。张孚敬去世于1539年年初。[65]秘密信件的最后篇章听起来很温馨，嘉靖待他如同家中长者。这封信很好地说明了尽管面对许多破坏他们关系的挑战，两人还是长期维持着友好的关系。

在如何回应发生在各省的起义和兵变的问题上，嘉靖和张孚敬发生过多次激烈的争论。张对此态度严厉，表示要坚决镇压，而嘉靖则柔和许多。在张担任首辅期间，出现了两个与战争有关的争议问题。一是1528年至1529年的青羊山事件。青羊山位于北京西南方向350英里外的山西省南部，一片有着悬崖峭壁、山谷和森林的壮观景色之中。1528年3月2日朝廷收到报告：追剿盗匪的官军被击败了，数名主要文武官员被杀。[66]朝廷的反应是命令副总兵赵廉去指挥袭击，加以报复，都御史常道率省内武装协助。八个月之后的11月15日，战事宣告胜利。[67]这只是嘉靖漫长统治期间爆发的许多次地方骚乱中的一次。这些骚乱通常发生于当地官府服务不周，并由于明代中国人口持续增长而被新移民填满的山区。

实际上，有两个争议问题与青羊山有关。第一个是如何进行严厉镇压。嘉靖在命令军队前往该地后，又将其撤回，希望通过谈判解决问题。张孚敬对这种态度感到恐慌。他的不同意见并非秘密，而是在公开争论中表达了一部分。张此时在大学士中次于很快就会辞职的杨一清。[68] 他在争论中警告说，与盗匪首领谈判是错误的。皇帝需要发奋，并大振中兴之业。以唐史为鉴，这是一个关键时刻。青羊山离北京太近，不能落在盗匪手中。各处盗匪都在关注事态如何发展，寻求机会。即使李克己①的计划发挥作用，这也不是堂堂朝廷回应暴动的方式（李克己是一名当地地位较低的监生，他提出了和平解决事件的计划，上报给了嘉靖并得到支持）。张孚敬主张坚决血腥镇压。他指出朝廷在 1524 年的大同兵变中轻率处置，没有彻底惩罚暴动者，以致今日暴徒被宽大仁慈的政策鼓励；朝廷现在正在重复错误的指导政策。这些盗匪盘踞三省交界之处，已经杀害了三四十名官军和许多无辜者，所以必须彻底消灭他们。

另外一个与青羊山有关的争议问题，是如何妥善安置所有请功人员和重建民政当局。这主要是夏言的工作（见第三章）。但是这一部分突出了张孚敬的侵略性。他过于危言耸听，而嘉靖并不理会他的建议。但是在 1533 年的第二次大同兵变中，牵涉同样在 1524 年进行暴动的士兵，动乱再次爆发于山西省北部的这个长城要塞城市。围绕如何最好地镇压暴动的问题，再一次在朝廷引发了激烈争论。张孚敬此时是首辅。他坚决使用武力的强烈倾向丝

---

① 一作李克纪。

毫未减。他从未在密疏中讨论这个话题，但是他在公开的讨论渠道中对第二次大同兵变畅所欲言，同时上疏给嘉靖。事实上，他为此写了五道奏疏。

事情的经过就是这样。10 月 23 日，大同驻军发动兵变。由士兵季富子、王福胜以及王宝领导的 50 名以上的官军，拒绝在三日期限内完成一道 13 英里长的沿城壕沟的挖掘工作。当夜，他们杀害了自己的指挥官总兵李瑾，放火焚烧了已经逃走躲藏起来的巡抚潘仿的官署，然后横冲直撞，四处劫掠。消息传出时，代王设法逃至大同以东 150 英里外的宣府。新上任的潘仿除了呈上报告，完全不知所措。

修建那道壕沟的目的，是保护大同这座城郭不受最近猖獗的虏寇（蒙古人）袭扰。兵部尚书王宪派出兵部侍郎刘源清担任最高指挥官，都督同知郤永担任总兵。正是刘源清同意了李瑾挖掘壕沟的意见。[69]

潘仿同情起事者。他认为是李瑾的严酷待下导致了暴动，在奏疏中要求对其宽大处理。李瑾被杀使刘源清激动愤慨，主张镇压。嘉靖将争议交给兵部讨论。尚书王宪认为只有部分士兵叛乱，他们必须被斩草除根，其余人应当释放。他向刘源清和潘仿发布命令，让他们照此执行，但是在场的主要官员们错误地处置了这一非常棘手的局面。刘源清公开张贴的布告中带着不必要的挑衅，写道："五堡之变（1524 年第一次大同兵变），朝廷姑从宽处，乃复稔恶不悛……天讨所宜加者。"这番言辞使那些参加了先前兵变的人坚决反抗到底。

约 12 名被捕的起事者被迫成为暴动领袖。潘仿指出，他们并非全部实际有罪。但这无关紧要，全部起事者现在都感到自己易受诬告。于是，当刘源清派一名官员进入大同要求所有人向王师投降时，流传着军队将会进城进行大屠杀的谣言，所以起事者拒绝投降。之后，刘源清让他的士兵攻占了一道关口，并开始屠杀掠夺。起事者将他们逼出城外。现在没有什么能阻止杀戮了。被渴望功勋的王师士兵恣意杀害、横加不幸的牺牲者尸横遍野。

在这个邪恶时刻，张孚敬对嘉靖提出了一个开源式建议。他在未注明日期的第一封信件中承认，"前项叛逆实由昔年处置欠当，养成今日之患"，但是起事者扣留了宗室成员、当地官员以及许多无辜平民作为人质。他说："官军少退，良善得出……群逆奔突出城，流恶地方，为患愈大……伏乞皇上重加审处施行……务要殄除凶恶，分别良善。"

他的下一封信同样没有注明日期，信中反对嘉靖召回并替换刘源清和郤永的决定。他建议道，"临敌易将，自古兵家所忌"，刘、郤二人都有优秀的生涯履历。"城三层门已攻开二层……城中贼势渐已穷促，良善稍稍走动藏匿。若一取回，则各路官军解体。"他又指出："逆贼令通事人等四十名各持段疋，前去边外勾引虏寇，郤永已获奸细一人奏报。"御虏也是刘、郤二人的职责，所以不应将他们免职。[70]

从位于京师遥远的指挥部评论军事行动是有风险的惯例。大同位于北京以西 150 多英里外。张孚敬和其他任何人都无法非常紧密地监控事态发展。潘仿和另外两名官员已经抓获了一些起事者，其中 10 余人被杖死，另外包括名为王宝的暴动领袖在内的 70 余人被送往阳和刘源清的军营，这是一个位于大同以东大约 25 英里外的军事基地。他们认为这次抓捕应足以使进一步的军事行动变得不再有必要。刘源清对此坚决反对，他引用了 1524 年宽大政策的灾难性后果。他将俘虏交给御史苏祐审讯，他们提供的许多信息都是虚假的。但是刘源清基于这些信息，派参将赵纲去大同搜捕那些被提到的人。这激起了大同城内大屠杀即将到来的传言，于是反抗变得更坚决。

同时，郤永已将大同围困，战斗正式开始。明军大肆杀戮民众，但刘源清拒绝了停止攻击的恳求。他在大同周围设置警卫，以拦截、封锁大同城内任何被捉的宗室或官员寄出乞求饶恕和撤围的奏疏。他请求朝廷增派 5 万援军。嘉靖一开始表示同意，随后又改变了主意。

与此同时，朝廷正在争论潘仿等人的主张是否正确，他们认为是明军对民众的恣意杀戮引发了暴动，如果军队撤退，暴动将趋于失败。张孚敬和其他大多数廷臣对此表示反对，并支持刘源清的强硬路线。嘉靖没有立即做出最终决定，但是当他在 10 月 28 日将潘仿免职时，似乎表明了自己的意图。[71] 张孚敬认为，潘仿简直是起事者的送信人。[72]

大同城内，叛变的明朝官员拒绝了潘仿谈判的请求。他们不知用了什么手段，向被称为"小王子"的虏酋派去一个代表团，给予他金币、女伎作为结盟的回报。据记载，他们说"中土饶可帝，胜沙漠也"，指代王府邸以奉之。

1532 年底至 1533 年初，僵局仍未得到解决。3000 名士兵在都指挥使史俊的指挥下，从辽东的基地驰援大同，以抵御虏酋。他们捕获并斩首了 137 名出城与其联合作战的起事者。[73]

大同兵变引起的争议，导致在大礼议中支持嘉靖的官员们被迫分裂。诡计多端的吏部侍郎顾鼎臣赞成安抚路线。[74] 另一名最初支持嘉靖的参与讨论者，礼部侍郎黄绾也是如此。他虽然与张孚敬曾同为一党，却就大同兵变陷入从未有过的激烈争论。[75] 在亲自造访大同之后，黄绾主张："大同之事，往年之失则在于并首恶而赦之，纪纲之废，莫此为甚……今日之失则在于惩往太过、卤莽不思，辄倡征剿之说……叛卒居于城中，非比贼巢夷虏。夫城池者，朝廷之藩篱；宗室者，朝廷之骨肉；文武官僚者，朝廷之心膂；军民良善者，朝廷之赤子。其初只数十叛卒、并胁从不上三百余人。刘源清、郤永……早能因其未备，闯入城中。擒之特易，失此不为既及……洗城之说……劫掠城中，城中之人必深恶之……内阁（指张孚敬）倡为征剿于上，刘源清、郤永和为征剿于下，领兵围城，先攻东西二关，如战敌国，如攻贼巢，杀其无辜……反为叛卒守城洗城之说益信无疑……轻信浮言，辄以潘仿等皆为贼缚，先行革职……昨者内阁虽因陛下神明之见，不得已而罢刘源清，然郤永犹存为主帅……万一小王子果来入城，有以慰其心……伏望陛下大发乾断，速去郤永……则大同之变，可不待旬日而定矣。"[76]

在后续的一道奏疏中，黄绾强调："渠魁必歼，胁从罔治……而非若后世姑息惨刻之为也……臣昨于王福胜等，则密切擒之以正典邢（刑），其郭经等，则书名图形，悬榜晓知，而后捕。又戒有司毋事贪功，毋急追索，听其自逃……其逃而得脱者，即徐待之，但使不敢入镇城……或又恐其逃入北虏为边患者，此大不知虏情及彼辈人情之云也。虏人凡得中国人口，则皆为厮役或易马远夷，使不得逃回。如此不惟嗜欲不同，有所不堪，其实辛苦难当，岂肯甘心于此。况虏人多疑，亦畏彼辈反侧……"（笔者省略了黄绾进一步对当前草原统治者的低下才能，以及中原叛逃者对他们无用的有趣评论。）[77]

1534 年 2 月，大同城中燃料耗尽。人们开始拆毁代王府邸、官署以及私人房屋作为柴火。300 人获许外出搜寻柴火，郤永的士兵却不守信用地逮捕了他们。城中的其他人拒绝投降，战斗接踵而来。房寇参加了战斗，但是他们带着大量掠夺物很快离开了。刘源清增加一名对房作战的指挥官的请求被拒绝了。他尝试在城下挖掘地道，但徒劳无功。他又尝试水攻，也没有奏效。[78]

到了 2 月 18 日，嘉靖对此已无法再容忍。此时他重复了黄绾的少数派观点，告诉大学士们："叛卒谋杀主将，法不可赦，然非举城所为。郤永、刘源清贪功嗜杀，讹传致逆卒劫囚勾房。既胁从不问，何又引水灌城？大同北门要地，祖宗所遗。源清必欲城破人诛，纵使成功，何由兴复……今可去二臣，别遣大臣备房，密擒贼魁。"

于是，嘉靖最终表明了自己的立场。张孚敬和他的强硬路线失败了。刘源清不光彩地辞职了，郤永暂时留用。朝廷派出了新的官员。黄绾等人已经准备好去解救大同城内所有陷入困境的人。反抗结束了。代王从宣府回府。[79]这件事差不多就这样结束了。这并不仅仅体现了张孚敬与皇帝在战略上的分歧，更体现了张孚敬对事发现场的真相做出错误判断、仓促地表明自己倾向的态度。

在张孚敬和嘉靖对大同兵变的观点发生冲突，嘉靖正确地拒绝了张轻率的强硬路线的同时，他们在如何处理张延龄（弘治帝的遗孀昭圣皇太后之幼弟）令人震惊的不端行为上也发生了争执。嘉靖在这件事上具有讽刺意味地采取了强硬路线，张孚敬（并非张延龄的亲戚）却尝试说服他有所缓和。尽管这是皇帝的家庭事务，却再一次被作为公共问题处理。

张氏兄弟（鹤龄和延龄）受益于明王朝所能想象得到的一切慷慨赠予（头衔、荣誉、薪俸和特权），这些是姻戚不配拥有的。但是弘治帝深爱皇后，在他的眼中，她的家人所做的一切都是正确的。他们因嗜好敛财和各种恶行而臭名昭著，嘉靖憎恨他们。

1533 年 10 月 23 日，建昌侯张延龄被捕入狱。这一对他不利的案件的发展经过要追溯到 1515 年，当时一个名为曹祖的占卜者由于不明原因服毒自杀。曹祖的儿子曹鼎是张家的奴仆，是他将其父引入张府。之后他和其他奴仆与曹祖发生争吵，他们让张延龄赶走了他。作为报复，曹祖告发他们密谋造反，相关人员被逮捕。曹祖下刑部狱，同时其他奴仆下锦衣卫狱，包括曹鼎在内的其他人下由宦官管理的东厂狱。他们都没有受到拷打。直到命令他们所有人在公开法庭中接受审讯时，曹祖才服下毒药。这或许是谋杀？三名狱官被控告，案件被搁置了。据记载，张延龄给两名提供帮助的太监大笔贿赂作为酬谢。①

之后，张延龄将一名僧人和偷钱给他的奴婢杖死，并焚烧了他们的尸体。

在嘉靖统治初期，正德时代最高级别太监的住宅和庄园被没收，张延龄能够以非常低廉的价格取得他们的财产。据记载，他的花园台榭超过了规格限制。

据说，张延龄的奴仆、低级军官司聪代表他进行放贷。他未能及时偿还 500 两欠款，张延龄为此催促他，于是司聪说服一名旧天文生之子董至，威胁张延龄将牵涉到曹祖的案件重新提交，迫使其向自己行贿。张延龄拒绝了。他让人抓获了司聪，并在他

---

① 根据《明世宗实录》卷一五五嘉靖十二年十月丙子条，张延龄事后向时任掌锦衣卫事都督同知钱宁和东厂掌印太监张锐各赠五百金作为酬谢，其中钱宁并非太监。

家中搜寻有关文书。之后张延龄杖打了司聪一百下，并将其关入一间暗室，司聪命丧其中。他命令司聪的儿子司昇将尸体焚烧。作为报酬，张延龄取消了债务，并慷慨地对待司聪的儿子。司昇由于过度恐惧，并没有说任何对张不利的话。但是张延龄对董至表达出的深切憎恶，使董取来了他父亲为司聪所写的奏状并将其呈送。这件事发生于1533年10月。

所以刑部逮捕了张延龄和他的全部奴仆。审讯揭露了他非法取得的产业以及谋杀奴婢、僧人、司聪之事。但是密谋弑君的指控并未得到证实。刑部尚书聂贤将供词呈给嘉靖。

嘉靖的反应近似中风。他怒喝道："夫谋逆者，只论谋与不谋，岂论成否耶？"他要求重新调查。他说："司聪非以箠死，其曹祖服毒死，想当时有主使容纵之者。"

戴罪改过的聂贤审讯了张延龄的另外两名奴仆。新的供词说："司聪以绞死，曹祖及鼎为妖言，与景等私相传与，谋为不轨。延龄逆谋虽无左证，而僭侈多端，凶残成性，罪应论死。其兄鹤龄居第相连，坐视不谏，责亦难辞。前任刑部尚书张子麟、侍郎张纶、杨茂元及该司郎中祝濬、主事王言、陈能、曹春等迁延疏慢，以致囚死狱中，皆宜追问。马景等按律各罪有差。"于是聂贤向上做了汇报。

愤怒的嘉靖认为："延龄罪在十恶，其迹甚明，宜从重典。第告变人亡，无凭质证，今但以多杀无辜、僭肆不法之罪，按祖宗法诛之。鹤龄……姑革其爵。其奴马景传用妖言罪死，甘元等十人俱免死，发边卫充军（其他人被处以各种惩罚）。"禁止张延龄提交辩白申诉。[80]

首辅张孚敬认为，嘉靖正在通过这一裁定严重地伤害皇室。

他先后四次公开为张延龄说情，主要是因为他认为处决张延龄将给大礼议的解决造成严重影响。他主张，即使嘉靖拒绝切断与本生父母的关系并成为昭圣皇太后的继子，在登基典礼上已经接受了她的角色，他也应经常给予她应有的孝敬。甚至可以说，他的亲生母亲对她以朋友相待。整个天下都知道这一点，并为此欢呼。但她也是张氏兄弟的长姐。如果张延龄确实被宣布犯下谋反之罪，那么可怕的结果就必然会降临到她头上（作为叛贼的姐妹，至少会被发配为奴）！张延龄犯有谋杀罪，因此需要处以死刑，但他是在之前的正德时代犯下这些杀人罪行的，所以在这里可以应用追诉时效的法令。首辅因此建议剥夺他的侯爵爵位，没收他的宅邸、田产，将他贬为平民，再发配充军。[81]

嘉靖没有被说服。所以张孚敬提醒嘉靖，他在1521年是如何以损害昭圣皇太后的权益为代价，冒死捍卫嘉靖母亲的权利的。她从来没有忘记这些，所有那些寻求报复的朝官也没有忘记。他们密谋诱使嘉靖诛灭整个张氏外戚，从而使整个大礼议的解决陷入非常不利的境地。他们指控张孚敬和大学士方献夫是张延龄的秘密朋党，皇帝并未了解到这一点。皇帝是否认为张孚敬是叛党成员？谋反的指控基于曹祖在召唤鬼兵（六丁六甲）时声称的超自然现象，因此一点也不可信。至少应让张延龄[①]离开北京。思考一下族诛对昭圣皇太后意味着什么，皇帝还能对此感到无须忧虑吗？

显然，嘉靖因为谋反的想法笼罩着他的判决而脾气糟糕易怒。还有两个类似的案件等待执行判决，一件涉及冯恩，另一件涉及

① 应为张鹤龄。《太师张文忠公集》卷八："如臣前议以处鹤龄或置之南京，不得留住京师。"

秦瑝①。冯恩是南京御史，1532 年 11 月彗星出现，他在回应此事的奏疏中指出张孚敬和方献夫应判死刑，因此嘉靖命令将冯恩逮捕并严刑拷打。冯因承受酷刑而赢得了广泛的称赞。秦瑝是南京都察院都事。嘉靖认为，冯恩的真实目标是他本人以及解决大礼和大狱的措施。张孚敬强烈主张对此宽大处置。"卿坚欲回护……张延龄本该坐大逆条律斩之，已屈法甚。如何要执不死？不知留他怎么说？"他仅仅请求嘉靖去做正确的事。但是嘉靖仍然确信，张延龄的最终目的就是篡位。[82]

张孚敬在这件事上的最后一道奏疏，再次强调了他已经指出的要点。他提醒嘉靖："皇上自议大礼，明大狱俱从宽法，未尝肯杀一人（有人因杖打而死，但这并不重要，判处的刑罚是杖刑而非死刑）。冯恩系言官，杀之恐诤臣因而杜口，将来奸宄人无敢言矣。秦瑝一儒士耳，尝作大礼备辩，实欲干进。"张延龄之死会使他的姐姐伤心，天下都会同情她。宽大仁慈对所有这些案件而言是最好的选项。[83]张孚敬在大同兵变上失败了，但是这一次他的观点获胜了。

从 1521 年到 1524 年，年轻又无经验的皇帝获得了他应得的独裁者地位，当时他为了将自己对皇室礼仪的理解强加给充满了怀疑者和反抗者的天下而努力奋斗。一名新科进士、人到中年的无名小卒张孚敬，与少数有着同样想法的官员们一道创建了一支围绕着嘉靖的禁卫军，由解释者、顾问以及政策实施者组成。正如嘉靖坦率承认的那样，这让他有了获得胜利的可能。这为他统

---

① 一作秦镗。

治期内可称为"春季"的时期奠定了基础，张孚敬支持他，礼仪的改革和重新制定在国家政策中处于最重要的地位。

最后要考虑的问题是：张孚敬为了始终如一地支持嘉靖付出了沉重的代价。他不是一个受欢迎的官员，许多人厌恶他，并尽最大努力去毁灭他。他实际上没有朋友——他有追随者，但不存在朋党。正如他经常说的那样，只有嘉靖是他唯一的支持者，并把他从必死无疑的境地中拯救出来。嘉靖极度需要张孚敬，但并非完全如此。嘉靖对权力的理解并不幼稚。他一直强烈怀疑包括张在内的所有高官，经常培植替代者作为平衡。张并不是唯一有权进行秘密通信的官员。从张孚敬的三次被迫下野中，可以看出嘉靖是如何操纵他的。

第一次发生于 1529 年。大学士杨一清、桂萼以及张孚敬都受到多名给事中的凶猛攻击。9 月 15 日，工科给事中陆粲出人意料地发动恶毒攻击。他断言道：

> 大学士张璁（张孚敬）、桂萼凶险之资，乖僻之学。曩自小臣，赞议大礼，蒙陛下拔寘近侍。不三四年位至极品，恩宠隆异，振古未闻，虽捐躯陨首，未足以报。乃敢罔上行私，专权纳贿，擅作威福，报复恩雠。璁虽狠愎自用，执拗多私，而其术犹疏，为害犹浅。桂萼外若宽迂，中实深刻，忮忍之毒，一发于心，如蝮蛇猛兽，犯者必死。臣请姑举数端言之。
>
> 尚书王琼奸贪险恶，在正德间交结权奸，浊乱海内，罪不容诛。而萼受其赂遗钜万，连章力荐。璁从中主之，遂得起用，乃为之言曰使功不如使过，琼虽有过，材不可弃。
>
> 昌化伯邵杰，本以邵氏养子，争袭伯爵，人所共知。而

萼受其重赂，力为主张，竟使奴隶小人，滥膺封爵，勋戚世胄羞与为伍……（陆粲在这里引述了桂萼与各位低微之人、同乡、亲戚以及寻求升迁者的关系。）①

南京礼部侍郎黄绾曲学阿世，虚（虚）谈眩人。右谕德彭泽夤缘改秩，玷躐清华。

此皆阴厚于璁而阳附于萼者也。谄佞之辈相师成风，人心士习败坏极矣。萼等威势既大，党与又多。天下畏之，重足屏息，莫敢公言其非。不亟去之，臣恐凶人之性不移，怙终之恶益甚，将来必为社稷之忧。伏望皇上大奋乾刚，速加诛窜，仍将其心腹及诸阿谀之徒重加惩治，庶几公道昭明，人心痛快。[84]

陆粲似乎把桂萼看成主要的反派人物。令人惊讶的可能是，嘉靖公开地完全赞同陆粲对他的两员干将桂和张的攻击。他承认道："朕习以大礼未明，父母改称时，张璁首倡正议，奏闻更复，后桂萼赞议。自礼成之后，朕授官重任，盖以彼尽心救正忠诚之故。今彼既顿失前志，肆意妄为，负君忘义，自取多愆。"他惩罚了陆粲的奏疏中指控的每一个人。他要求张孚敬"回家深加省改，以图后用"，又迫使桂萼完全退休。[85]

---

① 详见《明世宗实录》卷一〇四嘉靖八年八月丙子条："萼所厚医官李梦鹤假托进书，夤缘授职，与居相邻，内开便门，往来常与萼家人吴从周及序班桂林嘱事过钱。道路之人皆知之。又引乡人周时望为文选司郎中，通同鬻选。时望既去，代之者胡森，森与主事杨麒、王激又皆辅臣之乡里亲戚。铨选要地尽布私人，升黜予夺，惟其所欲。萼典选仅踰年，引用乡故不可悉数，如原任工部尚书今致仕刘麟，其中表亲也。礼部侍郎严嵩，其子之师也。金都御史李如圭由按察使一转而径入内台。南京太仆寺少卿夏尚朴，由知府期月而遂亚卿寺。礼部员外郎张敬由通律历而假以结知，怀金钱而为人请托。御史戴金承望风旨，甘心鹰犬。此皆萼之亲党，相与比周为奸者也。"

此时年满 22 岁的嘉靖正向天下表明谁才是主人。张、桂二人无疑热心于将大礼的支持者塞满官场，并排挤持不同意见者。张孚敬如同猎犬的主人，而桂萼则是他手下的天字第一号攻击犬。正如后来的时评家指出的那样，他们渴望更多权力，并迫使费宏于 1527 年致仕。他们又施加压力，逼迫其继任者杨一清致仕。[86]显然，嘉靖以他与生俱来对权力的了解，并不会成为被支持自己的团体困住的囚徒，而认为这是一个亮出独立举动的好时机。

然而，张孚敬仍然是嘉靖的人生导师和心理治疗师。在张离开之后，嘉靖不知所措。张孚敬才走到北京以南 100 英里外的天津时，嘉靖便派一名信使命令他返回内阁。在离开北京之前，张孚敬自我反省并坦承曾经过于"刚速"，"太刚则折，宜济以柔；欲速不达，宜济以缓"。他正陪伴其妻灵柩返回位于浙江省永嘉县的家乡，其子由于重病不能继续行程，于是他在河西驿抛下灵柩和患病的儿子，由陆路急速返回内阁。嘉靖将他盖于密疏上的印章归还给他。[87]

在张、桂二人暂时失去权力的同时，詹事霍韬呈上一道谏疏。他为二人辩护，又严厉斥责陆粲是首辅杨一清的党羽。他指责杨曾经收受了几名寻求官职者的大笔礼金。他接着指出杨对张、桂的敌对行动，鼓动言官弹劾他们的尝试，以及他与多名内官建立的关系。霍韬说："臣与璁、萼俱以议礼进官，璁、萼既去，臣岂宜独留，乞赐罢黜。"嘉靖留用了他。[88]

杨一清同样请求辞职，他否认霍韬的指控：

> 霍韬以璁、萼之去，皆由于臣。诘臣之罪至不容口。果如所言，臣诚无所逃死。臣与璁、萼初甚相欢，比同事久，

虽间有异同，旋即如故。二载之间，盖未尝少失和气。韬乃谓二臣每攻诘臣，臣度二臣必不为此，又谓二臣为臣所离间，此则圣鉴自晰，不俟辩也。至谓臣嗾内臣，嗾言官，夫皇上英断御下，岂左右之人敢进谗说？言官为朝廷耳目，乃听大臣指使，不唯失职，亦不可为人矣……初璁、萼命下，臣与臣（翟）銮相顾错愕，莫知其端，因相语萼之过，或有可指，璁之忠岂宜遽弃。其日皇上亲草敕谕，宣示群臣，臣等所以不敢上请留之章者，以敕旨方严，恐遽难挽，且聆还家省改以图复用之词，知圣意有在，不敢喋喋尔。比璁与臣别，呜咽无任，盖终始未尝失欢，而韬为此言何也？至于讦臣奸赃，臣不敢置辩，如得其实，甘伏显戮。臣见韬高文直气，素加推重，但以言多过激，时或议之，盖欲引诸和平，期其远大。岂其怀怼遂至此极，窥人以所无之心，加人以所无之事，肆意诋毁，杳无所根。臣耄矣，疾病侵寻，就木有日，愿赐骸骨归。

嘉靖重申了对杨的信任，并驳回了他致仕的请求。[89]

杨的答复是巧妙的，他并没有完全否认霍韬的全部指控。嘉靖陷入了困惑。

10月15日，嘉靖秘密地向张孚敬咨询，如何回应霍韬对杨一清和桂萼的指责。由于问题敏感，嘉靖想要正确处理。他说："卿等赞朕一人，以定伦制，实皇天鉴佑，卿等尽心，而萼行事不自慎，或为偏私者……至于杨一清受张永金千两，银六万余两，赃迹显著，访据明然。夫辅臣纳贿，望其以表率百官，风励内外，辅君善治，得乎？否乎？朕已知卿难于议，拟宜下六部议奏。"

张孚敬于次日做了详尽的答复。他认为："宽容大臣，使其以礼自退而已。臣区区犬马之诚，实欲全国体也。"他坦承自己也推荐重新起用正德时代有才干的太监张永，但与杨一清不同的是，他详细描述了自己如何屡次拒收那名太监与其兄弟试图强行送给他的所有金银。他力劝嘉靖道："就法司对理追赃，臣窃念一清老疾之人，岂能胜此。"[90] 这是一个将杨除去的巧妙方法。

嘉靖几乎完全按张孚敬的建议行事。张在回奏中深表谢意，指出杨一清曾是大礼议初期重要的支持者。张孚敬说，通过对他从宽处置，皇帝能表现出自己的怜悯以及对大礼议拥护者的持续支持，并阻止潜在的派系反扑的发生。[91]

10 月 22 日，杨一清在荣誉未受损伤的情况下致仕了。桂萼于 12 月 8 日被召回内阁。张孚敬取代杨成为明朝最高官员——首辅。桂萼发生了很大变化，变得沉默沮丧。他因病辞职，1531 年 10 月 3 日在家中去世。

张孚敬第二次被迫离开内阁发生于 1531 年 8 月 18 日。他的密疏和文集都没有提到这件事，也许是因为此事让他处于非常不利的境地。来自时任吏科都给事中夏言的挑战，导致了他的免职。夏言是一名勤奋的礼仪学者、未来的首辅，嘉靖对他的敬重正在上升。夏言密切注意着使张孚敬卷入麻烦的时机。

狂热的王阳明弟子、行人司司正薛侃呈上的一道谏疏，拉开了这次免职的序幕。由于嘉靖至今未能生出后嗣，他建议道："祖宗分封宗室，必留亲王一人京师司香，有事或为居守或代行礼……乞稽旧典，择亲藩贤者居京师……以待它日皇嗣之生。"

薛侃把这道奏疏的抄本出示给自己的广东同乡、太常寺卿彭

泽。彭、薛二人和夏言都是进士同年。彭泽是大礼的支持者和张
孚敬的拥护者，他知道张不喜欢夏言，而且嘉靖正忙于祈求后嗣，
这道奏疏肯定会冒犯皇帝并刺激他开始大清洗，而夏言因为与薛
侃的关系肯定会被卷入其中。他让薛侃同意将文稿出示给张孚敬。
彭泽告诉张，真正的作者是夏言。张相信了他的谎言，并说这是
国家大事，他将发挥首辅的影响力去支持。他对嘉靖提到了这道
奏疏。但是几天过去了，奏疏并未上呈。张向彭问起此事。恐慌
的彭泽拜访了薛侃，并告诉他张孚敬喜欢这道奏疏，他必须完成
定稿并立刻提交。[92] 8 月 12 日左右，薛提交了奏疏，并要求整个
朝廷讨论。

嘉靖龙颜大怒。他说："侃狂妄奏渎，大肆奸恶。"薛侃被逮捕
了，整个朝廷齐聚午门，虽心善但政治上幼稚的薛侃在那里接受
讯问。嘉靖确信幕后存在某位亲王的行贿，必须迫使薛供出具体
是哪位亲王。同时，嘉靖与张孚敬在文华殿内，就这道奏疏是否
真诚以及如何答复进行商谈。据称，张孚敬[①]告诉皇帝："陛下春
秋鼎盛，前星方耀云云。侃之议不可行。"然后张趋至午门，对薛
侃的讯问仍在进行。他需要知道是谁指使薛撰写了这道奏疏。薛
回答道："自为之。"张问道："访得夏某与汝同谋，何不明说出？"
薛答道："夏某虽同年，久不会面。此奏乃彭泽问过老先生，以为
可行，乃进。"

张孚敬匆匆离开，入左掖门寻找嘉靖。夏言推开门，跟着他
进去了。他们到了文华殿前。一名宦官说嘉靖正在小睡，不能打
扰。张之后回到他的办公场所写了一份报告，夏言也去史馆做了

① 应为夏言。《夏桂洲先生文集》卷首年谱："上御文华殿，召臣孚敬先对，次独召
臣言，以薛侃建储疏赐谕而诘可否，以察真伪。"

同样的事。然后夏言回到家中，在那里锦衣卫跟他打了招呼，然后将他逮捕。他被带到监狱。嘉靖有旨："夏言不必加刑。"[93]

遭到拷打的薛侃仍然坚持称，夏言与他的奏疏无关。

按照嘉靖的命令，武定侯郭勋、大学士翟銮以及一名内官代表进行了另外一场大廷审会。这一次所有事实都说清楚了。于是夏言被释放了，彭泽谪戍大同，薛侃削职回籍（嘉靖拒绝了所有赦免他以及在数次镇压中被判刑的其他人的恳求）。张孚敬的两道密疏被公开，显露了他的"忮刻"。嘉靖命令他致仕。[94]

嘉靖有关张孚敬的言论有着极大的破坏性。他说："张孚敬初以建议大礼，朕特不次进用。既而被人弹劾，有旨令其自改，却乃不慎于思，闇悷于性。朕以心腹是托，奚止股肱而已，望以伊傅之佐，岂惟待遇是隆。乃昧休休有容之量，犯戚戚媢嫉之科，殊非朕所倚赖。专于忌恶，甚失丞弼之任，难以优从。"[95]

于是，张孚敬在斥责的乌云下再一次被免职遣送回籍。他离去后，他在大礼议中的战友方献夫接替他成为首辅，李时和翟銮在内阁中与其共事。他的劲敌夏言升为礼部尚书。

1533 年 2 月 6 日，嘉靖召张孚敬返回内阁。4 月 26 日，张到达北京，重新担任首辅一职。他的秘密通信权被恢复了。他被逐出朝廷大概有半年之久。嘉靖并不是一个记仇的人。

首辅张孚敬第三次也是最后一次免职发生于 1535 年 5 月 5 日。即使张当时已经生病了，努力乞求准予辞职，嘉靖对他的喜爱也没有减少，但他仍然受到众人的怀疑。嘉靖向李时咨询是否允许张孚敬致仕，长期支持张但较少受人关注的李时表示同意，并言及其"执拗，且不惜人材，以丛众怨状"，所以应当准许他去职。出人意料的是，李时更进一步推荐了张的宿敌、有才干的费宏填补内阁空位。李时自己则在接下来的三年中接替成为首辅。[96]

张孚敬对费宏的敌对行动，阐明了他在政策和其他事务上长期坚持的立场，这令人深省。费宏在1521年是大学士，1525年至1527年担任首辅，尽管深受嘉靖喜欢，在数次历经阴险毒辣的阴谋诡计陷害之后，还是被张、桂二人逼迫下台。[97]大约在1527年，张孚敬攻击费宏在1524年大同兵变上的软弱路线以及篡夺皇帝权威。他告诉嘉靖，他的大礼支持者团体（张孚敬、桂萼、方献夫、霍韬、黄绾以及熊浃）一起聚会，会上张说："吾辈始也，生不同方，官不同位，而议礼论之同者。义理根于人心之固有也……祖宗法不可变改，只在修举废坠而已。若故为过高之论，不可行之事，吾虽死不敢苟同矣……君子和而不同，同则为党也。"众人一致同意他的观点。"修举与纷更大有不同，理乱所关亦甚相远"，所以必须放弃那些崇高空泛、完全不可能实现的想法。[98]这次对费宏的攻击是成功的，从那时起，张孚敬的奏疏便成为嘉靖的大礼党派所坚守的信条。

1535年，嘉靖统治的"春季"阶段画上了句点。随着张孚敬的最终离开，大礼的拥护者已经全部离开舞台。到1535年，张孚敬和他过去的亲密战友已经产生了严重分歧，又在处理大同兵变和青羊山事件上与夏言产生了严重的分歧。张指责暴动者和反叛者，其他所有人却指责安全机关的失职以及之后的严厉态度。另外还有其他分歧。所有的"和"都已经消失了。确实，张孚敬是时候离开了。[99]

从晚明时评家的视角来看，对张孚敬究竟应如何定论？基本上是以赞扬为主。《明实录》的编纂者把一段简短的传记和总结，放在这部编年史中 1539 年张去世时的记载中：

> 深于礼学，丰格俊拔。大礼之议乃出所真见，非以阿世。
> 既以是受上知眷，骤跻崇显，而一时议礼诸臣咸得重谴。及
> 奉诏鞫勘大狱，独违众议，脱张寅之死，而先后问官得罪者
> 亡虑数十人，以是缙绅之士嫉之如雠（仇）。然其刚明峻洁，
> 一心奉公，慷慨任事，不避嫌怨……在内阁自以受上特知，
> 知无不言。密谋庙议，即同事诸臣多不与闻者……至其持议
> 守正，虽严谕屡下，陈辞益剀切不挠。上察其诚，久久滋重
> 信之，常以少师罗山呼之而不名。[100]

其他的评论则没有那么热情洋溢，但仍然是正面的。王世贞
（1526—1590）认为，张孚敬"相而中浼之势绌至于今，垂五十
年。士大夫得信其志于朝，而黔首得安寝于里"。李维桢（1547—
1626）将他与万历初年有争议的强势首辅张居正加以比较。嘉靖
信任张孚敬，但是官场不喜欢他，但 70 年后，他的名声如同恒星，
张居正却不是这样的。何乔远（1558—1632）写道："张孚敬一言
悟主，至贵幸矣。自非奋其褊心，借其怒势，尚不能得乎天子而
为相臣也。虽然其辨给以肆，其才果以厉，其守洁以卓。知臣莫
若君，使其三揖以进，一辞而退，开诚布公，集思广益，岂不赫
然名臣哉？"孙承宗（1563—1638）同样对其印象深刻。[101]

　　总的来说，后人对张孚敬的看法更倾向于喜爱。大礼议的解
决以及在张掌权时主要由夏言策划的大部分礼仪改革，在其发起
者和创造者去世多年后仍然有效。

第三章

夏 季

大学士夏言

夏言于 1537 年年初进入内阁，次年升为首辅，于 1548 年第四次也是最后一次被免职。1537 年年初，嘉靖时年 30 岁，到 1548 年已经 41 岁了。当他不再年轻时，他感到自己不再需要依靠一位像张孚敬那样的顾问和人生导师。他与夏言从来没有过情感上的联系，尽管他先前曾对夏的渊博学识、充沛精力以及过人才华留下深刻印象。

当张孚敬进入内阁时，我们会回想起他行政成就方面为数不多的记录。相比之下，夏言在政府中数个要求严苛的职位上的经历长达 20 年，并且广泛而深厚。许多文件（后来编成了一部厚厚的公文集）都与他这 20 年中的所为所言有关，其中也包括张孚敬掌权的那几年。他们早先是合作关系，但正如之前章节指出的那样，二人的关系最终变得非常恶劣。

通过夏言，当代的研究者面对起自正德早逝的 1521 年的 16 世纪中国生活史，可以钻下许多深入瓦砾、泥土以及基岩的试验钻孔。当时夏言是一名兵科给事中，并在接下来的十年间一直担任此职。在嘉靖在位的最初几年中，杨廷和是首辅和国家政策的制定者，主要负责清理正德留下的混乱局面。夏言在其中发挥了重要作用，他的确取得了不凡的成就。他在肃清军中腐败以及正德在位期间（1505—1521）如苔藓一般生长的耗尽资源的毒瘤中，扮演了一只强有力的手。他展现了此后他会善加运用的一种严谨、细致、充满激情并且颇为冗长的做法。

他带着强烈的派性热情进行弹劾的早期目标，是正德时期的吏部尚书王琼。杨廷和与王琼的关系并不和睦。夏言对王琼进行攻击的奏疏倾泻着他的怒火：斥之为"小人"，"曩为兵部，大著贪饕"，"内结嬖幸……交通宸濠，而往来之馈赂不赀"，构陷好官，"惑乱英主"，"挤排言路"，"中伤勘官"，以致"物论沸腾，侧目切齿"。夏断言王"赀金数万，大赂江彬……钻求吏部之选……脱祸得福。街谈市议以为琼受宸濠之贿，倍逾他人。况据兵马之权，尤为奸雄之所倚仗"。夏言得出结论：这样的人不能领导吏部。王宪取代王琼担任兵部尚书。夏言又指控王宪腐败、谋逆，断言他与先帝亲信江彬勾结，发动政变。

首辅杨廷和代表年轻的嘉靖做出了将两人免职的安排。王琼下狱，之后被遣戍；王宪致仕。以上诸事发生在 1521 年 6 月。[1]

但这些都属于过激的党派攻击。实际上，王琼在策划与支持王阳明成功击败和捕获逆贼宁王上是有功的。如果王宪真的是逆贼，那就应当将其逮捕、审讯直至处决。两人都有才干，也都有给人留下深刻印象的成就。也许从最好的层面来说，夏言鲁莽的恶毒行为是与后正德时代的清理政策相一致的，他投入了精力，并瞄准真正的感染源。

为了尽快清理自 1505 年以来积累的冗赘人员和弊政，杨廷和使少年皇帝命令吏部、礼部、兵部和工部彻底检查花名册，并裁革所有没有得到合法批准却占据其位的文武、僧道、匠艺官员，以及皇亲与公主所生子孙中非出身正途者。夏言的职责是对武官进行审查，一丝不苟地注意着先例和他们过去的行为，以及逐个检查每名官员的军功证明，他的目的是将正德时的宦官和宫廷亲信的亲戚以及门人全部免职。在长篇报告的最后，夏言说他确认了3199名"城狐社鼠"。其中有些人"稔于钻刺"，应当拒绝他们可能发出的抗议。这种人必须即刻从军队的名册中全部清除。[2]

但是几个月后，正如夏言所说："蝇营狗苟，顾驱去而复来。"他们对此抗议，并动用了腐败关系和其他资源去抵制这场肃清。在一篇极长而且非常详细的报告中，夏言描述了如此局面，甚至指责年轻的嘉靖自己发布无用的诏书。他坚决主张，如果皇帝下令进行镇压，就必须严格执行。[3]

三年后，夏言呈上另一篇长篇报告，他认为由于一帮逃脱惩罚的抗议者的阻碍，对武官的肃清被迫无休止地推迟，以致没有起到作用。嘉靖或任何起草皇帝命令的人，并不情愿坚持肃清所有这些持有可疑的军功证明的人。夏言这次列举了这些人的姓名和情况。他对此感到愤怒，并要求朝廷将所有的注意力重新集中到这件事上。[4]

作为回复，宫中敷衍应付，要求做进一步的调查。夏言再一次发怒了。他说："臣等闻命惊惕，罔知攸措……盖惟查官一事……关国家安危大体。顷在先朝，名器冒滥。报功不由于战阵，占籍多托于幸门。遂至金紫猥及于凡庸，廪禄虚糜于冗杂。"夏言说自己对此已经进行了反复调查，至今仍没有成果。他一直很愤怒。[5]确实，嘉靖已经亲自准许南京守备司礼监太监戴义的11名侄子和家仆成为武官，因为戴最近去世了。"今乃复有此举，则是欲蹈先朝之辙……万一此源一开，末流日趋于滥，人人据以为例，陛下后虽欲禁制不可得矣！"[6]

得知嘉靖任命他两个过去的女仆的年轻兄弟为锦衣卫世袭正

千户的消息，夏言同样反感，用他自己的话来说就是"骇惧"。这太过分了！"邢福海、顾锦等平日不列行伍，未经战阵，有何劳效，而一旦官以五品侍卫之职……况以掖庭女宠之私，冒国家军功之赏……邢、顾二夫人之在藩邸，虽曰供奉年多，积有劳勋……不当缘宠骄矜，辄复广希恩泽。"他乞求嘉靖撤销这一命令。[7]

这些年间，任何一名有事业抱负的官僚都不得不时刻留意各派系纷争的局面。即使夏言和其他大多数人都处于杨廷和的阵营，他们也都非常清楚，张孚敬和桂萼由于嘉靖的赏识而平步青云。但这绝不是说就要跳下杨廷和的船，转投张、桂二人的大礼事业。玩党派游戏必须有巧妙的手腕和敏锐的洞察力，但运气更为重要。我们很快就能看到夏言是如何运用它的。

除了对军队的花名册进行肃清工作，夏言同时承担了另一项困难任务，即没收并重新分配北京及其周边与北直隶大量被非法占有的庄田。由于他在给皇帝的报告中提供的大量细节，他的成就再一次引人注意。皇帝已经命令彻查所有由正德时代的亲信和阴谋家控制的皇庄，对其进行弹劾与惩罚，并将这些田地归还给被夺走土地的军民。[8]

勤勉、坚定的意志以及对目标的严肃承诺，正是夏言欣然接受这道命令的方式。他的长篇报告中包括对华北地区生态环境的描述，以及对皇庄泛滥产生原因的分析。他解释道："北方地土平夷广衍，中间大半舄卤瘠薄之地，葭苇沮洳之场。且地形率多洼下，一遇数日之雨即成淹没。不必霖潦之久，辄有害稼之苦。祖宗列圣盖有见于此，所以有永不起科之例，有不许额外丈量之禁。是以北方人民虽有水潦灾伤，犹得随处耕垦……夫何近年以来，权幸亲睚之臣……妄听奸民投献，辄自违例奏讨，将畿甸州县人民奉例开垦永业指为无粮地土，一概夺为己有。至于本等原额征粮养马产盐入贴之地。一例混夺……产业既失……饥寒愁苦，日益无聊，展转流亡，靡所底止。以致强梁者起而为盗贼。柔善者转死于沟壑。其巧黠者则或投充势家庄头家人名目，资其势以转为良善之害，或匿入海户陵户勇士校尉等籍。"经过仔细调查，他发现有 209019.28 顷土地与皇庄有关。其中十分之一被归还给平民，"闾阎之下莫不欢欣鼓舞"。这是杨廷和"维新"之政的重要组成部分。他说还有更多事情要去完成。另外，为了发挥嘉靖对礼仪的热情，正如之前章节提到的那样，他建议指定京师顺天府的附郭 ① 县内被没收的土地种植桑树，用于皇后的亲蚕礼。[9]

夏言继续对一名按长期历史惯例控制草场的内官进行弹劾，又因为皇庄弹劾了建昌侯张延龄（他的臭名已在之前章节讨论过）和另外一位贵族，并再一次详尽无遗地记述了有关经过。[10]但和免去不必要的武官的情况一样，嘉靖在这件事上又避开了彻底的镇压。18 名有影响力的宦官的抗议取得了成效。夏言责备了皇帝，坚决要求嘉靖撤除保护。[11]有些被没收的庄田又被夺回，夏为此弹劾金事李纪（李过去是臭名昭著的权宦刘瑾的门客）。他的行为残忍到令人难以置信。夏言说："若留斯人一日，是贻幾甸一日之害……实将金事李纪亟行罢黜。"[12]

由于这次以及其他贡献，夏言理所当然地在 1523 年年初升为兵科右给事中。

---

① 附郭指县治在府城内，而不是在城郭附近。

1524 年 6 月，夏言的母亲去世，他回家服丧数年。他的离开将一群锦衣卫和其他部门的超额官员留在身后，这些人十分愤怒并且寻求报复，因为他曾经调查他们并免去了其官职。在他休假的同时，大礼的工作中止了，并且发生了 1524 年 8 月 14 日的示威。在这件事之后，杨廷和的支持者被镇压，支持大礼团体的张孚敬和桂萼开始掌权。夏言曾经是杨廷和的支持者，但因为他不是意识形态的狂热分子，即使当时在北京他，也不会参加示威。他在江西家中判断朝廷派系间的情况太不稳定，因此不必立即返回。所以在接下来的几年中，他在家乡修建了一座草堂和亭子，并专心学习并写作与社交和风景有关的诗歌。最终，厌倦以及成败操于不可预测的命运之手的感觉促使他重新行动起来。他无视好心的朋友们对危险的警告，于 1528 年春末到达北京。他恢复了过去在兵科的职位，他决定将旺盛的精力和杰出的才能用于重新制定明朝礼仪规划的工作和其他事务。[13]

但是首先，他作为一名给事中还有重要的工作要去做。正如之前章节提到的那样，1528 年至 1529 年的青羊山骚乱以及对它的镇压及其后果，促使夏言着手并完成了极其详尽而冗长的报告和档案研究。他将现场调查、公正安排赏罚的建议，以及整个受损地区的重建计划作为重要内容。这真是一场令人印象非常深刻的御前演出。难怪嘉靖最终会邀请他担任明朝的最高职位。

在夏言日期注明为 1529 年 4 月 4 日的长篇报告中，埋藏的是青羊山及其周边酝酿多年的动乱的整个历史。这是对犯罪集团的真实剖析，是一场与现今的墨西哥黑帮有着某些相似之处的非法运动的兴起与扩散的故事，文中聚焦于劫掠行动、恐怖行动、战斗能力的发展以及更大政治目标的欠缺。他的报告基于对 12 名帮派成员以及其他许多人的审讯而成。

青羊山帮派的头目们是当地陈氏家族的成员。他们一开始给当地村民放债，后来他们从藏于山中的外来盗匪那里发现抢劫获利更多。于是，他们第一次已知的袭击发生于1515年秋，当时一名陈姓族叔连同一名剧贼^①，从附近位于山西省最南端的陵川县富裕百姓那里抢劫银两、衣服。名为王廷禄的剧贼几个月后被山西的官军抓获并处决，但是他之前并没有供出包括日后帮派总头目陈卿之父陈琦在内的两名当地陈姓共犯，所以陈氏仍然逍遥法外。

尽管陈氏也许是犯罪分子，他们还是和县官府拉上了关系。通过他父亲的影响，陈卿进入了陵川等待吏员空缺的名单上。最后他被任命为一名礼房典史。五年役满之后，他接下来于1520年担任位于附近潞州的沈府长史司刑房典史。之后他陷入了一些没有具体说明的麻烦，为逃避监禁避祸于群山之中。另外一名陈姓族人是潞城县知县的祗候，因此仍然逍遥法外。此外，还有一人因杀害一名妇女被关押等待审讯。但是通过他们的文书工作，某些陈姓族人肯定获得了重要信息和实用技术知识。

到了1522年，陈琦和他在外的盗匪同伙开始对青羊山以外的地方进行抢劫和屠杀，他们把河南省的村庄和富裕村民作为袭击目标。抓捕小队杀死了4名掠夺者，伤16人。^②

1523年初夏，佥事王琳让黎城县知县张贴赦免"良民"（被歹徒关入群山之中的营地者）的告示。有600名男女处在陈琦的控制

① 实际上作案者有五人。
② 原文疑误，实际上是盗匪杀死、打伤前来抓捕的衙役、壮丁。《桂洲先生奏议》卷十一："陈迁与秦虎龙等拒敌，杀死民壮康小邦等四名，破伤兵快手李纪等十六名。"

之下。王琳带领军队，抓获了他的儿子陈卿和其他盗匪头目，关押他们等待审讯和处决。应陈卿母亲的正式请求，他从潞州被转移到提刑按察司以执行死刑。两名衙役沿途押送。陈向其中一人贿赂了4两白银，以放松对他的看管，于10月26日逃脱，躲入青羊山中。在那里，他与父亲、兄弟以及另外36名歹徒（夏言列出了他们所有人的姓名）会合，组成了一部劫掠机器，袭击各省村庄；抢劫民家，焚烧住宅；掳走、奸污他们的妻女，偶尔将其杀害；并强迫被囚禁的男人们跟他们一起回山。

省、府、县组建了一支缺乏协调的联军，取得了一些胜利，将陈卿围困在群山之中，但他们不敢进山。这让陈卿有机会训练他的战士，他们都着手制造武器和练习武术。到了1527年春末，他们重新开始袭击，这一次是骑着马和骡子，在河南抢劫村庄，杀死守卫，焚烧民宅，然后返回山西袭击陵川。在陵川掠夺的战利品共计银170两、铜钱36000文、绢布衣服400件、杂粟200石以及马、骡、驴16匹，这些都被盗匪运回山中。

最近突然发生的肆无忌惮的掠夺行为，促使各级官府当权者（他们的姓名和职位都被列出）着手组织军队。一支部队已经渗入青羊山，陈卿和他的父亲带领300人将其击溃。他们杀死了一些人，又打伤了一些人，夺走他们的衣服、器械。之后明军鸣金收兵。显然，明军需要一场规模更大、组织更好的战役。

此外也有谈判的尝试。山中草木茂盛，是抵御大军的屏障。都御史常道在1527年8月6日派一名知县入山招抚。陈卿给他提供了一份名单，包括1079名当地村民和248名外来流民，但是他拒绝放下武器和停止袭击。常道和他的同僚认定，一场战役将是必要的。不过，他们先给了陈卿两个月的期限，释放关押的全部村民。

夏言的工作是在陈卿投降、青羊山避难所被清除后对记功申请进行评估。常道是申请人之一，由于相当清楚的原因，夏言给了他非常糟糕的评价。常道协助从各个部分抽调兵力，组建了一支规模可观的联军，包括1000名来自太原的卫所兵、2000名潞州当地士兵，以及1000名来自附近壶关县的乡夫。两名官员随军记录胜败。明军在山中张贴了赦免的告示，少数人被劝诱下山。但是陈卿从一个告密者那里得知了情况，集合士兵做了有效的防御。常道"安坐省城（太原）"，在北边100英里外进行指挥，导致了一场彻底的、灾难性的溃败。此事发生于1528年1月初。陈卿、他的父亲以及两名兄弟率领300名携带刀枪的士兵，在山区中杀死了23名官军，并使其余人溃退。他们缴获了146副盔甲、82杆长枪、57把腰刀、49张弓、3452支箭以及3头牲口。然后他们再次开始袭击村庄。

明军重新部署，以发动新的攻击。夏言列出了全部39名指挥官，还有2名记功官员。再次有人向盗匪通风报信。陈卿发动了一次奇袭。官军缺乏协调，以致不能重新集合。夏言列出了全部伤亡的官兵。陈卿这次缴获了14匹马、20杆长枪、29把斩马刀、28把腰刀、83张弓以及3225支箭。此事约发生于1528年2月8日。

本应支援的河南领兵都指挥由于陈卿击溃山西军队而灰心丧气，反而掉头逃回。

得知溃败的兵部命令常道和其他所有指挥官停俸，直到他们取得更好的战果。

陈卿的帮派再次开始袭击。他们中的300人抢劫了21户，杀死了8名男女，他们抢到了银300两、铜钱25万文、罗段绢布衣服 300 件、棉布 400 匹、杂粟 170 石以及马、驴、牛 32 匹。这次袭击发生于 1528 年 2 月 21 日。

进一步与陈卿谈判投降条件的尝试最终失败。袭击仍在继续，这次他把河南林县作为目标。由于渴望娱乐，他从山西附近绑架了一名女子和一名乐人。

同时，朝廷开始为一场更大的战役调集军队，要求商人们买入大量粮料、草束备用，制造了 500 辆"火车"并开始训练。明军张贴告示警告平民远离任何将发生战斗的地方，又在群山中张挂赦免盗匪逃亡者的告示。所有这些都是在 1528 年 6 月开始进行的。

陈卿对这次动员的回应是逼迫 2300 名男女加入他的队伍。（《明实录》指出，陈卿明显运用了他在当典吏时学到的经验，登记被关押的人，将他们编成甲伍，并选取其中 700 ～ 800 人作为骁锐，协助抵御即将到来的攻击。[14]）袭击仍在继续，一次与明军的冲突以盗匪获胜告终。

但是在 1528 年秋，最终多名明军指挥官召开会议，并制订了对青羊山四路齐下的周密攻击计划。这带来了盼望已久的成功。陈卿、他的父亲以及兄弟全部被捕，数千名被胁迫的村民被释放。盗匪的核心成员被关押，他们中的大多数人死于狱中。大量农田、房屋、兵器、牲畜、丝绸、银两以及其他财产被没收，许多被归还给原来的主人或是转售。这些发生于 1528 年至 1529 年的冬季。夏言的报告接着详细记录官兵姓名、战场、功绩，以及残忍或者不守法的明军犯下的玩忽职守和暴行。[15]

夏言的工作才刚刚开始，指派给他的任务量十分巨大。他需要复查所涉及的文武官员的功过，因为他们曾经向兵部呈上一连串互相矛盾的记功申请。另外他需要确定当地民众必需品的金额，他们中的许多人因劫掠和战斗导致赤贫、无家可归。他的第三项工作是亲自视察青羊山，以决定如何保障重新安置和战后恢复。

夏言以极大的决心、清晰的思考和对细节不同寻常的关注，完成了全部这些任务。由于篇幅所限，无法完整详述，只要知道一点就够了：他离开北京之前，就对谁是最高的错误制造者有了坚定的主意。都御史常道逼迫民众反抗，他没有清楚地将陈卿及其一小撮铁杆犯罪分子和所有被他们利用的当地无助村民区分开来，却把他们统统视为盗匪，因此把一个治安事件变成了军事事件——这实际上可能正是他的意图。都督鲁纲"椎鲁武人，飞扬暴将"，故意推迟并拒绝派部队进行作战，因为他想要等到能制造一场大屠杀为止，以增加自己的声望和奖赏。有许多申请都需要妥善安排并对其评估。

夏言请求嘉靖做好全部必要的准备，并事先发布命令，因为不得不举行的会议涉及许多来自不同地方的官员，评价功绩和赦免的命令不得不当场立即做出并执行。所有事情都交给朝廷批准，花的时间太长了。[16]

夏言写出了一篇旅行日记。他在1528年12月14日离开北京，八天后到达西南大约150英里外的真定府。途中由于一场暴风雪耽搁了两天。他原本将前往山西潞州，但是地形、河流与寒冷的天气迫使他向南多走了150英里，改去河南彰德府，12月25日到达。在那里他和大量文武官员会面，将盗匪关入监狱，释放他们关押的人，在其家乡重新安置。其中许多人因为饥寒而死，衣服和粮食都给了幸存者。1529年1月15日，他到达山西省界以西40英里外的河南林县。三天后，他到达山西群山中的一个村庄，在那里与几名都指挥会合。1月19日，他和都指挥们到达盗匪头目陈卿的家乡谷口堆底。1月21日，他们到达盗匪失败之地青羊村。然后他离开太行山，向西走了25英里，于1月23日到达潞州。主要工作就在那里开始了。皇帝给予了充分授权，夏言能采取他认为合适的行动。

赈济是首要之事。他派当地官员到群山中的每一个村庄让所有人登记，给他们发放个人票证，指示他们去潞州，在那里可以获得救济。数千良民需要救助，他们的住所和农具被烧毁，储藏的粮食用尽，牛羊被偷走，并且没有任何谋生手段。他们所有人都对不确定的未来感到害怕。

夏言下令张贴告示，宣传将要实施的官方政策。他消除了青羊山所有村民的疑虑，混乱在很大程度上是官方渎职的过错，只有陈卿和100名暴力分子将被处决，其他所有人都将被赦免，无论是受害者还是之前被迫成为盗匪追随者的人。被劫掠的贫穷百姓被劝告吞下他们的仇恨，不要去告发。官府将设立新的衙门和学校，并免去三年税赋。这都是由于嘉靖的"一视同仁之心"，"化虎狼为善类，变鸱枭为好音"。[17]

夏言善于观察地形。在去潞州的路上，他和同伴在群山中花了五天四夜仔细观察了河川、村庄、道路和陌塞之处。此区域居民点分布稀疏，唯一的例外是青羊村，那里土地肥沃，水源充足，气候适宜。新县治将设在这里，其他当地官员也得出了相同的结论。为了得到如何安排主要建筑（学宫、文庙，还有城墙、道路、街渠门巷等）的计划，夏言查阅了堪舆之书（之后他将这一建筑规划的兴趣用于设计嘉靖在北京的殿堂）。计划还包括河南省内的三座城堡、群山中的三处巡检司以及经过改善的新道路网。[18]

1529年3月9日，夏言将做过注释的地图和区域重建计划提交给嘉靖。皇帝很喜欢，并将副本转交给相关部门。[19]

　　夏言基于对之前这些不法分子的讯问，还对这些追随者是什么样的人提供了一份有趣的分析。他的目标是表明他们并不都是邪恶的，不应一竿子打翻一船人。战事行将结束时，他们都被登记并被陈卿编为保甲，这也使被关押的人变成了盗匪成员。一些铁杆不法分子习性凶顽，另一些人则仅仅是愚昧无知，受到邪恶之人的影响。其中一些人不过是声势相依的"恶少"，其他人则头脑简单，易于支配。他们孤立于官府管辖范围之外的群山中，以至于变得如同野兽。当官军攻来时，他们的纪律就瓦解了；许多人投降或轻易被捕，同时铁杆分子散入荒野，如鱼鸟一般消失了。夏言敦促公开焚毁陈卿的花名册，以缓解人们对于被不公正地指控为盗匪的余悸。嘉靖将夏的奏疏转交兵部处理。[20]

　　4月4日，夏言提交了一份对大小文武官员的奖惩名单。嘉靖显然无法评估如此庞大的数据，于是将其转交给适当的部门，以征求他们的意见。[21]

　　夏言还准备了在青羊山设置官府的计划，他在1529年3月8日将这些计划寄给嘉靖。嘉靖又把这些文书和附件转给相关部门。夏言说，这些计划是基于同府县官员的广泛商议而成。此地东西长100里，南北长140里，青羊村人口稠密，距离任一已有的县治都有30多里，因此鞭长莫及。这里是当地歹徒和来自各地的流浪盗匪的天堂，他们在此筑巢，实施劫掠。夏言指出了四条穿过群山的原始小径，并指明了沿途数百个村庄的位置（他逐一列举出来）。新县将从壶关、黎城以及潞城这三个已有的县中分割出来。

　　夏言决定不设立军事基地，因为过于缺乏农田，而且士兵也许会引起麻烦。他改而提议在自己详细描述的阨塞之处设立三个巡检司，每个巡检司有 100 名弓兵巡逻，使趁食僧道、没有文引的流浪者以及其他类似人等不得入内。

他进一步提议，在河南两处进兵的战略要地修建石制关门。另外需要修建或改善八条内部道路，以减少劫掠者所倚仗的难以到达之处。

他提议应当在河南林县修建三座军堡，以守卫从西穿过险峻的太行山一带通向青羊山的三条道路。每堡 130 名军士应当分为两班，按季或逐月更番戍守。建造费用可从批准用于赈济的 15000 两白银未用的部分中支取。

新县应尽可能快地设立，以安置早先在陈卿控制下的 4000 余人。一旦任命知县，即可解决编制税赋名册和地图的细节问题。这些平民喜爱他们在山中的家，而让他们如某些人提议的那样生活在别处将是灾难性的。

夏言指出，可用于耕种的空地非常有限。大部分田地不在平地上。山中的橡树和栗树在饥荒中可以提供食物，但是这些地方无法犁耕。平民非常贫穷，严重依赖放牧牛羊。空闲土地很难找到。即使是曾经被陈卿及其亲属占有的土地，也不是很多。

建造所用木料、石料、砖瓦和工匠工钱已耗尽潞州的财力。最近朝廷发放了 15000 两白银以赈济极度贫困的人，夏言仅用 4000 两就完成了，他还用了 120 两去修建两道石制关门。剩下的 10879.5 两，如果朝廷允许的话将用于建设；如果不允许，他将请求巡抚用罚金和他能支配的其他资金来支付建设费用。潞州官府手头上还有几千两白银商税可以使用，这将避免进一步加重农民负担。

最终，夏言推荐从本处附近州县挑选有见识的官员担任新县的首任知县。他还请求吏部挑选年貌少壮、才干敏达者担任首任文庙教谕和巡检。[22]

通过日期同样注明于1529年3月8日的另一道奏疏，夏言提议将潞州从州升为府，因为潞州的管辖范围不能从六个县延伸到七个县。另外，没有人会尊敬一位不是进士的知州。夏言说他与许多当地当权者谈论过这件事，他们同意只有升为府才能足以控制大量增长的人口、庞大且还在不断扩大的沈国[①]以及守备部队，而且能防止刚刚用大量花费镇压的盗匪再度出现。夏言主张潞州的城墙需要修复，守备部队严重缺少士兵和马，安全实际上无法保障。所以需要在这里任命一位特殊的兵备副使，至少用三年时间来完成这一任务。在该城空地添建工程仅花费5000两，已征收在手头上的商税正好是这个数字。最后，夏言对废除民壮提出了一个有说服力的论点，因为这既负担沉重又不起作用。应征入伍者应被规模较小的常设守备部队的轮流驻防所取代。[23]他还明确推荐了担任新的副使和知县的人选。[24]

几乎所有这些工作都是按夏言的提议完成的。新县被命名为"平顺"。工程开始于1529年10月，于1533年2月宣布完工。其中包括修建一座生祠向夏言表示敬意。[25]这个新县是一个巨大的成功，该地区再也没有爆发大的动乱。

大约一个月后，夏言从青羊山回京。这一年（1529）年底，嘉靖将他从兵科转任吏科都给事中。这是一次异乎寻常的调动，每

[①] 明朝永乐六年（1409）封于山西潞州的藩王国。

个人都为之"惊异"。[26]

夏言这样一名雄心勃勃的官僚，是否满足于履行新职位的要求？并不是如此。他立即投入嘉靖改革明朝公共礼仪的计划中，正如之前章节提到的那样，以请求复兴亲蚕礼为开端。之后，他于 1530 年 2 月 26 日提交了一份国家礼仪改革大纲。其中，他把"祀"放了王朝最优先考虑的地位，而且把郊祭天地放在了最高礼仪的地位。嘉靖对这些礼仪的重视极度鼓舞人心，无疑能"安祖宗之灵"，"章神明之德"。当时采用的礼仪的许多部分都"殊戾古典，弗应经义"。必须将天、地郊祭分开，必须在户外而不是在室内举行。皇室祖先的祭祀应在孟春举行，而不是夏至或冬至。夏言敦促嘉靖："下协人心，上顺天意……令文武勋戚大臣、九卿、百执事俱得上议……稽订三代已行之盛典，不得举汉唐宋沿袭之弊事。"这件事主要是礼部的职责，但夏言也想参加，尽管他规定的职责是在别的地方。

嘉靖很喜欢这道奏疏，命令礼部"并将此奏刊议奏来"。[27]

在随后霍韬与其他人的激烈争论中，嘉靖支持夏言（见第二章）。事实上，夏言对嘉靖礼仪改革的学术贡献令人印象深刻，促使《四库全书》的编纂者将他在这个话题上的大部分奏疏挑选出来，编成《南宫奏稿》，由他在 1531 年至 1537 年担任礼部尚书期间撰写的 64 道奏疏组成。[28] 其中大部分是关于礼仪改革和殿堂建设的，但是礼部同样要负责管理外交关系和监督文官录用系统。为了更好地了解明朝是怎样统治的，以及对夏言的精力和才干更完整地评价，还有他升为大学士的经历，我们需要研究这些问题。

排在首位的是外交关系，让我们从背景开始进入这个话题。

明朝的统治制度认为外交和内部安全或边防是分开的，这些属于武装力量和兵部的领域，但是它们之间当然存在相互联系。在进入礼部之前，夏言在兵科任职长达十年，所以他在这个部门有许多经验。除了在青羊山的重要工作，他还参与了对云南数千守军骚乱的处理，他们下跪并恳求发放已经两个月未发的粮食。当巡抚欧阳重未能做出回应时，守军向巡抚府的大门投掷石头。夏言的奏疏日期注明为 1529 年 11 月 11 日，反对嘉靖惩罚骚乱首领并将欧阳重和其他几名官员免职的严厉命令。夏言说，对云南骚乱仔细研究，能更好地了解它是为何以及如何发生的，并且表明嘉靖必须缓和对此的愤怒回应。当时全国范围内都出现了军粮断供。在甘肃、大同、福建的两个府、保定（属北直隶）以及浙江都爆发了抗议骚乱。他坚决主张必须解决这一问题，否则朝廷将面临晚唐那样的跋扈藩镇。对此，嘉靖强烈否认自己过于严厉。[29]

夏言在谈论一道征调 2 万惯战官军以应对大同大规模的虏寇袭扰的命令时，再次提出了粮食危机的话题。大同由于正德时代的严重管理不善而极度凋敝，官员腐败，干旱持续多年，米价腾贵，传闻有人相食和抢劫米市的现象。饥饿的士兵躺在营门前，因过于虚弱无法参加战斗。朝廷已经发放了数十万两银用于赈济，不过是补苴罅漏而已，必须采取更多措施稳定局面，防止哗变发生。必须建立一套可靠的粮食运输系统，把漕粮从北京转运到边境。最近革去的十余万冗余士兵、僧道、工匠以及其他各项冒滥食粮人员，节省出的粮食足以拯救局势。嘉靖将这道奏疏转给户部和兵部处理。[30]

1530 年 5 月 14 日，夏言报告了另外一次军粮断供，这次发生在陕西长城边上的榆林地区。"灾伤重大……人至骨肉相食，仓廪空乏，田野荒莱，商贩不通，烟户几绝，草根树皮剥掘已尽，近复捣石为粉，用以疗饥，食者皆重坠而死。"得知惨状之后，嘉靖发放10万两太仓银以缓解灾情。但时任巡抚是个无能的管理者，为了让直到最近仍十分强大的边境守备部队恢复健康，需要一个更好的人来取代他。夏言说，问题在于向灾区投入银子不一定能填饱肚子。贪官猾吏上下侵渔，朝廷也不知道这笔银子是如何花费的。粮仓没有保持储备，需要任命专人仔细地监督所有这些工作。夏言为这些工作推荐了两名优秀的人选，嘉靖将他的奏疏发给吏部答复。[31]

　　夏言生动而引人注目的奏疏与其他人的努力，或许有助于缓解边境沿线最严峻的饥荒状况。但是这一问题在1534年再次发生，当时夏是礼部尚书。粮食供应按例不再属于他的权限范围，但管理明朝藩国属于他的权限。代王于最近的大同兵变后呈上一道奏疏，请求赈济受难宗室。夏言在回复中指出，四个月的围城已经花费了100万两，伤亡不可胜数，迫使许多平民逃入房境，所以应当同意代王的援助请求。但是，他不同意兵部招募数万武勇，使驻扎在大同的军队恢复正常的请求。问题在于明朝政府无法给这群聚集的军人提供军粮，因此需要一个更好的计划。这道奏疏日期注明为1534年4月4日。嘉靖表示同意，并撤销了他刚批准的招募命令。[32]

　　因此夏言发现，不可能为了不超出礼部尚书的职权范围，而抑制自己对整个天下的责任感。之前的经历使他认为军粮安全是一个需要关注的问题。

　　他也完全准备好去处理外交关系了。夏言在一道有洞察力但是没有注明日期的长篇奏疏中，谈论了明朝与日本的贸易关系，及其与北方边防的相互联系这一棘手话题。1523年公布了内部证据，当时他是兵科给事中。这是一项礼仪责任，但也是一个军事问题，夏言迎接挑战。发生的事情是这样的：两个互相竞争的日本家族大内氏和细川氏的雇员，在定期向中国朝贡时在港口城市宁波发生了斗殴，之后演变成抢劫。[33] 细川方的首领、一个名为宋素卿的中国人被捕入狱。大内方的首领谦道宗设和上百人如入无人之境地劫掠了宁波以西50多英里外的城市杭州。

夏言认为这次暴力症状是中国海防的大崩溃，而且所有对此负有责任的文武官员的萎靡不振、自我满足、撒谎成性和贪污腐败令他险些中风。预示着他之后将卷入青羊山的长篇奏疏详述了整个中日关系史，并对朝鲜国王已经建立了对日本进犯的有效防御而中国没有表达了深深的羞愧。他说北方边境的劫掠者将得到这次失败的风声，并更加藐视我们（"质虏[①] 指挥，贻国大耻"）。夏言敦促派下一位特殊的授予全权的官员，去宁波惩罚所有有罪的官员，而且特别要严厉打击所有像宋素卿一样和日本贸易者混在一起的中国人——他们应当被枭首示众，以警告所有人。京师官场应集体讨论是否终止与日本的官方关系的问题。

值得注意的是夏言爆发出的羞愧、愤怒情绪——羞愧的是中国这个强大的巨人竟然成为少数外国暴徒手下不幸的受害者；愤怒的是当罪恶的中国叛贼为了共同的目标与日本敌人联手时，负有责任的当权者对此什么也没有做。这是一个形象和威望的问题，不是关乎明朝存亡的安全威胁——尽管假如无人注意的话，并不

---

① 此处并不是指蒙古人。

能排除这种危险。

数年之后，作为礼部尚书，夏言发现自己有点受到约束，因为他在军事事务中不能再直接发声了。但是在 1532 年 4 月 21 日，他作为尚书参加了一场讨论，议题为是否承认一个已分离出去，在过去 20 多年中占据今甘肃省西南、青海湖（又称库库淖尔）周边西海地区的蒙古部落。来自当地的报告说蒙古人窃据此处（尽管西海在明朝版图之外），当地停止了耕种，而且占领者已经把该地作为袭击明朝边境的补给基地。但是现在他们的行为看起来有所改善，他们寻求进贡特权，并希望朝廷承认其为一个卫，授予官职和印章，他们愿提供首领的儿子作为人质。夏言认为，兵部应说清楚这里同中国安全的关系，整个问题应转给廷议处理，因为西海蒙古不是明朝传统的进贡国。四天后，嘉靖回复道：“已别有旨了。”他的意思含糊不清。[35]

对于礼部及其下属的主客司而言，与动荡不断、政治分裂而且数量不断增加的内亚国家的朝贡关系是非常令人头痛的事情。夏言 1532 年 11 月 1 日的长篇奏疏强烈主张，这些特殊的朝贡使团必须被细致监督，不可堕外夷之奸计以损国威。游手好闲的人员令使团变得臃肿，使团的首领声称代表无人听说过的国王们，问题的核心是他们把低劣的货物输入中原，换取过度慷慨的奖赏。两天后，嘉靖赞同了这些必须被阻挡在边境外的可疑使团动摇了明朝国体的说法。

夏言进一步的奏疏更加深入地研究了这件麻烦事。中亚人在北京跋扈凭陵，然而如果粗暴地处理他们，他们很可能心怀不满地回家，并且开始构祸生事。所以朝廷必须再次细致调查，边境官员是如何管理从边境入口的使团的。嘉靖表示基本同意，两天后回复了夏 1533 年 3 月 13 日的奏疏。[36]

1533 年 5 月 6 日，夏言阐明《大明会典》只承认三位中亚国王，他们统治着吐鲁番、撒马尔罕和天方（克尔白，即麦加与阿拉伯半岛红海沿岸）。地位较低的地方当权者被称作"头目"。但是现在吐鲁番有 75 人称王，天方有 27 人称王。事情显然正变得难于控制。需要通知三位合法的国王，必须再次将其他那些所谓的"王"贬低为头目。[37] 5 月 22 日，夏言报告说来自撒马尔罕的国王有 53 人，坚持称明朝无力承担。他说："臣等昨来亲赴左顺门，看给回赐吐鲁番、天方国所费礼物不赀，其织金蟒、龙、各样鸟兽段匹俱系永乐年间织造之物，颜色鲜明，金缕细密，非近年织造者可及。询之管库人员，亦云见今积贮空虚，后将难继，且夷人所贡铁锉等件俱无用之物，而竭我帑藏以应彼求讨，是敝中国而事外夷，恐非计之得者也。"他建议皇帝礼貌地告诉三国国王，他们必须将地方当权者称为"头目"，不得称王，必须按照旧制确定入贡人数和期限。5 月 27 日，嘉靖表示同意。[38] 必须解决聚集在甘肃等待的使团的入境许可。夏言与大学士们讨论这一问题，并设计出了简化程序，6 月 10 日嘉靖批准了。

夏言喜欢引用历史背景资料（参见其关于青羊山盗匪和中日关系的历史概要）。1536 年年底，礼部尚书提供了一份元代以来中国与吐鲁番关系谴责性的概述。他指责现在的速檀（苏丹）满速儿残暴、狡诈，不过，夏言主张处理满速儿的最好方法是继续允许他入贡，但要在牢牢限制的基础上，并且严加防范。[39]

1535 年 7 月 29 日，夏言答复了来自一群不同的人的请求，包括定居在今甘肃省内的岷州卫，以及楔入鞑人与回人之间的藏人。一名西藏僧侣代表他的人民抗议，现在的马匹支付率不公平。藏人进马一匹，才得到一匹丝绸和一桶酥油。蒙古人和穆斯林得到的要多得多。他还请求购买更多的茶，当时每名使团成员允许买 30 斤，他们想要这个数字的 10 倍。夏言认为这太多了，并请求嘉靖严格检查所有使节携带的行李。嘉靖表示同意。[40]

"外藏"也就是拉萨及其周边的乌斯藏，位于岷州东南直线距离上千英里外。和吐鲁番、天方以及撒马尔罕过大的使团一样，外藏"四王"派遣的使团也不是规定的 10 名僧侣，而是有千人之多。可能受贿的明朝边境官员让他们和其他藏人使团毫无阻碍地通过。嘉靖赞同这种情况不能再继续下去。[41]

在北京西南几千英里外的贵州，设立了凯里安抚司。这是苗人定居的领土，他们刚刚结束内战，安抚司是明朝新的创造。与中国西南的其他政府机构一样，凯里作为第二等级的外邦被纳入明朝的朝贡体制，它有义务呈上庆祝皇帝寿辰的表文和冬至、正旦时的表笺，并提供盔甲、刀剑和马匹。这个机构的新头目，一个汉名为杨张的苗人贵族通过有关渠道申诉：如果他向自己被战争蹂躏的人民征税，以获取昂贵的纸张（用于表文）、给信使的报酬以及马匹的费用，他们就会反叛。在彻查整个问题之后，嘉靖在 1531 年 11 月 19 日表示同意，采用夏言的建议并在七年内取消贡马。[42]

从这一切我们能得到对中国庞大规模的强烈感受，它像一块压倒性的磁铁，将罗盘每一点上的部落、王国和小国纳入自己的轨道。兀良哈三卫的草原故乡位于北京东北仅仅 300 多英里外，他们楔入蒙古"虏寇"（1571 年之前几乎没有朝贡关系）与混乱的满洲女真之间。如同夏言解释的那样，明初设立三卫作为"中国藩篱"，作为回报，他们被授予异常慷慨的朝贡特权，包括一年两次前往北京的使团。但是正如夏言于 1533 年 1 月 20 日报告的那样，几个兀良哈人（被称为"达贼"）劫掠了密云地区（北京东北 40 英里外），杀死士兵，夺走他们的武器，抢掠人畜。他们究竟为什么能做到这些？首先，监管明朝防务的官员放松了警惕。其次，夏言暗指的另一个原因是尽管明朝也许想要惩罚兀良哈，因为确实承担不起了；但如果严厉报复，明朝就会失去自己的"藩篱"并因此损害自身安全。这是明朝进退两难的困境。

　　一个名叫董阿①的兀良哈人头目在北京被捕，通过通事讯问他哪些头目和部落要为这次劫掠负责。他说："作歹的人，我来了不知道，我既在关作歹，我们也不敢来进贡。才省谕的话，我们回去说与都督革兰台②知道。如查有作歹的人，送来边上。"夏言认为，对这次骚乱进行一次彻底调查是绝对必要的。两天后，嘉靖同意派一名新任巡抚和科道官查明真相并报告。43

　　至于满洲女真，正如夏言在 1536 年 3 月 12 日报告的那样，他们每年一次的朝贡使团出现了问题。受到争议的女真是以北京东北 500 英里外的建州地区为基地的部族（一个世纪之后，这群女真人以"满洲"的新族名开始征服整个中原）。其中 80 人到了进入中原的东大门山海关，并称因为大雪，他们买不到定额的贡马。他们说后面还有 400 人跟来，也买不到马。第一批人被允许进入北京，其他人似乎超出了合法入境的定额（另外的使团无疑就像来自吐鲁番、天方、撒马尔罕和西藏的使团一样臃肿）。嘉靖同意在允许他们进入之前需要仔细检查证件。44

---

① 一作栋阿。

② 一作喀喇台。

琉球群岛位于东海 500 英里外。1535 年 8 月 20 日，夏言代表祠祭司，转交给事中陈侃前往该群岛册封国王为该国合法统治者时令人痛苦的航行的生动叙述（这名国王是尚清，1527—1555年在位）。虽然有大风暴出没，任务还是完成了，这是由于海神的保护，它以一只蝴蝶的形象第一次出现在船上上百位受惊的乘客面前，然后以一只鸟的形象出现。这位神灵当然根本上是受嘉靖指挥的，这次经历的整个描述必须呈给皇帝，并修建一座石碑以报答这位神灵。夏言敦促指示翰林院撰写祭文，福建布政司举行海神祭祀。嘉靖表示同意。[45]

三天后，夏言回应了嘉靖对陈侃关于琉球王国的报告进行评论的要求。这篇报告首次提供了对于该群岛及其国王准确的描述，破除了关于该地及其统治者野蛮的盛行传说。另外还附有一份词汇表。夏言认为这是有价值的信息，嘉靖同意将陈侃的报告存于史馆，以备将来参考。[46]

琉球王国和朝鲜的贡使本应服从同样的程序规则，但事实并不是这样的，于是夏言发起了改革。朝鲜贡使将马匹送交礼部检查，但是长期以来，他们是先将庆祝皇帝寿辰和冬至的表文交给鸿胪寺，再递给内官。这是不正确的。这些表文必须改呈礼部，再转给内阁。1534 年 3 月 21 日，嘉靖对这一改变表示同意。这主要是一件涉及官僚势力范围的内部事务，然而夏言执意剥夺朝鲜贡使过于密切并且直达御前的特许渠道。[47]

夏言放松了将朝鲜使节禁闭在会同馆、不允许他们到北京街市做买卖的禁令。早年女真使节的暴力行为导致所有使节都受到这条禁令的惩罚。夏言认为朝鲜人是文明的，应当对他们例外。他建议让有教养的朝鲜使节，每五日一次在通事的陪伴下外出到市衢观光。但是他们的仆人应继续禁闭。这样便可"不拂远人之情,不废中国之法"。1534 年 3 月 25 日,嘉靖批准了这一提议。[48]

最后是安南(越南)。1536 年 10 月 20 日,嘉靖的第二个儿子出生。一个月后,婴儿成功存活,他出生的消息告知了天地、百神和天下。12 月 9 日,嘉靖传见夏言,并告诉他现在应当向外国告知皇子的出生,而不是等到以后皇子接受正式头衔时再告知。他吩咐夏言准备计划。12 月 18 日,夏言提议:"遣翰林院官一员充正使,给事中一员充副使,赍捧诏书,往谕朝鲜、安南二国知悉。俟册立皇太子之日,再行遣使诏谕。"嘉靖对此表示同意。

夏言接着在奏疏中说,向朝鲜派遣这样一个使团是可行的,但是派往安南则不行。安南正处于改朝换代的剧烈混乱之中,道路被封锁。即使有合法的当地当权者,也无法确认和找到。在关于明朝与安南关系的过去与现状的长篇评论(另一篇历史背景资料,这是夏言的专长)中,夏言认为若派遣的使团陷入灾难,会损害明朝的国体。明朝与安南边境充斥着贪污腐败和放松警惕的情况,需要召集礼部和兵部的官员就如何恢复传统朝贡关系从长计议。[49]嘉靖撤销了使团并下令讨论。

讨论在几天后举行。此时正是夏言担任礼部尚书最后的日子。他提供了一篇长篇奏疏,日期注明为 1536 年 11 月 1 日,用很长的篇幅回顾了历史,另外总结了已知的真相和关于目前不确定局势的情报。对于预先在边界部署武装和补给品并组织一支非常庞大的军队,准备在局势需要时侵入该国的计划,他表示强烈赞同。安南 20 年内未能派出朝贡使团,是其敌对不忠令人信服的证据。嘉靖表示同意。[50]

1537 年 1 月 23 日,夏言升入内阁。安南将成为他任职期间内的重要军事问题（对这一问题进一步的关注，将移到接下来关于严嵩的章节）。

不过，回顾夏言在1531年至1536年在外交关系方面所做的一切，容易令人回想起他的大部分时间和精力都用在了满足嘉靖的礼仪改革的要求上。但他仍然想方设法抽出时间，对管理明朝的朝贡体制中令人烦恼的问题给予细致的关注，从日本到撒马尔罕，从西藏到贵州，从兀良哈到女真，再到琉球、朝鲜和安南。这些经历使他对中国在更大的世界中合适的地位有了实际理解，为他将在内阁承担的职责提供了极好的背景（张孚敬的武器库中就从来没有这样的箭矢）。

如果说外交事务是令人烦恼的，那么礼部尚书协助管理庞大的官僚录用系统的职责则更加困难和使人精疲力竭。然而与外交事务一样，其中大部分是通过书面条例进行管理的。尚书的职责是在出现系统性缺陷，已有的规则无法提供明确的指导，或是指导虽然明确但被忽略时，向嘉靖提出纠正方法。

可以肯定地说，明朝的统治机构由2万余名高级官员组成，使其持续恢复活力的录用新官僚的系统不仅对塑造政府面貌发挥了重要作用，对社会而言也是这样。所以录用机构永远需要重新调整或采取其他手段。[51]

每三年一次的会试和殿试产生大约300名进士（约占全部考生的10%）。第一甲前三名被授予翰林院有俸禄的职位。接下来的20多名被任命为无俸的翰林院庶吉士，为其提供特殊的高级教育，三年后进行考试，然后通常授予京师的不错职位。麻烦在于庶吉士被看作享有特权又势利的小圈子，也是大礼议中杨廷和滋生势力的土壤。于是在 1527 年，朝廷在张孚敬的强烈主张下取消了这个等级，所有庶吉士被改为任命到全国各处有薪俸的初始职位。[52]1532 年，张孚敬被迫下野，夏言等人乞求皇帝按照传统做法，以年轻有才干的庶吉士补充到人员大大减少的翰林院。嘉靖对此表示同意。[53]

考虑到当年很快就要举行的考试，夏言在 1532 年 2 月 26 日呈上三条详细建议，旨在改变考官对考生的评价标准。第一，他们应期待醇正典雅、明白通畅、温柔敦厚的书面表达方式，摈弃时下驾虚翼伪、钩棘轧茁的潮流。第二，夏言指出传统的考试安排分为三部分："四书五经"、论表判语，最后是五道策论。夏说策论是最难的，因为合格的答案要求随扣即应、博洽贯通。只有百里挑一的考生能在短暂的时间内写出不错的答案。按惯例，优秀的考卷将作为范本印发给未来的学生，但是其中经常充斥着对糟糕问题的凌乱回答，玷污了整个程序。所以除了题目要出得更好，答案也需要在刻印前编辑，考试结果的公示推迟到编辑完成后是可行的。第三，选择考官的方式需要一些改变。在目前情况下，礼部从翰林学士中推荐 2 名主考官，内阁推荐 17 名同考官，其中11 名来自翰林院，3 名来自各科，还有 3 名来自六部。指派的考官经常出于某种原因不能参加，所以需要任命 3 至 4 人作为候补。夏言指出："天下举人方尔云集，本部给出榜文，于本部及科场门首张挂，使多士知所遵守，仍行考试官一体钦遵，知会施行。"两天后，皇帝同意了夏言的全部建议。[54]

之后，1533 年，两个涉及乡试管理的问题促使夏言敦促撤销省级官员对考官的提名权，并将其收归中央。他还认为有必要收紧乡试书面表达的合格标准。嘉靖拒绝了第一项提议，但是他同意收紧标准。[55]

占据了夏言大部分时间和精力的并非考试系统自身，而是它的附属系统——北京和南京的国子监，将地方学生带入国子监的所谓贡举系统，以及大量生员，他们附属于全国各府县学校，渴望通过艰苦努力得到固定的考试指标，如果不能则希望进入国子监。社会压力会导致管理陷入困境，因为官僚录用核心机制是以考试为基础的，依附于它的大量学生变得纯粹、简单。竞争性的书面考试永远无法满足明朝配备官员的需要，所以需要另外采取一些措施，减小竞争压力。

1532 年 1 月 18 日，夏言遵照嘉靖的旨意回应了对岁贡制度的申诉，府县学生按年资顺序升入国子监，里面塞满了年力衰迈、学问荒疏，甚至连明朝官僚机构中的最低职位都无法胜任的学生。

地方学生按层级划分三类：廪膳生，他们的廪膳以年资为基础；增广生，没有廪膳，他们的人数使当地生员限额增加了一倍，如在县里便是 20 人；附生，这是没有限额的开放类别。廪膳生中几乎没有较为年轻、优秀的学生，这是一个问题。所有生员不论类别，只要考试出色，就有资格参加乡试，所以考试系统把最优秀、最聪明的人都抽走了。那些通过乡试和会试的相对年轻有活力的人，为品级更高、要求也更高的职位做好了准备。廪膳生往往在乡试中屡屡失败。县学每两年一次，按照限额将一名年纪较大的廪膳生升入国子监，府学则是每年一名。这变成了一个社会问题。许多岁贡到达后进行考试，却被发现在学问和举止上有缺陷，即刻被拒绝入内。于是他们失去管束，也没有任何财力，其中一些贫穷的人甚至惨死沟渠。

对此要做些什么呢？夏言不赞成彻底改革。他认为正确的途径是保持现有体制完好无损，只需命令提学和省级官员在生员的原籍地制定更加严格的标准。即便如此，到了南京或北京后被拒绝的岁贡又该如何呢？夏言在此闪耀了对这些不幸和绝望之人的同情光芒："其考贡不中，愿告衣巾终身者，听于提学道应贡到京。愿告冠带荣身者，听于本部俱照例准行。"三天后，嘉靖表示同意并指示道：他不想再读到关于这个议题的改革建议，这是浪费时间。[56]

国子监是个什么样的地方？这是贡生和落第举人执笔写作的地方。监生身份能带来在家乡的财政和社会特权，所以许多监生留在家乡，使国子监中的学生人数大大减少，他们对得到一份好工作怀着微弱的期望。

皇帝对北京国子监的正式视察，无疑能赋予其新的活力。羽林前卫指挥使详尽地建议嘉靖去视察，他将建议转给夏言。作为答复，1531年12月21日，夏言赞扬了皇帝最近支持儒学的姿态——他每个月去文华殿供奉孔子牌位的东室拜谒，每年听两次特殊的讲座，在最近落成的西苑无逸殿内，特地去听大学士们论述《诗经》和《尚书》，以"端风化之美"。所以视察太学是完全适当的，只不过安排在什么时候是个问题。第二年的第一个月并不恰当，因为来自全国各地的官员将抵京接受定期的表现考察。第二个月也不行，因为要举行会试。所以夏言请求嘉靖命令钦天监，在3月中旬选择皇帝乘舆视察的吉日。同时，礼部将准备相关仪式。

嘉靖决定在1533年年初进行视察。[57]当第二年即将到来时，日期确定为4月7日。视察最终按时进行。夏言提议将其完整记录，编成小册子，以纪念嘉靖对礼仪复兴的贡献中这一重要时刻。副本印发各省以重印，并进一步发放给全国所有学校，使所有地方的人都能了解皇帝的思想状况。嘉靖在 5 月 21 日表示赞成。[58]

嘉靖将一道奏疏发给礼部,这道奏疏来自一名御史,他反对在全国范围内"沙汰"表现不好和年龄过大的生员的提议。夏言表示同意,并再一次对那些在儒家学校中陷入困境的人燃起了同情的火花。他坚持认为,普遍的清洗过于残酷。"沮父兄教子弟之念,驱衣冠为田野之佣……且史册所载闻有……沙汰天下僧尼者矣,未闻有沙汰生员之名也。"[59]可以肯定的是,在学生中存在着懒惰和不敬的情况,但这些需要逐项处理,必须使提学和其他负责官员杜绝支离怪僻、悖经叛理的文章。这就是夏言在 1532 年 1 月 28 日的回复,嘉靖两天后表示同意。[60]

但是,部分狂热的官员已经清洗了一些人。1532 年 11 月 14 日,夏言上疏请愿说,过分急切的提学为了精简过于庞大的生员花名册,残酷而不加分别地剔除了年轻和未经考试的学生,这是对潜在的人才令人悲伤和遗憾的浪费。他请求道:"其奉例以沙汰之名,及一时点名访察,遽尔递降黜退者,尽行收造,成清册一本,候新任提学官至日,通行起送,查明复学肄业,候岁考之时,与在学诸生一体严加考试。如果年力衰迈,文词纰缪,方行黜退。"嘉靖和平常一样,在两天后表示同意。[61]

夏言的长篇奏疏日期注明为 1532 年 7 月 18 日,关注了与生员将来作为贡生升入国子监有关的人才流动问题。对于 1529 年至 1532 年的批次,他们到北京后应进行考试,以确保合格。大学士张孚敬、李时和翟銮向嘉靖报告了各个等级的数目:上等 50 名,上中 45 名,中等 641 名,还有 59 名不合格者送回原籍。问题在于如何处理不合格的人,嘉靖向礼部征求意见。作为回复,夏言按省份列举了全部 59 名不合格者,以及证明他们符合送入国子监标准的提学名单。他建议道："一名以上提问，五名以上降级，似乎立例太严，提学官缘此畏罪，其弊必至于有不敢起贡之处。"夏言注意支持那些来自贫穷、边远地方的人，那里是许多不合格者的家乡，他们一路上携带着妻子和孩子。返乡路途遥远，花费不菲，所以为什么不让来自边远省份（云南、贵州、两广和西北边境）的不合格者留在北京等待下一次考试呢？嘉靖同意了处罚提学的标准，对来自边远地方的不合格者的部分没有说什么，拒绝了夏用袍服或其他荣誉象征减轻不合格者失望情绪的请求。[62]

实际上，夏言一贯对遥远地方的学校和学生有着深厚的感情。1531 年 11 月 24 日，他将一封申诉信呈给嘉靖，由一名来自辽东（满洲）卫所学校的苦恼学生递交，他代表着一群按规定必须去山东参加乡试的考生。"随于六月（1531 年 6 月至 7 月）内起程，闰六月（7 月至 8 月）入（山海）关。时值天雨连绵，平地皆水，冒暑冲泥，延至七月（8 月末）终，方才到（山东）省。中间触犯暑湿，太半感疾，多不终场。臣等勉强全场，而志昏力倦，仅能成文，以致本学中式止生员韩玮一人，而臣等俱被黜落，委属文理荒谬，岂敢妄有怨尤。但念臣等由辽东以至山东，往返六千余里，跋涉四个月余，辛苦万千，难以尽述。"

夏言对此表示同情。他说："至正统丁卯（1447），地方抚臣始选都司等学军生张昇、金统律二人起送应试。彼时辽东、山东原有海道之便……况今海道不通已四十余年……贫士寒生，裹粮挟策，奔走长途，动经数月，委于人情不便。"所以他请求皇帝，让他们到北京顺天府参加考试。嘉靖对此表示同意。[63]

家乡位于南京与北京之间的水陆要冲德州卫的学生，由于经济状况过于困难以致无法负担学校费用，所以夏言提议这些学生寄住在德州原有的州学。嘉靖在通常的两天周转时间内同意了这项安排。[64] 这件事看起来过于琐碎，不会引起礼部、内阁和皇帝本人的注意，但显然并非如此。夏言处理的涉及学校和学生的问题中，没有一个出现在中国较富裕和较中心的地区。

例如，深处西南、有多个少数民族聚居的贵州在 1535 年 9 月 2 日引起了夏言的注意。创设于 1415 年的贵州省的汉人人口已经增长到一定程度，不必再派乡试考生长途跋涉，穿过山脉、竹林，忍受疟疾和强盗的威胁，去邻近的云南省参加考试了。现在当地至少有 3000 名学生，其中 700 人有资格参加考试。他们学习"五经"，已经产生了几名进入翰林院和都察院的进士，他们与任何来自江南或者中原的人一样优秀。官府将花费 2800 两在省会贵阳南部的空地修建考场，手头上资金充足。另外，云南和贵州的考生限额应分别从 34 名和 21 名增加到 40 名和 25 名。嘉靖表示同意。[65]

辽东的增长曲线和贵州一样明显。山东监察御史常时平曾亲自去过辽东。他指出，每一个城市或者有城墙的城镇都有一所儒家学校，只有北京东北 300 多英里外的广宁右屯卫例外。他报告道："户口繁滋，风俗纯朴，士知尚学，民知与行，较之昔年大不相同。其见充生员者不下四十余人，俱寄广宁镇城并义州卫学，相隔一百三十余里，中间道路跋涉……抑且供送艰难……去年秋顺天府（北京）乡试，辽东各卫中式者九人，右屯卫中韩文德一人，此其明征也。"嘉靖同意了夏言 1535 年 9 月 9 日的请求，允许官府出资修建学校并配备职员。该部承诺为此雕刻一份儒学记碑文。[66]

次要的二等教育机构的麻烦引起了礼部尚书的注意，当时是 1536 年春季，夏言尝试解决在贡举系统将岁贡从全国地方学校集中到北京和南京的国子监过程中出现的问题。他手上有按省份区分的全部统计数据，过去四年缺额 1193 名。缺额产生的原因是提学害怕如果他们提名的人考试不合格，会受到责问和降级。所以一个人也不派对他们而言反而比较安全。"偏方下邑既鲜科目，又无岁贡。士望其势必至颓废，学校尽散，人沮进取之心，俗失礼义之教。"对任何不合格考生的问责，应从提学转到官府教师和提调官头上。我们不清楚嘉靖是如何对此答复的。[67]

国子监祭酒不时会领导儒家士人。吕柟（1479—1542）是一名朱熹理学的杰出辩护者，1535 年至 1536 年担任北京国子监祭酒，嘉靖命令夏言评价他对太学改革的五点建议。1536 年 4 月 3 日，夏照做了。其一，他同意吕柟对所有会试落第并正在等待下一次尝试的举人收紧要求的看法。其二，他认同目前通过岁贡途径进入的监生，往往是有文学才能但行为缺少教养的年轻人。他们"礼让未闻，遇事与争，煽及例贡，势利相加，奔竞为能"，"遂使边卫下邑质朴沦坠，不获一贡"。所以需要再次确认，品性和文学才能一样重要。其三，他同意严格控制纳银入监的学生校外居住。现实情况是，他们中的许多人回家是为了利用自己的地位来牟利。其四，军事贵族的子孙也在躲避学习，夏言认为他们非常需要参加礼仪学习。其五，也是最有趣的，吕柟敦促重刊一部被忽略的关于礼仪的古老经典《仪礼》。杨复在宋代为此书充实了图画和注释，所以现在用它来重现古老的礼仪姿态和舞蹈是完全可能的。夏言是嘉靖酷爱的古老礼乐的无畏拥护者，所以他热心地建议印刷 100 部精美的《仪礼》副本，并制造所需的礼仪用具。[68]

我们不确定这五点实际做到了多少，但是我们已经看到了很多夏言积极活动的事实，一个事实上精力充沛的人经常显示出他不知疲倦的精力、才能和倾向——对弱势群体的深厚感情和对寻根究底的深度调查的爱好。

作为礼部尚书，夏言还做了许多事情，由于篇幅的原因，这里不能详细论及。例如明朝的藩国也在他的权限范围内，并且涉及对于判决继承纠纷、犯罪行为以及其他类似事情的准法律建议，这往往复杂难懂，耗费大量时间。[69] 他还曾对一些仅出现过一次的话题提出建议，例如从必须受到惩罚、缄口不言的官僚体系低层人员那里，偶尔自发冒出的制造混乱的声音。一名顺天府"衣巾终身"生员 ① 递交了一道奏疏，大加赞扬几名高级官员、军人和宦官，又指责了其他一些人。谁让他这么做的？来自街头的匿名意见全部正确，但这明显是非法的。[70] 直隶广平府的一名儒学教授主张，嘉靖的父母需要得到更加隆重的尊崇，显然是在谋取皇帝欢心和升迁。[71] 一名致仕的道录司低级官员请求嘉靖为他的诗集作序，其中赞扬了朝廷的各个方面，但是写得很糟糕，这无疑又是对名望和晋升的寻求。[72] 同样的动机鼓动一名县城的低级儒生呈递了一部卷帙浩繁、经过修订的史书，他声称这部书的道德水准和判断基础比之前任何一部史书都更加严格。夏言的意见是书稿必须销毁，严惩作者，嘉靖表示同意。[73] 来自一名县城儒生和两名锦衣卫的奏疏，请求嘉靖将他父亲的遗体掘出并重新安葬在北京附近的皇陵，这同样是机会主义的行为，而且无疑是某些高层官员让他们这么做的。[74] 虽然不能使新科进士完全沉默，但是他们呈递奏疏前必须经过上级检查，不能直接呈给皇帝，否则就是在助长愚蠢莽撞的风气和令人厌烦的野心。[75]

---

① 指科举无望，无法走上仕途的生员。

　　是怎样的耐力和决断力，使一个人可以在仕途几乎每一步中取得官僚体系中的晋升，与此同时将同僚的攻击引开？明朝中期的官僚生活中，没有人能逃离激烈的人际对抗和地下派系。许多竞争者在关于现在的影响力和未来的声望的赌博中押上赌注。由于自己全部的学术和管理才能，夏言不得不经常玩这样的游戏，参与官场的钩心斗角。但他并不情愿这样做。

　　1529 年 9 月，夏言详尽地答复了行人司司副岳伦呈上的一道弹章，其中顺带提到夏是大礼议的发起者张孚敬和桂萼的忠实党羽，"朝夕与谋，出入门下"。这是一个危险的时刻。嘉靖在 9 月 15 日将张、桂二人免职，以回应岳伦①称张、桂是腐败的宗派主义者的激烈指责："璁等威权既盛，党与复多，天下畏恶，莫敢讼言。不亟去之凶人之性不移，将来必为社稷患。"[76]

　　从夏言的角度来看，应如何解救自己？他通过提供一份迄今为止详细的生涯履历报告，表明自己在 1528 年重返职位不是张、桂二人促成的，他们之间的接触非常少，而且岳伦的指控是彻头彻尾的谎言。他还说科道已经迫使嘉靖将张、桂免职，"臣实抱愚隐志，避嫌匿志，莫敢有言，罪当万死罪当万死"。这是一篇狡诈的答复。夏言坚持称，岳伦对他的攻击是由他在 1521 年至 1524 年反腐的受害者煽动的。嘉靖将他的奏疏发给吏部征求意见。[77]

　　在等待嘉靖对岳伦的指控裁决时，御史们弹劾夏言"阿附权奸，颠倒国是"。夏言不得不去打听清楚他们指的是什么。结果他们指的是六个月前结束的他对青羊山事件中功罪的查勘。夏言的

———————————

① 应为陆粲。

长篇答复直率、详细而有说服力。他坚持此次弹劾"实出于一二人之口，殊非合台之公论也，其间固有署名而不知疏中所论者多矣"。嘉靖将这份答复交给吏部，结果什么也没有发生。[78]

某些官员匿名反对夏言和右都御史汪铉实施的礼仪改革，以"非妄诽言"攻击他们。1530 年 4 月 30 日，嘉靖给夏、汪二人一封表示鼓励的信，他们被传召到左顺门去收受。夏言两天后答复道："臣铉暨臣言叩首拜受，捧读再四，感激涕零。"他责备自己没有适当地澄清皇帝的意图。嘉靖称赞了他的回复。[79]

6 月 12 日，夏言感到必须为自己受到的不实指控提供一份详细答复，嘉靖已经将其驳回。其中御史熊爵指控夏言，通过在礼仪改革上的工作诡诈地谋求皇帝的欢心。夏言显然心烦意乱，断言忿恨好妒的仇敌想要毁灭他。嘉靖安慰了他。[80]

1530 年 8 月 11 日，夏言作为吏科都给事中，令人惊讶地发起了对大学士张孚敬和吏部尚书方献夫的弹劾。他指控他们随心所欲地给六个无资格的朋友和同乡授予职位。他说张孚敬专横，方献夫更加使他不悦："扑橡小材，枉盂近局……恃宠而骄，不畏朝廷之大法，狗私而滥，忍负圣主之至恩。务悦辅臣（张孚敬）一己之私，蔑视国家名器之重。引用乡曲，布列两京，大开私门，颇彰贿迹。"嘉靖同意了他斥责张、方二人的恳求，并提醒他们用人必须遵循"公论"。[81]

张、方二人辩驳了夏言的指控，并提出反诉，所以夏提交了一篇激昂的长篇反驳。张孚敬指控他依靠李时得到晋升，又依靠时任礼部侍郎严嵩"脱出科门"。[82]夏言详尽地描述了自己的思想状态和反应：

臣即闻具疏极辩，因宿疾举发两日，不能趋朝。二十四日
（8月16日）力疾赴南郊，得与李时面证。时曰："尔何尝有此
言？嵩亦何尝有此言？"时都御史汪铉、（工部）侍郎蒋瑶及
中贵、武臣皆在列预闻。于是铉力劝臣："此事皇上自有明鉴，
识者所不信，宜不必深辩。"臣中夜再三以思，仰惟郊天大礼
未成，方共受朝廷重托，恐缘此事争论不已，上烦圣衷，有
损大体。故直须隐忍负谤，付之久久自明。不意昨来方献夫
又有举正言官事体之奏，与辅臣之言相为表里，二臣之攻臣，
可谓往奔尽气，不遗余力矣，岂特动颜变色而已哉。陛下察
其言，则其情状亦已索露。臣复何言？

夏言接着否认了自己曾经谋求被指控的晋升。他所做的只是
弹劾了担任那个职位的霍韬。在进一步的解释后，夏言继续阐述
要求言官做的工作：当方献夫说我不应使用指控的表达时，他暴
露了对先例的一无所知。他错误地认为只有司法当局能使用这种
表达。为什么方、张二人对我的指控好像出自同一张嘴？对此嘉
靖答复道："尔宜用心办事……勿再奏扰。"[83]

正如之前章节提到的那样，夏言最终成为一场试图毁灭他声
望的拜占庭式密谋的绝对胜利者。嘉靖暂时将张孚敬驱逐出朝。

但是，夏言在六年后的1536年遭到了非难。他在1531年升
为礼部尚书，极其忙碌，为嘉靖的礼仪改革设计和修建殿堂。在
做这些事的过程中，他累积了不少妒忌和憎恨。他发现自己成为
另一场拜占庭式密谋的目标。

事情是这样的。一位名为刘淑相的顺天府府尹被关押入狱，
他管辖的地区包括北京城和另外五州二十二县。据称，他的家仆

和姻戚收受富户的贿赂。富户中有一家是夏言的姻戚费完。刘淑相在被捕期间指控夏言本人参与了贿赂活动。

夏言得知此事后感到震惊。在1536年8月的一道奏疏中，他向嘉靖推测刘淑相为什么做出如此指控。他说："臣所以致淑相之怨者，实因向日圣驾发京夫役不备，臣尝斥其不恭。又淑相上疏……备陈风水之说……未行其言，亦复疑臣沮之。"刘淑相曾在嘉靖举行神圣庄严的拜谒时举办酒会，游山玩水，夏言曾经公开对此表示震惊。这种行为近似于《大明律》"十恶"之一的"大不敬"。[84] 据夏言所说，刘淑相听到这番话时陷入了恐惧疑虑的状态。这还不是全部。三年前，夏言获得嘉靖的授权，免除四郊坛户常规的徭役。但是刘淑相一再拒绝免除。夏言说："自度其不免于法，祗欲借臣为名以借口他日夤缘耳。"嘉靖同意了他的看法，并命令刘接受讯问。[85]

十天后，刘淑相的朋友们加入了争辩，呈上了反对夏言的"恬无畏耻，殊骇见闻"的奏疏。夏言说："臣窃悲夫，士习至此，国体何赖。"他感到自己无法再站立在朝堂之上。"比岁忧病相仍，精神并耗，兼久婴亡血之疾……询之医工，谓宜少即安闲，时以药食，假之岁月，庶几不至大惫……（伏望）赐臣休假……俾就医药。"嘉靖命令他继续工作，以后不得再议此事。[86]

但是他又谈到了这件事。显然，他感到自己的声望处于危险之中，事业受到了损害，所以又做出声明进行自卫。1536年9月16日，他答复了刘淑相从狱中提出的新指控。刘现在声称，夏言从寻求朝廷批准婚姻安排和继承的宗藩那里收取了大笔贿赂。夏言严谨细致地驳斥了所有指控，并提出是刘的朋友收取宗藩的贿赂，并做出虚假陈述的反诉。刘淑相又声称，夏言曾从他评卷的400名考生那里收取贿赂。夏言再次反驳了这一指控，最初的指控是一名仪制司书手编造的谎言，他被夏言根据法定事由免职，因而心怀不满，正作为喜怒易形于色的霍韬（吏部侍郎，张孚敬大礼派系的最初成员，几个月前调任南京礼部尚书）的食客暗中住在北京。这令人回想起霍韬和夏言一直以来都是仇敌，霍曾经在是否分开天地祭祀和亲蚕礼的问题上反对过夏，而嘉靖支持了夏。所以夏言相信霍韬的手隐藏在收取考生贿赂的指控后面，而霍也相信夏的姻戚费完策划了他到南京的调动。

刘淑相又就夏言的个人住宅安排提出指控。夏言解释道："臣自举进士（1517），京师居屋凡六七迁矣。前岁因所居隘陋，朝夕草奏无所，令牙人看得闲住内监官刘景空屋一所，情愿典当。凭致仕序班杨会、义官叶观，用价银五百两与之交易。同巷邻并官僚颇多所共知也。今士夫用价典买内臣、勋戚房屋者比比，未有以为嫌者。今（刘淑相）乃诬曰刘景干求监枪，以屋为赂。夫监枪之革久矣，今何复有此事？"

显然，霍韬和刘淑相的策略是增加对夏言的指控，希望其中一些能够奏效。但是嘉靖一条也没有同意。[87]

霍韬并没有精疲力竭，他仍不打算放弃。他从南京呈上自己的控告，这次是指控夏言给最近去世的首辅费宏授予不恰当的谥号，违反了历代相传的礼仪准则，其罪当斩！夏言对此早有准备，他称霍"沾沾小人，嚚狠无赖……不知法律，不谙典礼"。他耐心地向嘉靖解释授予谥号的程序，嘉靖接受了他的解释。[88]

最后，刘淑相在拷打之下承认受到霍韬的指示，然后他从监狱被释放，并削职为民。霍韬的俸禄被削减。这件事到此为止。[89]

夏言在担任礼部尚书的这些年中会生病而且神经衰弱，也就并不奇怪了。在愤怒妒忌的同僚不断地攻击下，管理礼仪重建计划，监管外交关系，管理藩国以及官僚录用系统，对所有这一切，他都用锐利的目光注视着细节，这将耗尽任何一个人蓄积的精力。此外还有一个负责领域的事务增加到他的卷宗中——参与皇帝的家庭事务。

嘉靖很长时间内未能添丁。嘉靖和张孚敬详尽地讨论过这件事。1533 年 9 月 7 日，丽嫔阎氏生下了皇帝的第一个孩子，是一个男婴。但他没能活多久。10 月 28 日凌晨，内官张钦通知礼部婴儿病死了。虽然这个婴儿的出生已被公开宣告，但是他从未被正式称为太子。尽管如此，基于明朝先例，仍然要制定详尽的葬礼礼仪。嘉靖批准了夏言准备的 18 点详尽方案。[90]

1534 年 1 月 21 日，嘉靖告知礼部，他的母亲已经选择德嫔方氏作为他的下一任皇后，并升嬉嫔沈氏为宸妃，丽嫔阎氏为丽妃。为了在太庙和世庙向明朝历代先帝和嘉靖的父亲宣告这些晋升，夏言尽职地准备了一份包含 11 项内容的长篇方案。[91]

这些晋升创造了有待新人去填充的空缺。所以一名锦衣卫官员请求嘉靖命令礼部："晓谕京城内外大小人家，平昔良善，父母端正，务要女子德性温良、语音清秀、端庄丰伟、貌相非凡者，以百名为则……仍候诸王馆选择。上等十名引赴皇宫门外，恭候圣母点择三名。"嘉靖要求夏言答复这一请求。

夏言的答复提供了对这一过程的内部运作的概观。他的建议是，首先派两名公正内官到北京、南京、凤阳、淮安、徐州、河南以及山东各地官府递送初步的皇帝命令，然后派两名文官带着告示再去以上这些地方。之后当地官员应当礼貌地让那些父亲亲自护送他们的女儿到衙门，假如是京城居民，则送到诸王馆。但是，嘉靖不喜欢派遣宦官的建议；他认为应当"差官四员分投赍榜前往各地方慎选，仍严加晓谕，勿得因而骚扰百姓"。

之后，礼部左侍郎严嵩（之后的首辅，见第四章）报称："收到民间女子一千二百五十八人……未免人品混杂……择日送诸王馆选择……命司礼监官出府选择，非本部外臣与知……钦命皇亲夫人二三人选择。"嘉靖对此答复道："这女子并续到的你部里送赴馆，着内夫人、女官选过，引诣圣母前择用。"

夏言回复了这道命令："本官具奏限一百名似乎太隘，合候命下榜谕京城地方，及委本部堂官一员、属官二员，会同五城御史，督同各城兵马司，于在京大小官员、士民善良之家，用心选求。务择其父母行止端庄、家法整肃，女子年十四岁上，十七以下（13至16周岁），容貌端洁、性资绝懿、言动温恭、咸中礼度者不限名数……请命夫人、女官于诸王馆选择性资贞淑、容貌出众者十余名，引赴圣母前简选。"[92]

1536年8月31日，皇帝的第一个女儿出生了。夏言奉命准备向祖先和天下宣告这一喜事的方案。9月18日，嘉靖指示夏言准备六名宫人的晋升以及四名刚被选入宫中的淑女册封为嫔的方案。夏言自然照办了。[93]

10月20日，皇帝的第二个儿子出生。夏言为发布公告准备了有九个步骤的方案。但是最近出现了一些不祥的征兆，嘉靖要求略为推迟。三个月后，夏言将仪制司的一项请求转呈给嘉靖，鉴于婴儿存活至今，应当遵循古礼，按照礼仪第一次给他剪发并赐给他名字。（三名宫廷贵妇，一名"师姆"、一名"慈姆"、一名"保姆"将在太庙行剪发礼[①]，剪下的头发保存在那里。）嘉靖再次决

[①] 剪发是在寝宫进行的。《桂洲先生奏议》卷六："师姆抱皇子于寝宫剪发。"

定推迟。他没有理会当婴儿长到六个月大时将其册立为太子的请求。不久之后,嘉靖要求夏言召集高级官员讨论册立太子的详细程序。夏言照办了,但嘉靖并没有实行。他没有理会夏言在1538年内的某个时候后续提出的敦促。[94] 我们不清楚为什么嘉靖拒绝满足夏言所说的天下的热切盼望。

参加嘉靖对北京西北30英里外的明皇陵的拜谒也是夏言的义务。正如之前章节叙述的那样,皇帝频繁前往北京郊区新建祭坛的队列复杂且要求严苛。去皇陵的行程更甚于此,这些行程开始于1536年。夏言紧密地参与了全部初步安排,并且陪同前往。

皇帝亲自传召夏言到文华殿,并告诉他自己打算拜谒皇陵,已经派遣官员到七座皇陵告知逝者他即将到来,他尤为关心在其高祖父宣德帝的墓地确认自己的正统地位。[①] 他还告诉夏言,自己将带上母亲和后妃。他们将在六天后的4月11日离开北京,在皇陵附近休息一天,14日、15日行礼,16日在宣德帝的陵墓行礼[②],然后返回。嘉靖派遣官员到南京和安陆,向明太祖和他父亲的在天之灵宣告这次出行。夏言草拟了一份长篇方案,并得到了批准。[95]

行程结束后,嘉靖命令夏言协助颁发奖赏、修复倾圮的陵墓、增加新的设施,以及为嘉靖未来的陵墓选址施工。[96]

1536年1月23日,夏言终于成为首辅。这也许能让他从礼部尚书的工作中得到喘息。他卷帙浩繁的奏疏画上了句号,诗歌

---

① 原文疑误,引文并没有特别提到宣宗的景陵,反而特别提到要拜谒景泰帝的景皇帝陵,作者将二者混淆了。
② 原文疑误,《桂洲先生奏议》卷十六:"二十四日……诣景陵……二十七日……谒恭让章皇后、景皇帝陵。"

和感谢信保存了下来，不过与张孚敬和皇帝的机密信件一封也没有留下来。夏言在1534年被授予了一枚用于类似信件的印章，但是我们不知道他在印章下刻的字的内容。① 夏言曾经希望把这些信件作为传家宝保存，但是嘉靖在1539年没收了405封信件和印章，不过后来又归还了。这些可能在1548年夏言被处决时又被没收了。[97] 在去明皇陵的旅程中，他向嘉靖的礼物表示了感谢：4月9日收到四匹绣花丝绸、一条二品金厢花犀束带以及其他贵重物品；4月10观赏九龙池时，一名宦官送来50两银子、纻丝四表里以及一道口谕；4月17日收到40两银子、纻丝二表里以及1000贯大明宝钞，回到北京后皇帝赏赐了更多礼物。[98] 但是这些信和诗歌似乎都不是秘密，所以夏言内阁生涯的证据基础也许会缺少大量材料，我们不得不勉强应对现有的部分。

夏言在这个时刻形象如何？文献对他的描述很少。《明史》称他"言眉目疏朗，美须髯，音吐弘畅，不操乡音（江西口音）。每进讲，帝必目属"。[99]

他进入了人数大为减少的内阁。1533年，张孚敬最后一次被免职（他是嘉靖在1524年大礼议事件中的最后一个盟友），费宏同年晚些时候去世。这时大学士只有低调的李时一人。夏言入阁时，李时就成了首辅。

夏言在内阁的生涯不能称为是成功的。它分为四个阶段，以免职作为分隔。第一个阶段是1537年至1539年，在这段不长的时间内发生了许多事。

朝廷在安南边境已经摊牌了。一支大军在强烈的反对下缓慢

① 《明世宗实录》卷一百六十八嘉靖十三年十月壬戌条："赐礼部尚书夏言银图记一，其文曰博学优才。"

集合，因为同时北方边境正遭到严重袭扰。夏言在这个议题上是强硬派。他的同乡和门客，1537 年至 1543 年接替他成为礼部尚书的严嵩则支持较为柔和的路线，此事直到 1539 年才得到解决，夏言的强硬路线获得了胜利。明军做好了出兵的准备，夏言起草了最后通牒。3 月 4 日，莫登庸有条件投降的消息传到了北京（更多关于安南的故事见下一章）。[100]

嘉靖又先后五次出宫拜谒了明皇陵。有一次，皇帝一行在沙河宿营时，火势从夏言的厨房蔓延到武定侯郭勋和首辅李时的帐篷，将六道等待皇帝阅读和实行的廷臣奏疏都烧毁了。夏、郭和李三人在一道联名的奏疏中将火灾归咎于他们自己。夏言作为主要的肇事者，没有单独提交奏疏，从而惹怒了嘉靖。夏言乞求宽恕，嘉靖原谅了他。[101] 但这是在预示夏言将来不幸的不断积累的记录中较有刺激性的一件事。

嘉靖作为皇帝进行的最长一次出行，是他在 1539 年返回儿时故乡安陆（后改名为承天府）的旅行。李时几个月前去世了，夏言作为首辅随行。这一行程的细节最好是留到接下来关于严嵩的章节，严作为礼部尚书紧密地参与了行程的计划工作并随行。这里只讨论目前最受宠信的三名高级侍从夏言、严嵩和翊国公郭勋，三人如何彼此倾轧，妒忌而且充满恶意，渴望得到更多宠信，以及夏、严二人在礼节和仪式程序的小细节上发生争执。最近夏言被授予了"上柱国"的荣誉称号，这个称号之前从未授予明朝文官，据记载夏言对嘉靖的需求略显傲慢和漫不经心，经常与朋友聚会而不是应召。夏言缺席的时候，皇帝就召唤郭勋，他则利用机会说夏的坏话。[102] 尽管如此，夏言仍尽职地撰写纪念性的诗歌以答复嘉靖的邀请，他对嘉靖每一件礼物的感谢信的详细列表，显示出 1539 年全年与郭勋相比的明显差距。据记载，翊国公郭勋从嘉靖那里收到的礼物超过了他。[103]

皇帝一行于 5 月 2 日返回北京。5 月 14 日，嘉靖命令再度拜谒皇陵。据记载，郭勋和严嵩关于夏言的抱怨正在加深皇帝对他的猜疑。严嵩比夏言年长两岁，对于自己被视作夏言的门客感到愤恨。即使是外出至皇陵，内阁无论如何也不能不给在京官员呈上的奏疏起草敕令。嘉靖怒气冲天。夏言表示谢罪，但无济于事。嘉靖怒斥他说：

> 言自微官，朕命张孚敬示令建赞郊礼之仪，遂不次进官。其所倚任，皆朝廷恩眷，自当益励公勤，尽忠事主，乃每每怠慢不恭。昨所选拟官僚，多不称用。密疏既不遵式，却借封皮以便私情。既不遵奉，原赐印记并历年御帖，可即进缴。御前虽无稿，其数尚可查考，无得隐匿取罪。宜痛自省改，以供职业。[104]

夏言立即写了一份道歉书："昨扈从南巡，偶以疾昏迷……至于录进旧文，并撰居守敕稿，既失稽迟，而密疏之陈又屡违钦式。不意圣度优弘，勉之省改，使得自新……令以原赐印记并历年谕帖进缴……惟是臣之家藏……为子孙百世之宝……伏望重加矜念，仍以赐臣，或别加罚治。"[105]

嘉靖表示拒绝："有旨追取，数日不缴，必有残坏，礼部即取进缴。姑念昔日赞议郊典，革其勋阶少师官职，其以少保兼尚书、学士致仕。"[106] 所以夏言按照命令，在 5 月 22 日将银印和 1530 年至 1539 年的 400 多封信件收敛到 12 个匣子中交了出去。他又交还了嘉靖写的全部诗歌以及高官的赓和①与序记。[107]

结果，这次免职是非常短暂的。5 月 27 日，嘉靖恢复了他的首辅职位，皇帝改变了自己的想法！也许他一直以来的意图只是给夏言一个警告。嘉靖向吏部尚书解释说："夏言初出朕简用，首因奉示建赞郊礼，兹典至大，言知之真正，克赞成之，乎敬为纲伦力正吾父子之名；言也不忌祸患，能赞吾复皇祖初礼。"他接着说，夏言最近虽然犯了错误，但是功大于过，并且自己仍然需要他的帮助，所以恢复了他的官职。

当宦官把皇帝召回的通知带给夏言时，他已经告辞并即将返回家乡江西。夏言的谢恩疏惹怒了嘉靖，其中自称"一志孤立，为众（可能指郭勋）所忌"，还有多处被涂改弄脏，但是无论如何皇帝还是让他回来了。1540 年 7 月 13 日，嘉靖将他交出的信和印章还给了他。[108]

夏言的第二个首辅任期持续了两年，从 1539 年 5 月 27 日到 1541 年 9 月 16 日。这段时期相当平静，所以明朝政府最高层内仍在继续的对抗，占据了夏言大量的时间与注意力。尽管嘉靖已经斥责了他，他还是处处显露出首辅的生活使他厌烦的迹象。当皇帝提到他间歇发生的玩忽职守行为时，他就继续道歉。他避开了自己特别不喜欢的翊国公郭勋对己不利的策略。或许他与嘉靖之间最紧密的纽带，就是他按照嘉靖的提示撰写令人满意的诗歌和道教祷文的能力。这些作品现在看起来是信笔涂鸦，或许夏言也是这么看的。[109]

---

① 续用他人原韵或题意唱和的诗作。

　　但是，夏言对一组这样的祭文给予了有趣的评论。1539 年
7 月 27 日夜间，嘉靖请求夏言撰写五篇祭文，以供宦官们念给几
个月前去世的邵元节（皇帝的宫廷道士）的在天之灵。夏言正待在
他紫禁城内的私人住处。此时秋享即将开始，于是四鼓时分（约凌
晨 1 点至 3 点），夏言穿上正式的祭服并携带必需的神主来到太庙。
当他到达太庙门前时，此处别无一人，他坐在门阶上，用了不到
三刻（可能是 45 分钟）的时间，在灯笼下撰写了五篇祭文。当他
赶到嘉靖所在的西苑时，太阳刚刚升起。两名中书将祭文送至无
逸殿。嘉靖在仁寿宫彻夜未眠，询问关于夏言五篇祭文的情况。
通常夏言完成这样的任务要用两三个小时，之前从未完成得这样
快！夏言想让后人知道这一点。[110]

　　所以夏言并不总是办事拖沓。他可以用惊人的速度工作，并
展现自己杰出的才能。他听起来像是一个疲倦到只剩一股劲的人。
1541 年 9 月的免职是由他突然感到无聊和无用造成的；由于郭勋
不断增长的敌意，他恳求致仕，结果遭到了拒绝。但之后他答复
嘉靖关于太子为张太后葬礼应穿何种丧服的奏疏中竟充斥着错字。
这是何等不敬！于是愤怒的嘉靖令其致仕。[111]

　　嘉靖正在转变方针。1539 年即将结束时，他把自己的主要办
公地从紫禁城内的文华殿搬到了西苑内的无逸殿。由亲密顾问组
成的内部圈子在那里也有办公场所，无论昼夜随时待命。他们是
翊国公郭勋、成国公朱希忠、京山侯崔元、驸马都尉邬景和、大
学士夏言和翟銮，以及礼部尚书严嵩。[112] 他们如同最高级别的易
燃混合物。嘉靖表示无法理解郭勋和夏言为什么如此互相憎恨。
夏言被免职后，御史们觉察到皇帝对夏的偏爱，并弹劾对权力不
断寻求和严重腐败的郭勋。对翊国公的指责声浪很快随之而来，

崔元也指责了他。愤怒的嘉靖命令逮捕郭勋，并下诏狱讯问（但是回想起郭在大礼议中的帮助，他下令不要对其动刑）。郭勋被扣留在狱中，不久后便在那里去世了。1541 年 11 月 2 日，皇帝召回夏言担任首辅。[113]

这一次夏言在职仅仅半年。1542 年 8 月 11 日，在出现日食的不祥之兆后，皇帝接受了夏言致仕的恳求。皇帝怀疑夏言安排了御史对郭勋的攻击。更糟的是，他不再去紫禁城内的内阁了，而是在自己的私人住处处理重要工作，而且他没有认真对待皇帝的要求。嘉靖传召夏言入西苑。八天后，他批准了夏言令人怜悯的致仕恳求。[114]

夏言离开了大约三年。1545 年 12 月 22 日，嘉靖命令他回来，1546 年 1 月 21 日宣布了他到达北京的消息。其他人的死亡和免职使得大学士只剩严嵩一人。嘉靖认为需要一个确实能与严嵩旗鼓相当的人，而且夏言通过每年给嘉靖寄寿辰贺表的方式提醒他自己的存在。夏言擅长引起他人的怜悯，也擅长撰写那些嘉靖不断需要的声名狼藉的道教祷文。嘉靖想要他回来。他再一次被任命为首辅，严嵩很不情愿地变成了他的下级。夏言没有把严当作自己的心腹，也不向他咨询。于是直到决定性的 1548 年，局势变得激烈起来。

给夏言带来灭顶之灾的是明朝北方边境沿线的俺答汗越来越激烈的袭扰。俺答再三请求贸易机会，都遭到了拒绝，这导致甚至迫使他发动袭击，以使他的人民以及其中的汉人叛逃者和逃难者有饭可吃。摆在嘉靖和他的朝廷面前的问题是如何对此做出最佳答复。这不仅仅是一个技术问题，还涉及最高层在政治上肮脏的钩心斗角。夏言在这次争论中丢掉了自己的性命。按照嘉靖的命令，他在 1548 年 10 月 31 日被公开处决。这里我想集中关注导致这一悲剧的可怕政治因素。

我们从这个故事的地理中心鄂尔多斯（河套地区）开始。这一地区的面积大约是现代西班牙的一半，正被俺答汗和其他首领用作袭扰中原的基地。明朝对此地的收复，无疑将解决袭扰问题。这就是曾铣（1499—1548）的意见。

曾铣和夏言有一些共同之处。两人都从军户家庭中获得了士籍。最重要的是，他们的生涯履历表明，他们都相信官僚的行动第一主义，增进国家福祉的正确方法是完成任务、制订计划、实现目标。两人都采用了杨廷和曾用过的"中兴"口号，而年轻的嘉靖只给予冷淡认可。夏言对嘉靖的礼仪重建计划的深刻承诺，是他实现该口号含义非常引人注目的方式。在此之前，夏言在兵科度过了 1520 年至 1530 年的十年时间，所以他熟悉军事议题。曾铣的精力则集中到明朝的军事缺陷上，夏言也曾经这么做过。曾铣协助处理过一次严重哗变（1535 年发生在辽东），并且在 1542 年围绕大运河战略要地临清城区修建了大量防御工事。之后他调动到山西，在 1546 年年初升为兵部侍郎兼总督陕西三边军务，在这个职位上，他制订了明朝收复整个鄂尔多斯地区的详尽计划。1548 年 1 月，他向朝廷提交了这一计划。[115]

到了 1548 年，嘉靖的礼仪重建计划正向着成功的结局前进，所有殿堂、祭坛和庙宇都按他的要求修建起来了，全部礼仪程序都按照古代的先例进行了调整和修正。所以为什么不在其他方面继续推进国家的复兴呢？曾铣明确地将收复鄂尔多斯和"中兴"联系起来。他认为鄂尔多斯曾经属于明朝，后来永乐帝将前线防御阵地全线后撤，鄂尔多斯开始变得空虚，草木繁茂，禽兽生息。

直到 1499 年，蒙古人乘筏越过黄河并发现此地毫无防备，才开始在这里游牧，并将此地作为对中原无休止的袭扰的集结待命区。收复鄂尔多斯将是整个中兴之业的巨大成就。曾铣的论点引人注目，嘉靖一开始对其持开放态度。

曾铣的提议现存于一部选集中，由按照时间顺序排列的、关于整个计划历史的文书组成，包括官员间的辩论、临时建议、兵部的反应以及嘉靖的指令。曾铣以诱人的详细资料支持自己的论点，几乎涉及所有急务，从主力部队的规模、招募、武器配备以及补给，到他们将遇到的地形、可能遇到的抵抗以及如何安排战后占领。

曾铣的论点有说服力，甚至是诱人的。其中的细节令人震惊，许多数字的计算也是如此。就以火器问题为例，曾铣引用的一位讨论者说：火器是明朝的优势，但如果造得不好，或者火药和子弹短缺，那就和没有这些武器根本毫无区别。最近，陕西的守军拥有佛朗机（葡萄牙后膛炮），但是每营只有四五十门，做工不好，而且炮手没有经过训练，故而只有一两门炮能起作用。火药和铅弹的供应不多，因此在战场上枪炮声音虽大，却杀不死一个袭击者。三次射击后，枪炮就过热了，所以守军不得不改用弓弩。但是现在我们手头上有 10 万件制造良好的枪炮，1546 年初春，明军进入鄂尔多斯，射中的蒙古人不计其数，后者感到恐慌并逃跑了。这才是运用本朝优势的方法（这位讨论者接着列举了每一种枪炮所需的数量，铅、硝石和硫黄需要采集的数量和来源）。嘉靖暂且全部同意。[116]

但正如礼仪复兴引起了朝廷激烈的内部辩论一样，出兵鄂尔多斯的计划也是如此。这件事是否如同美国在冷战初期围绕遏制

"推回"①的战略讨论一样？部分而言是这样的。到处都有不同的意见，但从未发展成全面党争，因为嘉靖预先阻止了辩论，使他的大学士们仓皇失措，将恐惧和战栗散发到所有京师高级官僚中间。明代中国毕竟不是一个现代民主政体，而是一个由时年40岁、决定行使其合法的最终决策权的皇帝统治的君主政体。

面对这样的时间和空间上的间隔，判断曾铣乐观积极的计划是否真正可行，或者它是不是一场远远超出明朝的资源与能力限度的萌芽中的"巴巴罗萨行动"②，都是非常困难的，尽管它的所有细节都十分引人注目。

夏言喜欢这个计划。鉴于他丰富的经历和作为明朝最高官僚的地位，他相信嘉靖对自己的信任足以接受他对此的支持。嘉靖确实对此表示赞成，这个消息在官员中传播着。官员们除了与一开始了解到的皇帝偏好保持一致，通常不准备做任何事。但是皇帝心中怀有几分疑虑，从来不是一个坚定的好战派，因而不要在意他初步的允准。但皇帝仍然给曾铣发放了20万两银子，于是他可以开始重建严重倾颓的长城，同时将其沿着鄂尔多斯和陕西的边界延伸了500多英里。[117]嘉靖很喜欢曾铣呈给他的一套地图和营阵图。[118]他向所有高级官员散发了曾铣计划的早期版本，以征求他们的意见和建议。1547年春末，他又对曾铣与将军李珍、韩钦一同对鄂尔多斯一处蒙古营地的反袭扰进行了奖励。[119]生涯一直以行动至上主义为中心的首辅夏言是曾铣计划的热心支持者，他可能起草了嘉靖与此相关的临时敕令。

---

① 一种政治管理策略，指以强势手段达成一个国家主要政策的改变，通常出于达成政权更迭的目的。
② 第二次世界大战中纳粹德国发起的侵略苏联及东欧地区行动的代号。

在前线和北京，只有少数反对夏言及其计划的声音，仇鸾就是其中之一。他是一个著名军事家族的后代，成长于北京皇城东南角的崇文门东北的苏州胡同一间不算奢华的住所内。[120] 1522 年，他继承了咸宁侯的爵位。他受过儒家教育，兵部尚书彭泽给他取字"伯翔"，并给他的斋屋取名"枳斋"，因此年轻的仇鸾在高级文官的圈子里关系融洽。1524 年，他在大礼议的示威和镇压中支持郭勋。虽然他很快变成了一个持不同意见者，嘉靖还是觉察到他了。1539 年，他在嘉靖的安陆之行中担任负责安全保卫的高级指挥官；1540 年至 1541 年，他参与了对安南的战争动员。1544 年，他被任命为甘肃总兵，在那里很快和曾铣发生了严重争执。[121]

仇鸾和一位同僚认为他们的军队太少，不能参加曾铣策划的对鄂尔多斯的袭击。曾铣弹劾他不听调遣，1547 年 7 月 7 日，嘉靖扣罚了他六个月的俸禄。这使曾铣很不满意，他再一次弹劾仇鸾。1548 年 1 月 24 日，因仇鸾贪纵酷虐、不听调遣，嘉靖命令将其逮捕，押往北京。[122] 直到这一天，嘉靖仍然倾向于曾铣和他的计划。

另一个来自前线的异议声音，是在西邻曾铣管辖区域的边境基地宣大担任总督的翁万达（1498—1552）。（在 1547 年最初的几个月里，嘉靖给翁 60 万两银子，用于在宣大边境地区修建 300 多英里长的边墙。）翁万达强烈倡导，将给予俺答汗朝贡地位和贸易特权作为阻止他袭击的最好方式。国内的现实看法认为袭扰是蒙古的默认政策，俺答尤其想得到使用汉人农具的机会，以创建农业定居点。翁万达还对曾铣的计划进行了毁灭性的批评。他发现了其中的致命缺陷：明军对当地微观地理一无所知，马匹作战三天后就筋疲力尽了，过于依赖不可靠的向导，以及无法克服的补给问题。翁万达说："夫驰击者彼所长，守险者我所便。弓矢利驰击，火器利守险。舍火器守险，与之驰击于黄沙白草间，大非计也。议者徒见近时捣巢恒获首功，然捣巢因其近塞，胜则倏归，举足南向即家门。若复套则深入其地，后援不继，事势迥殊。"但是嘉靖仍然支持曾铣且不相信蒙古人，所以他对翁万达就朝贡关系进行谈判的恳求公开表示了坚定的消极态度。他没有理会翁万达对曾铣计划的批评。[123]

之后突然落下了晴天霹雳，所有人都猝不及防。在关押仇鸾（应曾铣的请求）仅仅一个月后，嘉靖取消了鄂尔多斯战役的计划，命令逮捕曾铣，并且第四次（也是最后一次）逼迫夏言致仕。究竟发生了什么？

发生的事情是嘉靖在明朝的国家安全问题上投下了最终的决定性一票。仇鸾从狱中呈上的奏疏对嘉靖的决定有很大的影响。仇鸾描绘了一幅西北边境令人悲伤的黑暗画面。他宣称曾铣隐瞒了一次毁灭性的虏寇袭扰的真相：蒙古人向南进入陕西，深入100英里，一直打到庆阳，留下四处散落的几千具尸体。他说这件事发生在1546年7月和8月。曾铣向每名军官索取150两银子，千总、把总每人1两，管队官每人半两，普通士兵每人1钱。以上共计数万两银子，他将其交托给自己的儿子监生曾淳，运到北京交给自己的姻戚苏刚[①]，分成数笔封口费，以至于朝廷没有派出官员调查虏寇入侵的真相。曾铣凭借自身权力，进入鄂尔多斯进行反袭扰。有一次行动以彻底溃败而告终，蒙古人杀死了三千明军，

---

① 一作苏纲。

并抢走了同样多的官马，事情发生在 1547 年 2 月和 3 月。仇鸾宣称："铣通行隐匿不行奏闻，仍照前科派三边差送伊男打点。"大约在此时，曾铣弹劾仇鸾拒绝再次参加他筹划不周的反袭扰。曾铣残酷地镇压了军队的抗议。为了确保对仇鸾的弹劾成功，曾铣派他的一名或数名家仆带着 10 匹驮有 1000 两银子的马匹到苏刚那里。仇鸾说如果准备得当，收复鄂尔多斯是个好主意，但是："铣力小而任重，才浅而谋疎（疏）……未谋而机已泄，未战而形已彰……全陕之人病科派之日紧，虑征调之日促，怨声嗷嗷，谋欲逃窜。臣恐境外之变不在于河套，而在边镇之内。"[124]

嘉靖震惊了。这完全不是曾铣和夏言提供给他的情况。他立即命人核实仇鸾奏疏的指控，并发布了对曾淳和苏刚的逮捕令。

曾淳不在北京。锦衣卫找到并逮捕了苏刚及其五名家仆。锦衣卫都督同知陆炳（1510—1560）呈上了他们可能在逼供下交代的供词。据称，从 1547 年 6 月 15 日到 10 月 27 日，曾淳留宿在正阳门（皇城以南）外三个不同的家庭里。10 月 27 日，曾淳和三名仆人将四匹马典当给其中留宿的一家，换了 34 两银子。然后将两个箱子（里面可能装着这笔银子）留在另外一家保管。在此期间，曾淳和他的同学经常在教坊司乐妇李钏儿家中过夜、饮酒。曾淳给她买了一件貂鼠皮袄和八个金戒指，但是没提到价格。通过调查人际关系，锦衣卫追查到了苏刚的仆人苏登。苏登说曾铣两次令他的儿子曾淳带着一个家仆，代表他去苏刚送礼金。苏登不知道送了多少银子。曾淳的同学说，曾淳在 1548 年 1 月 31 日离开北京回陕西了。[125]

皇帝派出锦衣卫拿解曾淳。同时，兵科都给事中齐誉在他描述的取消鄂尔多斯战役后一种"中外臣民鼓舞悦服"的气氛中，提交了对曾铣的激烈控告。嘉靖对齐誉未能早先弹劾曾铣感到不快，将他降职两级并调离北京。[126]

兵部表示附和。根据大范围的廷议记录，曾淳是"无知小人，全不畏法，乃敢节次挟带银两来京，为父营谋打点"，苏刚是"奸险之徒，律法罔畏，乃敢倚亲为势，结交边方重臣。却又代谋，欲遂复套之计，通同受贿，许全侥幸之官"云云。夏言的名字第一次出现了。兵部指控他叛国，说他收受曾铣的贿银，隐瞒曾的失败并支持其计划。至于苏刚，他只不过是夏言的岳父而已！

嘉靖的回应是命令迫使苏刚交出所有银子，然后发配烟瘴地面永远充军，遇赦不宥。对免职后正在返乡途中的夏言，他命令立即将其逮捕并带回北京讯问。[127]

这里发生了什么事情？起初，热心的夏言和嘉靖暂且支持曾铣，并促进他正在不断推进的收复鄂尔多斯计划。1548年1月10日，嘉靖让司礼监印制100张表格分发给兵部全部高级官员，以填写他们对其诏书的回应。皇帝在诏书中坦承了对当地真实情况的无知、对可能发生的大屠杀的恐惧，实际上在请求安慰。总的答复虽然来得不快，但提交时是谨慎积极的，与高层风向一致。[128]然后出现的是仇鸾在狱中的奏疏和皇帝唐突的政策转向。但是，仇鸾最初对曾铣的控告是在1月30日从甘肃寄出的，时间上早于嘉靖2月9日的诏书，正如夏言指出的那样，其中包括一些与后来用在诏书以及严嵩单独奏疏中的语句雷同的内容。[129]看来仇鸾并非独自行事，反而事实上受到某人的指示。

关于陕西的情况，嘉靖被蒙在鼓里，愤怒地认为自己被欺骗了，是"强君胁众"策略的受害者，所以他要求将曾铣处决。一名刑部官员态度勉强，他说在明律中找不到让曾铣因他的收复计划被合法地处决的适用法令。嘉靖要求他们更加努力，向大学士行贿这个罪名能解决这一问题。根据这一指控，曾铣于1548年4月25日被公开处决。据称，曾铣在陕西先后两次向北京递送贿赂：第一次通过多名中间人给苏刚1万两银子，苏留下8000两，给夏言2000两；第二次给苏刚5000两，苏给夏1000两。5月5日，仇鸾被证明无罪，从监狱释放。[130]

1548年3月4日，削职为民的夏言离开北京，返回江西家乡。3月13日，他行至天津时，锦衣卫追上了他，给他带上镣铐，押送回北京，5月9日，他在那里被关入臭名昭著的诏狱。[131]被捕让夏言陷入了害怕和焦虑，他从乘坐的马车上跌落。有人说，他向道旁的树悲叹："白杨，白杨，尔能知我此去不反乎！"他的被捕几乎意味着必死无疑。

在狱中，又或许是在到达前，夏言写了两篇悲伤而详细的长文，希望能得到皇帝的理解、怜悯和原谅。他承认支持曾铣的计划是错误的，但他的支持是出于其中的信念而非贿赂。他说其岳父苏刚"本山野小人，昧于世故。嵩向为礼部尚书，与纲（刚）亲厚，尝日夕招语杯酒相过，且托其打听事件，分取财物。臣尝恨纲不才，与之反目数次"。[132]夏言对从陕西装运1万两银子到北京的可能性表示怀疑。他说一匹马只能运载五六百两，所以需要的车队加上护送的百名或者更多的武装骑兵必须经过三四十个驿递；如果确实存在这样一支车队，那么将会有数千人看到它。但是有这种事吗？这些银子从哪里来？如果来自嘉靖批准发放的款项，那么它最终会进入地方官府的国库，曾铣不能直接接触。而且假如曾铣的军队需要钱，他怎么能在想出发兵计划的同时，让明知有这笔军饷的军士们贫穷挨饿？另外，夏言说，据称这笔贿银的

分配只给了自己 2 万两，这毫无道理。毫无疑问，他的岳父以及
其他官员直到最低的吏员都必须从中得利。

　　事实上，夏言接着详尽叙述了名单、地点和日期，这是一张
精心编织的腐败网络，大学士严嵩与其卑鄙的儿子严世蕃为了毁
灭他而编造了一套谎言，目的就是将他作为争夺嘉靖宠信的对手
永远除去。[133]

　　司法部门试图说服嘉靖，由于夏言作为前任首辅的显赫地位，
应该遵守明律，对犯了错误的有功人员从轻处罚，免去死刑。[134]

　　嘉靖没有受到这一恳求的影响。"你每（们）任曰执法且恩威
上出，如何借议朋护（夏言）。"他怒喝道：

　　　　朕任逆言若腹心，彼则视君为何。铣初上疏，彼则密奏
　　强君，朕何有一言谕答，敢动称有密谕，主行启祸殃民之事。
　　至有旨问之日，犹不知罪，示戒止令致仕。复作怨语曰："前
　　去因不奉戴香巾，怨上不服内府擅乘舆之罪。今日为朝廷计，
　　非以身家，又遭斥削。"是人臣礼欤？正以西内二三月直候，
　　不得见苏刚为辞。

　　嘉靖与司法部门反复争论，直到皇帝强加于持不同意见者的
罚俸和惩罚发挥了它的魔力，在秋审上同意了公开处决。夏言于
1548 年 11 月 1 日被处决。[135]

　　夏言断断续续 11 年的内阁生涯是不成功的。在之前的 12 年
间，他全力以赴。在他所处的时代环境中，他是一位技术专家。
他缺乏成长为政治家所需的心理意识和社交技能。但是作为技术

专家，他的成就可观，甚至是惊人的，涉及明朝统治许多要求严苛的不同方面。他在肃清正德年间的毒瘤（皇庄、军队以及其他冗余的花名册）上，提供了巨大的帮助。他妥善应对了青羊山的复杂局势，并使其恢复正常。他熟练地操控高度复杂的官员录用系统机器。他对明代中国当时在世界上的大国地位十分了解，并有效管理了与几乎所有曾与中国接触的国家的关系。最为人们所知的，就是他为嘉靖的古代礼仪复兴做出的雄辩的学术贡献和工程建筑设计——对中国礼仪传统的全面改革和修正，这一举国上下全神贯注之事，更使其锦上添花。[136] 他是一位优秀的总管。

但是，对于一位纯粹的技术专家兼总管而言，内阁并不是个好地方。它需要的是政治才能。首辅需要从个人层面上，使皇帝这样一个非常明智但易变的掌权者平静下来。张孚敬在嘉靖非常年轻的时候做到了这一点。同时，首辅需要与负责外朝各部和各个机构的高官发展工作关系。张孚敬就是这样做的，直到争论恶化并磨损了他们之间的关系，然后他不得不下野。夏言不是宗派主义者。他作为一名技术专家赢得了足够的尊重，不必为了到他想去的地方而在官僚中培植狂热的追随者。同时，他的技术知识和努力工作给嘉靖留下了深刻印象，他能长时间留在内阁无疑是幸运的。他之所以能留下来，部分是因为他撰写皇帝需要的道教祷文和即兴诗歌（这可能是皇帝测试身边人忠心的方式）的才能。满足这些要求令人感到乏味无聊，夏言显然厌恶这些。他以其他方式使嘉靖不快，他的漫不经心和对皇帝个人的厌恶和轻蔑虽然被遮掩住，但嘉靖无疑感受到了。

嘉靖独断专行，要求处决曾铣和夏言。嘉靖的声望在当时乃至以后由此受到了损害，许多人认为处决是完全不合理的。在嘉靖去世不久后的1567年，曾、夏二人完全恢复了名誉，被追赠官职和谥号。

晚明的时评家如何看待作为大学士的夏言？支大纶（万历二年甲戌科进士）对夏、曾二人收复鄂尔多斯的失败感到惋惜，对他们缺乏政治准备深感遗憾，对他们过度依赖嘉靖的支持表示怀疑。他最后说，整个收复计划的彻底失败，使明朝军队士气遭受了严重的长期损害。

何乔远（1558—1632）指出："贵溪始为给事，赫然见才誉，誓不奔走权贵间。至分宜亦挹挹有文，岂不皆君子哉。不保其身，同及于祸，患生于以主宠为私物也。贵溪峻而渐于不逊，分宜卑而沦于不忠，上怒下愤，所由来矣。"

王世贞（1526—1590）在给夏言写的长篇传记的结尾只是说："天下方怨……严嵩之奸贪，谓言能裁之，以是多惜言者。"

谈迁（1594—1658）有见地地评价道："贵溪才足自树，而褊矜未融。慕盖世之功，志清霾雾。设曾中丞鼓行而北，稍有失利，贵溪能自必其命哉。贵溪不死于败，而死于谗，又严氏代为之受螫也。刑渥之凶，株及鼎轴，虽非国事之幸，安知贵溪不以是遒其责哉。噫！古未有宰相伏欧于都市者，将中台星坼，应其占舆。"[137]

1577年修成的《明世宗实录》言辞雄辩，其中写道："言豪迈有儁（俊）才，纵横辩博。初在谏垣，以言事受上知。比赞更郊礼，遂有荷特眷。上性聪敏察，不喜臣下雷同。言知其旨，方张孚敬用事，时人无敢牴牾者，言故每事与之器竞。上以为不党，因厚遇之，竟至大用。然其人才有余而识不足。凭宠傲肆，威福自由，无所忌惮。上寖不能堪，稍稍以微旨裁之，言不为惧，久

之，上益厌，屡加叱啐，麾斥来去，无复待辅臣礼，言亦不以为
耻……及为嵩所诬搆，遂致身首异处，天下虽以此恶嵩，而亦以
言为不学不知道，足以自杀其躯而已。"[138]

第四章

秋 季

大学士严嵩

夏言在成为一名大学士之前，拥有多年在多种要求严苛的职位上任职的经历。严嵩的经历则比较简单。他于1505年考中进士，比夏言早了12年，但之后因为某种疾病在家休了八年病假。[1]

作为一名官员，严嵩从未下过基层或亲临一线。他所拥有的和蔼可亲的外表和灵活的政治手腕，也正是夏言缺乏的。他身材修长，嗓音洪亮清晰，使人印象深刻。从附于他的文集《钤山堂集》之后一组超长的背书支持中，我们可以看到他施展魅力的能力和自我陶醉。其中有10篇1515年至1551年间的序言，称赞了他多年积累的诗歌和非正式的散文。附在5幅画像（完成于他生涯的各个阶段）后的23篇像赞，证明了严嵩对阿谀奉承的热切欲望。他的赞赏者中既有严肃的儒家学者（湛若水、吕柟和欧阳德），也有官员（大学士徐阶，后来协助安排了他的罢黜）。他们奉承的诚意令人怀疑。

严嵩早期生涯的绝大部分是在礼仪方面的工作上度过的：从1528年到1531年担任礼部右侍郎，然后从1532年到1536年担任南京礼部尚书，再之后从1536年到1543年担任礼部尚书，1542年进入内阁，直到1562年受斥免职。礼仪（狭义而言的民间礼仪）消耗了张孚敬、夏言和嘉靖大量的精力，严嵩对此却较少关注，而是关注其他事情。在下文中，我的目的是弄清楚严嵩是一个什么样的人，以及描述和评价他在嘉靖时代很长一段时期内的积极参与造成的影响。鉴于他引起的憎恨以及死后强加给他的谴责（"奸"），这并不容易做到。他是一个复杂的人物，腐败是肯定的，但并非无能。

严嵩自己提供了几乎全部鲜为人知的、关于他的家庭和青少年时期的情况。他的故事在某些方面非常奇特。他的家乡在江西西北部的分宜县，这不是一个商业中心。他的家族登记为匠籍，但是我们并不清楚这对严家的影响如何——如果确实有重要影响的话（张孚敬的家族是灶籍，夏言是军籍）。

严氏的社会地位充其量不过中等而已，祖先中没有官员。[①]祖茔最高能上溯到高祖父。严嵩的父亲严淮（1453—1495）的主要职业是儿童教师。他曾给儿童们建立了一所寄宿学校，当地一些人嘲笑他，另外一些人则试图破坏它。为什么？严嵩从未冒险去解释原因。严淮娶了来自邻近的新喻县一家富户的女儿，她愿意忍受贫穷，并支持比她年轻的丈夫。她出生于1447年，去世于1509年。她和儿子在北京生活了两年，严嵩已经考中进士，但是他说自己太贫穷，以至于多年之后才能给母亲举行适当的葬礼。[2]

严嵩出生于1480年3月3日，孩提时体弱多病，父母特别照顾他，害怕他会夭折。[3]父亲发现他有杰出的文学才能，便尽其所能地辅导他。严淮去世时严嵩年仅15岁，即将得到提学前往省会参加举人考试的证明，但是守孝意味着他不得不等待三年后的下一轮。官方记录显示他于1498年中举，在榜单上是第16名，成绩良好但并不突出。1505年，他通过会试，排第38名，但在最

[①] 严嵩高祖为四川布政使严孟衡。

后的殿试上他的排名是第5名。他希望被选入第一甲，在未能如愿时感到痛苦失望。[4]他选择的儒家经典是《诗经》，这无疑反映了相较于历史、礼仪或哲学，他更偏好诗歌。

一则来源并不友好的传说称，年轻的严嵩吝啬、精明、心胸狭窄，不受他人好评。传记作家王世贞（严嵩曾拒绝阻止王父于1559年被处决）也说：在1498年为中举者举行的考后宴会上，瘦弱且穿着寒酸的严嵩给人留下了非常糟糕的印象，以至于他的考官扭过头去不想看他。数年之后，严嵩再次遇见了那位考官，这一次两人地位是平等的，但他还是被冷落了。第二天，严嵩带着礼物到他的门前，并乞求成为他的门人。据称严嵩是这么说的："某非敢薄公也，以公向厌之，恐终弃之耳。"王世贞写道："其狷隘急睚眦如此。"也许王对他的散文和诗歌作品的评价是恰当的："清雅有态，然弱而不能为沈（沉）雄之思。"[5]

严嵩娶了一位姓欧阳的姑娘，并在1499年有了一个女儿。1505年，严嵩成为一名翰林院庶吉士。之后在约1508年，他回到分宜家中，结果休了八年病假。他的独子、臭名昭著的严世蕃出生于1513年。在家中，严嵩研究和写作诗歌，主要描绘风景，而他在生病期间做的其他事情我们就不得而知了。[6]

然后，1516年4月的一天，严嵩宣称自己痊愈了。不管他患的是什么病，后来他说这令他多年来虚弱憔悴，直到30岁左右康复之后就几乎不再生病了。4月26日，他从分宜踏上了1000英里远的曲折行程，大部分走的是水路，最终于8月11日进入北京。他写了一篇关于这次旅程的每日游记。在文中，他几乎将全部注意力用在天气、水文、距离，以及从一个地方到另一个地方所用的时间上。他细心收集所有遇到并与之宴饮的省府官员的名刺（名帖），但是并没有显示出对他们的任何方面有进一步的兴趣，无论是外貌、性格、观点，还是他们说过的任何话——这似乎说明了他是一个什么样的人。他只是把这些当成许多小玩意一样收集在一起。在这一过程中，也许存在他在今后生涯中建造一台官僚机器的成功途径的关键：他回避党派和党争，对任何争议和原则问题都不会采取强硬立场。但是他友善开朗，善于社交。他接受礼物和贿赂，毫无疑问会给予对方晋升和保护作为回报。[7]

入阁的踏脚石在嘉靖初年从翰林院变成了礼部。有野心的人们不得不以某种方式得到礼部的任命。严嵩做到了，但他是怎么做到的呢？他并不是礼仪方面的学者、理论家和专家，因此原因我们并不完全清楚。

当严嵩于1516年重返政界时，皇帝是嘉靖的堂兄，年轻不羁的正德帝。严嵩被任命为翰林院编修。他避免卷入此时官场的任何动荡：对皇帝在1517年至1519年频繁巡幸北部边疆宣府的抗议，或者残酷镇压官员在1519年的示威，他们反对正德南巡讨伐逆贼宁王的计划。[8]

严嵩自述了在正德末年所做的几项工作。1517年12月4日，他被召去做年轻内官的教师。[9]1518年年初，他写了一篇关于午门外一起可怕的踩踏事件的文章，详细而有趣，当时召集了来自天下各地的官员进行表现评价。该年年底，正德两次短途出行到北京南部的南海观看狩猎，然后前往宣府。[10]同年，严嵩担任会试同考官，之后他撰写了一篇准确详细的报告，显然是以此为乐的。[11]1518年，他担任一个代表团的副使去广西册封宗藩，临行时下起了异乎寻常的倾盆大雨，这次他写了一篇与1516年北上之行时写的非常相似的游记，包括在哪里停宿、遇到了什么人，等等。[12]在返回的路上，他在一座神圣的山上停留，并为正德的平安撰写了一篇祷文。[13] 毫无疑问，他是一个有才华的记叙散文和诗歌作家，即使欠缺深思熟虑。

接下来的数年，充斥着嘉靖在1521年有争议的即位、清洗腐败分子、1524年和1527年与大礼议有关的镇压以及类似的动荡，所有这一切对严嵩而言是一片空白。他看起来好像保持低调，回避任何党派义务或联盟。在某个时候，他被下派到南京翰林院。之后他返回北京担任国子监祭酒，在这一职位上，他对一个叫赵文华的学生留下了深刻的印象，并认其为义子（赵后来考中进士，并成为严手下重要的行动人员）。[14]

1528年，严嵩以某种方式被任命为礼部右侍郎，设法登上了成功的阶梯。同年，他承担了南下安陆（嘉靖父亲陵墓所在地）的任务，这次他撰写了一篇如诗歌般的行程记录，附有地理状况的评注。北京举行了精心计划的送别仪式，嘉靖亲临奉天门，大批廷臣护送严嵩到皇城南入口——承天门。此行的目的在于祭告嘉靖父亲的在天之灵：他的谥号已经改为睿宗，实际上已进入了明朝皇室正统。[15] 严嵩此时无疑受到了嘉靖的宠信。

从1532年至1536年，他被下派到南京担任正式的礼部尚书，很难说这究竟是放逐还是上升轨迹中的一步。

这也许在部分上是一次放逐。1531年10月，年方24岁的嘉靖依然精力充沛，像一位大元帅一样，骑着一匹白马离开紫禁城去重华殿（皇城东南角的一座大型建筑）。他加入了少数官员在那里的延伸讨论，议题是所有新祭坛和殿堂最佳的修建地点。这样的会议在接下来的几周内召开了数次。嘉靖有时乘着肩舆出现，有时出现在黄幄内，有时出现在重华殿暖阁内。讨论也转到了礼仪程序的排练，和需要立刻做出的补充各部高级职位空缺的任命方面。夏言（时任都给事中）和严嵩（时任礼部侍郎）都在出席者之列，夏言经常直言不讳，严嵩却一次也没有。[16] 这里显示的差异也和夏言与严嵩在待人接物上的区别相一致：夏咄咄逼人，严较为柔和。这之后不久，严嵩被派到南京。

不管发生了什么，1536 年，严嵩还是在嘉靖的寿辰前往北京递送赞歌，恰巧他当场被任命为礼部尚书。与此有关的一件怪事是，给他这一高位是为了让他负责一个范围非常狭窄的项目——重修《宋史》，这只是要求所有考生学习的基本文献的修订和重印工程的一部分。[17] 另一件奇怪的事情是当时已经有了一名礼部尚书，那就是夏言。夏言比严嵩年轻，却成为严的推荐人。他们的家乡贵溪和分宜都坐落在江西北部，相隔 150 英里。大约此时，严嵩为夏言的出色才干和对嘉靖礼仪改革做出的杰出成就写了一篇过于恭维的感谢信。[18] 但是这种友好的勾结关系注定不能持久。

1537 年 1 月 23 日，夏言辞去礼部尚书职位，成为大学士。从此刻起，严嵩便独自担任礼部尚书。1542 年，严自己也成为大学士，同时执掌礼部直到 1543 年 5 月 9 日。其间，严嵩作为尚书留下了厚厚的奏疏档案，其覆盖范围与前任夏言撰写的文件是平行的，尽管基调和实质上并非如此。

也许在一开始，我们应该简要描述一下严嵩日益舒适的生活方式。1536 年年初在南京时，他修建了一座祠堂，供奉的祖先范围适当地限制在四代，遵循程朱正统的规定，也符合其高官的身份。[19] 这看起来是一个进步，因为早在 1524 年的北京，他在文章中说自己非常悲痛。他曾经请妻子的侄子欧阳孺做他的管家，但是一场肆虐北京的流行病将这个年轻人带走了，严嵩自己的弟弟和一个女儿也随之而去，使他没有家事可管。他让一名仆人租了一条船，将三具遗体运回分宜安葬。[20] 然后从 1537 年到 1539 年，他居住在北京西部离紫禁城有 1 英里多远的某处，但还是太远了，因为嘉靖习惯每天两到三次传召大学士和礼部官员讨论正在进行的礼仪改革，有时直到午夜还没有休会。使者会带着紧急召见的命令，在白天或者黑夜的任何时间出现，迫使严嵩在黑暗中独自骑马进城，因为轿子太慢了。所以他决定必须搬家。他在皇城以南的长安街租了一间住所，让木匠、绳匠等工匠来翻新。当他不得不离开北京陪同嘉靖去安陆时，他将已年满 26 岁的严世蕃留下负责完成装修。严世蕃报告了一件罕见的吉兆：一群鹤在周围盘旋，在屋顶上停留了一会儿。1539 年 8 月 8 日，耗时一年半的装修工程完成了。[21]

在后来的岁月中，严嵩成为大学士并搬入西苑居住，由严世蕃掌管的私宅变成了一个拥挤吵闹、不断活跃的党派总部，这可以说是严嵩巨大的官僚机器。

1540 年，严嵩说多年来他从嘉靖那里收到了大量作为礼物的钱财，他决定在江西修建一所新的住宅，或者实际上是庄园。他说："予始居（分宜）钤山，然邑滨河，恒有水患，于是始谋卜居郡城（钤山以东约 25 英里外的袁州）……东曰为洼池，则实以厚土……其南居民数家咸愿乐售，又买之，则辟以通衢，加延袤焉。"严世蕃负责施工，并被严格命令不得以私役劳民，也不得向当地官府请求帮助。一条大道通往庄园，庄园中有住宅、祠堂以及一栋带有独立壁龛的藏书楼，存放着从嘉靖手上收到的全部诗歌、诰敕和御札。应严嵩的请求，主要的建筑由嘉靖亲自赐名。

这里有一座休闲花园，有石有树，另有一间堂屋，严嵩将在此处度过致仕后的生活[22]（但他永远无法做到了，在他耻辱地死后不久，整座庄园被没收并拆成废墟）。

作为礼部尚书，1538 年至 1539 年，严嵩在礼仪方面的工作特别繁重。对礼仪的主要贡献当然来自现为大学士的夏言，但仍然有很多事情需要严嵩去做。

对于礼仪而言，1538 年是一个多事之秋。可以说严嵩表现得尽职尽责。他不像张孚敬和夏言，没有自己可提出的计划。早先，他认为不应将皇帝的父亲从单独的庙宇移入太庙，与历代先帝放在一起并配飨上帝，将他的庙号尊为"睿宗"，这实际上是追封他为皇帝。嘉靖写了一本小册子并分发下去，提出了反例。严立刻屈服了。[23] 永乐帝的庙号在嘉靖的指示下同时从"太宗"改为"成祖"，这是由于他和他的父亲太祖实际上是明王朝的共同建立者（这是免除永乐篡位之罪的方法）。严嵩被安排撰写执行这些礼仪改变的详细程序。皇帝发布了一道诏书，向天下宣布这些改变，严嵩尽职尽责地处理使团的组织工作，将这道诏书的副本送到各省、各藩国，以及琉球、日本、朝鲜，还希望能送到安南。[24]

严嵩由于敦促嘉靖立其长子为太子而值得些许称赞。皇帝一直在努力寻求确保后代安全的方法，从来不急于做出决定。这是否让他想起了自己孩子的夭折率？册封是否会让皇子成为看不见的邪恶力量的目标，或异议的聚集点？1537 年 2 月 28 日，严嵩礼貌地建议皇帝，16 年的统治在礼仪改革上取得了许多成就，是时候让天下对继承人放心了。嘉靖的答复温和但含糊其词。严嵩在 10 月 29 日再次提醒他，他再次敷衍应付。但是 11 月 3 日，嘉靖在答复文武官员和他的母亲似乎联合提出的恳求时同意了。[25] 两年后他也的确这么做了。

严嵩还为年幼的皇子朱载壑（1536—1549）的生日和冬至朝贺制定详尽程序，制定通过让他阅读奏疏为未来的皇帝角色做训练的程序，以及为他的教育编写合适的课本。后来的尝试却造成了麻烦。

明代中国两个绝顶聪明的人参与了课本项目。1539 年夏末，严嵩回复了嘉靖让他仔细审核课本的请求，因为它看起来"中间语多回隐，意实假借谤讪"。严嵩读后认为确实如此，课本作者霍韬和邹守益两人"性资多僻，议论好高。徒知陈善纳忠之为敬，而不知迹类谤讪之为非矣。臣等从实参看，伏乞圣明裁夺"。嘉靖表示："姑念纳忠免罪，册疏不行。"[26]

1540 年 1 月，三名士人敦促嘉靖让太子加入次年所有新科进士在文华殿的朝贺，由此陷入麻烦。嘉靖对这一请求持怀疑态度：这三个人（罗洪先、唐顺之、赵时春）是不是或许在尝试创建一个以年幼的朱载壑作为象征领袖的异见派系？严嵩认为他们"狂肆（悖）、浮躁、好生无礼"。[①] 嘉靖施以他所谓的"薄惩"——将三人削职为民。[27]

朱载壑在 1549 年 4 月 12 日接受了精心计划的象征成年的冠礼。[28] 此时严嵩是大学士，与现任礼部尚书、未来的大学士徐阶以及京山侯崔元一道出席。除了嘉靖感觉不适而缺席，这一仪式表现得符合规矩。4 月 13 日，大批聚集在一起的文武官员行五拜三叩头礼，向紫禁城内奉天门上的太子致敬。然后，4 月 14 日，少

---

① 这是嘉靖的看法。

年去世了。他醒来突然发病，医生被召入，但无济于事。他最后的遗言是"儿去矣"，然后正坐而薨。嘉靖很喜欢这个孩子，对他的死感到非常伤心。他再也没有立太子。

嘉靖收到了许多表示慰问的奏疏，但只对来自道教导师陶仲文的奏疏做了答复，在其中清楚地表达了自己的部分思想状况：

> 览卿奏慰，朕复何言？早从卿劝，岂便有此。太子非常，人不识耳，然厚烷、吕时中辈诽谤朕躬：一曰久不教训我等，一曰辅臣不可诔悦。皆谓朕既不早朝，又不教习太子。朕受天明命，承大道运，岂为小人所讪。因思太子年十四岁（13周岁），或可渐举储仪，故欲令所司如例先行冠礼。岂期太子超凡，遂尔长往，且其于人世纷华一不好玩，动有仙气，今果有乃尔。或谓何不任其素性，朕思身已受谤，又累太子，岂可久藏禁中。须如祖宗故事，一一举行，宁为不慈，终不失正。嗟今失矣，彼纸上虚谈之物，能疗之乎？太子舍我亦非背者，知朕心之不得已，但仰思当日圣母爱之甚，至今未久而归，是朕之不孝耳。[29]

不知为何，嘉靖再也没有从丧子的悲痛中恢复过来。他尚在人世的最年长的儿子是朱载坖，但他一直有意回避而且从未封他为太子。不管怎样，朱载坖还是在 1567 年继承了嘉靖的帝位，即隆庆帝。也许嘉靖认为，以有悖常情的方式疏远他并让他蒙受耻辱，是一种让他可以活着的秘诀。

1538 年 12 月 24 日午夜过后不久，嘉靖的母亲去世了。管理她的出殡和安葬的沉重责任落在了严嵩肩上。看起来他表现良好。黎明前，一名宦官通报礼部尚书太后去世的消息，并且告诉他与翰林院官员一道准备必要的程序。严嵩照办了。1539年1月4日，精心计划的葬礼结束了。嘉靖告诉严："朕昨者因疾未愈……内以虚火生热，外受风寒，右目赤痛。"

嘉靖之前命令将他父亲的遗体北运，并重新安葬在北京以西的明皇陵历代先帝旁，等母亲去世时将和他合葬。他专程去视察了预想的地点。同时，巡按御史陈让提交了一道奏疏，根据古代先例主张："今出皇考体魄于所藏之地，窃非所宜……宜奉睿宗皇帝遗衣冠与章圣皇太后合葬……又以章圣皇太后遗冠帔奉以合葬于显陵。如此则体魄不动，陟降有归，仁之至，义之尽也。"但是嘉靖认为他阻挠成议，将其削职。[30] 官员们从不轻率地参与涉及皇帝家庭礼仪的事务是明智的。

视察返回后，嘉靖告诉大学士，他对这件事进行了思考并改变了想法："皇考奉藏体魄将二十年，一旦启露于风尘之间，摇撼于道路之远，朕心不安，即皇考亦必不宁，圣母尤大不宁也。今欲决以礼之正，情之安，莫如奉慈宫南诣，合葬穴中。其令礼臣再议以闻。"他们的答复是："灵驾北来，慈宫南诣，共一举耳，宜如初议。"[31]

嘉靖想法的改变当然取得了胜利，由首辅夏言撰写的诏书昭告天下：皇帝的母亲将葬于安陆（后改名为承天）。嘉靖告诉严嵩，将他们安葬在那里而不是北京附近是完全可以的。"如我皇祖孝陵之在南京，今岁时展谒得亲否乎？又我成祖岂不永慕皇祖邪？"[32] 严嵩仍然拿不定主意。1539年1月21日，嘉靖以长篇指责答复了他："愚夫细人满世，虽读书号知道者，亦视礼仪为虚文……夫况

讯不断之者又见大峪工复也。"他通知严嵩，他很快将去承天视察
其父的陵墓，并察看修复和准备情况，命令礼部开始为此准备。他
命令将几名持不同意见者下狱讯问。严嵩着手工作了。[33]

1539 年 2 月 14 日，嘉靖通知严嵩："朕亲择于二月十五日（3
月 5 日）子时（晚上 11 时至凌晨 1 时）发京，前期五日，朕亲奏
告皇天于玄极宝殿及太祖庙、睿宗庙，分遣大臣祭告北郊、五祖、
六宗、太帝二社稷、朝日等四坛。"

皇帝出行的后勤及其他方面的安排，足堪与一场重大军事远
征相比。如何在嘉靖缺席的情况下在北京处理事务，也得深思熟
虑。有关程序指导着数千人的行动。虽然严嵩之前从未承担过类
似工作，但是他看起来应付自如。最后时刻的改变是可以预料到
的：嘉靖将离京时间改为 3 月 6 日（二月十六日）寅时，即凌晨
3 时至 5 时。[34]

2 月 19 日，皇帝传召一个小组到文华殿，命令他们次日聚会
并商定在皇帝出城时确保北京安全的计划。参与商谈的是翊国公
郭勋、成国公朱希忠、大学士夏言、顾鼎臣以及严嵩。众人召开
会议，严嵩写出了他们商议的结果；23 日，嘉靖批准了。

这一计划任命新近册立的太子，尚未满三岁的朱载壑为摄政
和嘉靖的替身，由一名大学士辅佐。他们将批准日常事务，并将
全部重要的项目转呈给嘉靖。此外需要加强京城九门和皇城四门
的防卫。计划详细说明了对于处理祭祀、进献、来自藩国的请求、
涉及军队和西南地区的议题、巡抚和巡按呈上的弹章、军队冬衣
的分发、刑事案件以及其他各种收到的奏疏的指示。皇帝警告道，
朝廷需要得到他的批准才能进行任何重要的仪式。[35]

2 月 25 日，进一步的详细安排被批准了。向所有神灵和皇室

祖先告知即将到来的行程是一出庞大的戏剧，安排在 3 月 1 日辰时（上午 7 时至 9 时）开始。毫无疑问，锦衣卫被派出肃清道路，然后乘坐肩舆的皇帝和后妃从皇城南边通往天坛的正阳门离开。由 120 名官员指挥的 6000 名经过特殊训练的士兵护卫皇帝舆辇，另外 2000 人负责确保队列秩序、画出路线、传递信息以及其他类似事情。有 3000 匹马可以轮流骑乘，以免它们筋疲力尽。当 3 月 6 日行程开始时，所有留在北京的官员都奉命穿上吉服，在离开之前按照品级顺序在皇城西南边的宣武门外集合。

嘉靖在自己简要的行程记录中写道，他在 3 月 1 日分别向 21 位神灵和祖先恳求保护，其中 4 位由他亲自祭告，其余由指派的高官祭告。[36]

陪同皇帝前往承天需要一个移动的朝廷，由 191 名高官，518 名低级官员，127 名吏，8 名奉銮、韶舞、司乐以及 200 名乐工组成。所有人骑骡或乘车。一支 6000 名士兵的卫队提供保护，御驾前后各 2000 人，左右各 500 人传递消息，另外 1000 人管理马匹。兵部负责所有这些工作。

兵部尚书张瓒请嘉靖同意以下事项：120 名锦衣卫官和 8000 名旗校沿途跟随，给马 3000 匹，官军自备草料；无论皇帝夜宿何处，均由各守巡兵备等官提供安全保障（这也是为什么嘉靖的行宫被焚毁时，巡抚和巡按被追究了责任）；所有障碍都要从路上清除，大小坊牌一概拆除；沿途行宫之侧盖厂舍十余间，安设舆辇驾仪及官校直宿；两名来自太仆寺的官员于行程各处取得 6000 匹马，如果当地无马可用，即以河南马匹通用；马有疲于长途者，太仆寺少卿如数验兑；队伍经过的每一个府、州、县借支官银，招募 1 万名民夫，还要以官银雇募坚车 400 辆；队伍中任何索取多于每日配额的食物之人都要受到惩罚；自京师至涿州（大约向南30英里外），人夫、车辆取兵部协济银雇募，马匹暂借团营骑操马4500匹应用；最后，各省预委二司官三员，一理人夫，一理车马，一理廪给，怠玩误事者听科道官参劾。[37]

皇帝随行人员通过其管辖区域的抚按，须提供屯驻场所和军马供皇帝使用。

户部报告北直隶、河南以及湖广由于最近的自然灾害财力匮乏，于是嘉靖命令派官员去太仓取银20万两：给予北直隶3万两，河南7万两，湖广10万两。这笔钱是给抚按用于贮存草料和供给粮食的。乐工和俳长的支出也由太仓银支付：俳长每人4两，乐工每人3两，他们的指挥每人5两。[38]

工部与内官监共同确保道路和桥梁可以通行，并负责行宫和蕝殿的修建。[39]

这支庞大的队伍如期离开北京。省级官员先行沿途张贴告示，警告当地人不得敲竹杠，前行的人也不准勒索。当队伍进入每个县卫府州辖区范围10英里内，当地官吏、生员、耆老集合于道旁，准备在皇帝抵达时下跪叩头。然后这些人穿着吉服，被引入行殿行五拜三叩头礼。亲王接受宴请，这是为他们设计的详尽礼仪的一部分。嘉靖记下了他招待的每一位亲王。

3月28日，随从中的先遣小组终于到达承天，行程22天，每天前进30英里，速度之快令人印象深刻。嘉靖自己是在3月30日到达的。陆深的日记表明，无论晴雨他们都要行进，晚上也是一样，特别是当月亮出来的时候。

唯一的大灾难发生于开封西南40英里外的卫辉。3月18日夜中三更至四更（晚上 11 时至凌晨 3 时），一场不知源头的火灾焚毁了嘉靖的行宫。陆深看到了夜空中的火焰。大火烧死了一些宦官，似乎还有宫人，还丢失了法物、宝玉。嘉靖在哪里？他的侍卫也不知道。锦衣卫指挥陆炳不知怎么发现了没有受伤的皇帝，并且把他推入车中。次日，河南的巡抚和巡按被弹劾逮捕，戴枷示众，然后被关押。负责皇帝个人安全的兵部侍郎张衍庆被捕并削职。嘉靖寄了一封信回北京，告诉所有人他很好，要平息任何人们可能听到的有关火灾的荒诞谣言。[40]

皇帝看起来乐于重游故居。他把时间用在主持朝会、进行祭祀、祭拜父亲陵墓，以及发布加以修理和扩建以便将其母亲葬入的命令上。

詹事兼翰林学士陆深在 3 月 26 日唐王从湖广行省北部边界的新野前来致敬时，没有去护送他。原因显然是安排上的错误。嘉靖予以斥责，令其待罪。3 月 31 日，嘉靖在承天主持朝会。陆深期望听到对自己的惩罚。但是皇帝与工部侍郎潘鉴在讨论用于陵墓修建的木料，这也是当天议程唯一的项目。4 月 1 日巳时（上午 9 时至 11 时），他听到了裁决——降俸两级。他写道："喜惧交并，报名谢恩。是举也，深资次稍后，追趋难前，可谓自负圣恩矣。及捧圣谕，严词峻督，皆有至爱存焉。愧心之痛，惨于刑戮，其间难处事，扈从诸公或有能知之者。"[41] 确实，在出行期间，由于一系列过错和玩忽职守，嘉靖对许多官员进行了不同程度的惩罚，不仅仅是在卫辉犯错的那些人。

4 月 11 日，嘉靖离开承天返回北京。他达到了自己的主要目的，即准备和扩建其父陵墓，使其母也能安葬于此。这座最近修复的陵墓坐落在今湖北省钟祥市。这座建筑坐落在一座由森林覆盖的山冈脚下，给人留下的印象是既雄伟壮丽，又有令人愉悦的低调。[42] 鉴于嘉靖对建筑学的浓厚兴趣，它的艺术性有多少可以归因于嘉靖个人是可以推测的。

返程路上需要将出行路上已做的所有事情再做一遍：在每一个神圣的场所祭祀，招待每一位亲王以及其他类似的事情。5 月 2 日黎明，皇帝从离京时经过的宣武门入城。陆深计算整个行程用了60 天，走了 5400 里。一众官员立即和皇帝分散，在早先祈求祝福的祭坛和庙宇奏谢（严嵩的任务是祭告临行时曾拜谒过的成化帝与其配偶之灵）。

这次出行投入了巨大的努力和花费，究竟是一次没有节制、挥霍无度的仪式，还是以某种方式服务于更大的目的？

对于明朝的广大官民而言，看来它的主要目的不言而喻，也无须广泛宣传，那就是表达和强化社会的核心伦理规范——孝。所有人都与此有关。皇帝试图确保这次出行是有偿的，不会把不受欢迎的经济负担强加给任何人。确实，当地人从朝廷为食物、借宿住处和其他服务支付的报酬中获利。

皇帝在即将离开承天时，对当地人说了一些话。"朕闻圣人之治天下也，率皆以孝为先，盖所以教民作范焉。"他又说："驾徂荆楚之旧藩，躬视承天之严寝……兼举诸王群职迎觐献诚……但念本根所在，百姓系怀，劳扰久时，民艰当轸……湖广地方亦免明年田租五分之二。直隶、河南二处亦与免明年田租三分之一。"在另一篇用白话写成的发言中，他向聚在一起的当地人说：

说与故里的众百姓每（们）：我父母昔在孝宗皇帝时封国在这里，我父母积许大的德行，生我承受天位。今日我为父母来到这里，你每也有昔年的旧老，也有与我同后生者，今日一相见。但只是我全没德行，父母都天上去了，这苦情，你每也见么？我今事完回京，说与你每几句言语：各要为子的尽孝道，为父的教训子孙，长者抚那幼的，幼者敬那长的，勤生理，做好人，依我此言语。况我也不能深文，这等与你每说，以便那不知文理之人教他便省的，你每可记着。[43]

这次出行也创造了强化藩国与帝国中心连接的纽带的机会。当皇帝即将进入亲王的封地时，那些竭力向其表现谦恭有礼和尊敬的亲王得到了慷慨的奖赏——岁禄米增加了 300 至 500 石。一位亲王没有露面，受到了其管理团队接受讯问的惩罚。

明朝令人畏惧的组织能力在全国展示了两个月，但是现代的宣传没有提到这一事实。外国人注意到了吗？有多少在这次出行直接经过的地方之外的中国人知道它？许多人可能知道，因为嘉靖对承天平民的讲话在严嵩的坚持下在全国范围内印发。[44] 如果他们知道，又从中汲取到什么教训？这些问题得不出明确的答案。但是可以推测，嘉靖对复兴古代礼仪并将其中的家族方面作为中心的积极而持久的奉献，重申了国家认同感并将再次聚焦于此。对这一仪式的奉献定义了明代中国人，这一定义的最高塑造者的重要性不亚于皇帝的身份。他的所有大学士确保他拥有对礼仪（以及其他一切）必要的最终决策权。在一个更为现代的环境下，所有这些可以成为一个非常强大的民族主义君权统治这一混合物的组成部分。

严嵩也陪同皇帝前往承天，皇帝的需要使他忙碌不停。嘉靖对纪念品和宴会诗歌的要求也是如此。在严嵩的敦促下，嘉靖的诗歌、诏书和祭祀祷文被刊印出来并广泛传播。

接下来是礼仪。在严嵩的安排和指导下的盛举，就是将嘉靖母亲的遗体从北京运送到承天的最后安息之地。这是另一场大型的行孝仪式，也是巨大的后勤挑战。移动一位太后的梓宫并不是简单的事。

起初，有人提出通过陆路移动太后梓宫，之后决定全程走水路。为了将梓宫从紫禁城移动到大运河通州段，工部和内官监先行在通州和张家湾的码头搭盖蓆殿，并在朝阳门东至通州沿途20英里各处搭盖祭所蓆棚。皇帝指示工部告知前往承天水路沿途地方官府，在各个停泊地点搭设临时设施以祭祀当地水神、山神，以确保路途平安。

梓宫离开紫禁城之前二日，所有高级文武官员具缞服至慈宁宫外哭临，并制定出一套详尽的丧礼程序，供皇帝、皇后和其他宫眷遵循。当太后梓宫从紫禁城运至大运河时，自嘉靖以下所有人都要遵守进一步的详细命令，具体就不在这里详述了（仪式涉及数千名赞唱典仪和其他人等，壮观地公开展示明代的孝行）。[45]

1539年6月3日被选为起程的吉日。太后的梓宫被装入张家湾的一条"龙舟"中，午夜时驶往大运河。太常寺负责准备香烛和仪式所需的其他物品，翰林院准备对神灵和祖先的祭文和祝文。一位高级军事贵族负责护送队伍的守卫，与一位礼部高级官员分别担任奠献使和监礼官。宦官们也去了。一名太常少卿和一名鸿胪寺少卿带领着一个有18名下属的代表团。一名光禄少卿带领四名下属。还有一名锦衣卫指挥及其四名下属、科道官（两名给事中和两名御史）、一名钦天监官及其两名下属。一个高官代表团将参加在张家湾的送行，然后返回北京。所有这些只是为了移动梓宫。

承天重要性的提高，以及连接嘉靖父母陵墓（显陵）处正在施工的建筑造成的交通量的增长，需要将这座城市的地位从州升为府，并在此设置守备太监和分守荆西道。经过漫长而艰难的旅程，太后梓宫于 8 月 19 日抵达承天码头。[46]

丧船在路上的每一步移动都被密切监视和报告。因此，在行程结束后的 10 月 15 日，嘉靖能够回复严嵩呈上的一份经过合并整理的长篇报告。官员们的功绩被评价和分级，其中有 5 人因为引导龙舟通过水闸和渡过淮河而受到奖赏，13 人因为使龙舟渡过黄河被记功。

另有许多官员应受谴责。对玩忽职守或征收过高赋税的 6 人提出的弹劾需要复核，2 人由于未能提供水手应被免职，3 人因管理不善需要被逮捕讯问，13 人未能提供食物，8 人怠于祭祀，6 人未能约束下属的不当行为。嘉靖同意以上所有人应被逮捕讯问。

还有两件混在一起的事。山东布政使虽然最近已经致仕，但仍然在职，应当前去迎送梓宫但未去。因此，他的退职从自愿变为强制。之后在南京，巡抚欧阳铎虽没有追捕逃亡的船夫，但将棘手工作处理得非常好。嘉靖对其罚俸一月。

此事还有后续。欧阳铎上疏，进一步详述了沿长江设置的官员的功绩。龙舟不得不紧靠长江岸线，有几处麻烦的地方："人头、望夫、马鞍、采石等矶极为峻险，盖左则水势汹涌，右则山形斗峭，不可驻足……凿山寄缆……舟楫始有攀循之地。"嘉靖将这道奏疏下给严嵩处理，严同意三名以上的官员应为此受到奖赏。1540 年 1 月 7 日，嘉靖也同意了。[47]

因此，由于成为负责安排和管理两项极其错综复杂和困难的后勤行动的最高官员，严嵩在仪式服务和完成工作上都取得了成功，肯定会有大量功绩成为他的优势。这些成功无疑会帮助他成为一位最终获任命入阁的可靠候选人。

夏言是 1531 年至 1536 年间的礼部尚书，严嵩直接接替了他，并从 1536 年至 1543 年担任这一职务。按照同样顺序讨论影响该部的同样议题是有意义的，包括外交关系、学校和考试，然后是藩国和其他。这样的目的是比较两人在两个相继但不同的时间段内的表现。

严嵩掌管中日正式关系时，它正处于恶化之中，当时日本越来越接近无政府状态（两国关系于 1549 年完全中断，当时严是首辅）。

1539 年 5 月底 6 月初，浙江监察御史傅凤翔和镇守太监刘福通知朝廷，三艘悬挂着"日本国进贡"旗号的日本船出现在海岸。明朝水师军官和通事登船并接触了使团首领，一位名为湖心硕鼎的僧人，他的信件为发生于 1523 年迫使北京断绝关系的暴力行为道歉（时任兵科给事中夏言对明朝的虚弱防御进行了毫不留情的猛烈抨击，正如之前章节提到的那样）。硕鼎恳求道，之前暴力行为的主要肇事者已经死了，他谦卑地乞求朝廷将两国关系恢复原状。该省官府认为草率地拒绝他是不合适的，他们请求皇帝考虑这一恳求并做出裁断。

嘉靖将这道奏疏转给礼部征求意见。严嵩认为来访者也许对之前暴徒的命运撒了谎。他建议沿海官府再次讯问他们，如果他们的说法被证实，就让他们前往北京。8 月 20 日，嘉靖表示同意，允许 50 名日本人进贡，如果使节再次出现暴力行为，则威胁取消朝贡甚至更糟。

　　正如我们后来知道的那样，这是最后一支使团。这一议题在1540年被再次讨论，礼科都给事中丁湛在一篇长篇回顾后得出结论："天朝不通无礼义之国。"嘉靖表示同意，并将他的奏疏发给礼部，命令廷议此事。严嵩报告了一致的结论，共有三项。第一，与会者敦促再次制定旧规：十年一贡，使节不超过百人，船只不超过三艘，不得携带武器，如果他们行为不当，就阻拦使团；如果他们是真诚的，那么阻拦他们就是个坏主意。第二，他们敦促再审仍然在押的嫌疑人。第三，他们敦促明朝的沿海防御进行重大而广泛的改进：招募战士①，准备武器和战船，修补墩台，监测天气，起诉失职的官员，禁止一切使节与当地民众接触，并且马上派遣军队在使节周围设置警戒线。1540年7月11日，嘉靖在答复中表示完全同意。[48]

　　鉴于夏言在1523年对明朝脆弱的沿海防御产生的羞愧，值得注意的是，将近20年后，朝廷在这方面几乎什么也没做。这种懒散令人吃惊。巨大的官僚机器明显需要一股电流使之运转起来。但即使是现在，还是什么也没有做。嘉靖关注礼仪议题，直到倭寇的暴力行为在16世纪中叶突然爆发，他才被迫将全部注意力放到沿海军事防御上。

　　中亚较为平静，虽然它仍然在派遣代表着可靠性存疑的"国王"们的臃肿使团。在这种情况下想看到任何改善都是困难的。严嵩只能反复重申执行现有规定的必要性。随后又出现了一个新难题：一位名为写亦陕西丁的天方使节请求观光许可，他想在回家

---

① 原文疑误，《南宫奏议》卷三十："督率备倭巡海等官，通行沿海衙门操练官军。"

前看看海岸。严嵩强烈要求嘉靖阻止，这个人可能是间谍，明朝从来没有授予过这样的许可。"所宜严禁痛绝……使知朝廷有不可犯之威……庶几外夷慑服而中国之势以尊矣。"1538 年 2 月 14 日，嘉靖表示同意。[49]

1539 年，甘肃巡抚赵载呈上 12 点提议，自述其"居边十有一年，夷虏情状，边计得失，目击耳闻"。他说："甘肃地方北控达（鞑）虏，西备回夷，内抚属番，南邻羌谷。治皆卫所而无郡县。"他希望皇帝批准廷议他提出的所有议题。嘉靖听从了。其中两个议题属于礼部的权限范围：一个是对处理西夷完整清楚的规定，另一个是改进与西夷打交道必要的通事队伍。严嵩让礼部讨论这两个议题，然后将结果详细地报告给嘉靖。

关于第一个问题，严嵩解释说西夷过于混乱和不守规矩，所以不能将适用于日本或兀良哈的规则用于他们。"回夷经过处所准备车辆、人夫……沿途大小王府毋辄与买卖……通事人员敢有透露事情、哄赚财物、教诱为非者，事发从重参究治罪。如此庶体统正而法例明，裔夷服而中国尊矣。"

关于第二点，严嵩运用他的描述才能，对中国人和外国人在比较人类学上进行了细致而有趣的思考。焦点是隶属于鸿胪寺的上百名序班，他们的工作是通过仪式和其他管理商队及使节在北京逗留的规则，将外国使节集中在一起。他说："序班俱系外夷色目人为之，缘汉回在中国甚多，士农工商，通与汉人相同，宜乎用夏变夷。（然）丧用夷礼，不食猪肉。有特立欲变者，则群聚而非之，虽妻子亦辄离悖。同类则相遇亲厚，视若至亲。今通事序班人等俱系色目人，往往视彼为亲，视我为疎（疏），甚至多方教唆，在京师则教其分外求讨，伴回则教其贩卖茶斤违禁货物，肆无忌惮。且使外夷轻中国无人，非其同类不能译其语也。合无于四夷馆（隶属于太常寺）内选令汉人习学番语，前项序班俱以汉人充之，不惟不肯漏泄中国事机，亦示彼夷谓中国之人无所不能，是亦防慑外夷之一端也。"1534 年 2 月 10 日，嘉靖赞成了严的建议。[50]

1540 年 8 月 9 日，嘉靖同意了严嵩和甘肃、陕西官员的意见：一个庞大的中亚代表团提前一年到达，并且不理会过去给他们的安排，应当继续将其阻挡在国界之外。①因此中亚局势被文火慢炖，远低于危机会爆发的程度。

西海、西藏以及凯里之前曾向夏言发出声音，在严嵩的任期内却很安静。兀良哈由于处于广阔的蒙古和东北之间而被挤出了声音，是明朝北部防御的关键组成部分。1541 年 5 月 16 日，嘉靖接受了这样一件事：拥有明朝头衔都督的兀良哈头目革兰台在100 名部落成员的陪同下，到达蓟州关隘。鉴于他曾抓捕"达贼"，请求允许他将一年两次的朝贡使团扩充到 600 人。这伙"达贼"显然是夏言在 1533 年处理的那件事中提到的同一伙人。严嵩有力地表明，革兰台宣称朝廷让他抓捕盗匪也许是假的，应当拒绝他的请求，明朝的边防应处于戒备状态。[51]

革兰台得到朝廷令人失望的回应时没有发出威胁，反而叩头承认自己的罪过并且道歉。所以边境官员允许他们一行 300 人继续前进，他们都被赐以盐、米、段定（匹）、酒、肉。革兰台说："官职要略比常加大，及收捕做贼达子无吃无穿。"明朝边境官员说重新开始劫掠将是灾难性的，并建议采取宽大的政策。嘉靖向礼部征求意见，严嵩答复道："各夷俱已到馆……丑类自尔输诚慑服，不敢

---

① 吐鲁番按照五年一贡的贡例，进贡使团本应于嘉靖二十年（1541）入关。但其违背贡例，进贡使团提前一年到关，因此被阻挡在关外，不得进入。

复有增贡之请。惟是该夷入贡往往愆期……但都督革兰台执称为天雨所阻,又黄毛达子(可能是哥萨克人)来抢,所以来迟。察其情词,似亦有因……严加省谕今后务要依期进贡,不许迟慢。"9月24日,嘉靖对此表示同意,并给他们增加一次性的补助。[52]

女真没有掀起风波,朝鲜也很平静。但是琉球群岛变得令人烦恼,不再是1535年时散发文明美德的光明灯塔,到了1542年,琉球国王尚清在复杂的非法贸易的泥潭中玷污了自己。严嵩呈上了一道关于此问题的长篇奏疏,强烈主张收紧控制,采取一系列惩罚措施,如果问题持续存在则发出切断一切纽带的威胁。6月1日,嘉靖表示同意。[53]

毫无疑问,严嵩担任礼部尚书时外交关系最大的麻烦就是安南。当夏言离开礼部进入内阁时,朝廷仍不确定如何与一个处于内乱和系统性崩溃的国家维持关系。明朝不排除军事干涉的可能,并已做好准备。严嵩由于在1537年至1541年间提出为帮助取得该问题和平解决的方案而获得好评。

想得到关于在安南正在发生的事情的信息,几乎是不可能的。各个王位争夺者互相斗争:陈氏、郑氏、黎氏以及狡猾的莫登庸。战士、政治家、儒家式国家建立者莫登庸自称是安南的统治者,但是他的权力和正统性被对手强烈质疑。道路被封锁,四处的暴力行为和破坏阻止了明军进入并收集信息的企图。

朝廷对于应该对此做何应对的意见分歧很大。但是这一议题从未上升到像在大礼上燃起的争论那种激烈党争的程度,尽管安南冲击了明朝国际秩序的礼制。安南位于1200英里外遥远的南方,嘉靖不得不反复提醒官员们不要认为它不重要,他指示朝廷开会讨论并就如何处理达成一些共识。正如永乐帝在1406年的类似情况，由于明朝安全在这里受到的威胁比在北部边疆或者东部海岸小得多，进行军事干涉的冲动便减弱了。因此，好战的夏言与寻求和平的严嵩之间的分歧程度是模糊的而非明显的。

对这一议题苦苦思索的长篇奏疏耗费了大量笔墨。早在1522年，夏言作为被派去递送皇帝宣告给安南国王的一个代表团的一员，发现道路无法通过，进入该国是不可能的。从此以后，内战中的各个参战方都表明了对明朝承认的渴望，但是他们声称的真实性无法证实，事发现场的真相过于朦胧以致无法觉察。[54] 1536年11月1日，嘉靖回复了一道来自夏言的详细奏疏，当时夏言将离开礼部并进入内阁。他解释了安南内战的蔓延是如何在明朝边境内制造暴力行为的，他认为是时候召集在北京和边境的全部有关官员，并计划一次重大军事集结行动了。嘉靖表示同意。安南的不当行为和朝贡特使团的中断等同于对明朝的叛乱，是兵部计划一次惩罚性出兵的时候了。[55]

然后在1537年，朝廷收到来自安南前国王黎宁的长篇报告，他正试图恢复其支离破碎的王朝。这位过去的国王详述了整部最近的动乱史，他家族的支持者如何尝试接触明廷并恢复朝贡关系，但是发现所有的道路都被封锁了。于是他委托一个名为郑惟憭的头目带领一行十人，登上一艘来自广东偶然出现的商船，并尝试通过海路到达北京。

嘉靖读了这篇报告，这引起了他的怀疑，因为读起来不像是外国人写的东西，必须通过通事询问已经抵达北京的使节们。

严嵩报告了讯问的结果。使节们说："嘉靖十三年四月十七日（1534年5月29日）黎宁具本，差惟憭等及朱显等十人分为二起，各潜行投入海舶，取道来京。惟憭等六人被风飘至占城国，至嘉靖十五年七月内，始得抵广东西南驿，一路附搭商船，直抵高邮，由陆路入京，原来通事杜廷宝在道路病故。其朱显等四人寄在别船，不知去向。"

严嵩对这一陈述有不少疑问。安南已经 20 年没有进贡了，为什么当明朝正在着手军队动员时，他们突然请求恢复关系？为什么郑氏一行抵达广东时，他们不从那里的官员处获得关文并通过官方途径来京？需要派遣调查人员进入安南，调查隐藏在所有这一切背后的真相。同时，鉴于安南战事持续、道路仍然被封锁、黎宁窜伏于草土中、莫登庸占据国城，于是郑氏暂留在馆，然后送至广东边境等候。

对所有这一切，嘉靖除了命令锦衣卫将郑氏在北京隔离起来，不得与外人接触，命令光禄寺给他与朝鲜使节一样的食物，其他都同意了。

几个月后，郑氏提出的恳求被送达给嘉靖。他说："在本卫缘为何故，不得明知……离家至今，将及三年，不知本国今日之事如何……坐经岁月，徒费朝廷给养之厚。"嘉靖要求礼部和兵部对此进行商谈。严嵩答复道："莫登庸僭窃称王……罪状显著……兴师伐远，事体重大，务在谋屈群策，计出万全……郑惟憭等亦合选差的当官员伴送前去广东地方（听候）。"嘉靖不满地表示："这所议未见明白正大，再会议停当来说。"

兵部和礼部的官员按照皇帝的要求行事。由于皇帝的教导，严嵩在答复中叙述了汉代以来的与安南关系简史，并提供了对这个苦难的国家暴露的最新事实的摘要，还有对已经渗入边境省份云南的混乱的报告。两部敦促收集更多事实并进行大规模的战争动员，嘉靖表示同意。[56]

所有迹象都显示，明朝即将出兵。严嵩报告了另一次廷议的结果。现已了解安南数十年职贡不修是由莫登庸引起的，而非被废黜围困的黎宁。他准备了一份指控莫氏十项罪行的清单，作为明朝干涉的正当理由，包括暗杀、谋杀、屠杀、停止与明朝的一切联系。奇怪的是，设立模仿明朝的官僚制度是他被指控的主要罪行。黎宁和他的使节郑惟僚令人同情的恳求得到支持。发兵的需要现在如日光般清楚，看起来战争就要开始了。1537年4月17日，嘉靖表示同意。[57]

但是几个月后，方案改变了。来自严嵩的一份冗长报告断言了一些新的事实："据谅山卫之文，则陈昇又为莫登庸所图明矣。始则三国鼎立，今惟莫、黎二氏。国内疆土，大约黎氏仅存十之一二，莫氏已据十之七八矣……彼随有求贡之文……要亦慕皇上之德，畏中国之威……静以观变，迟以岁月，以待彼国之自定。"1538年4月3日①，并非好战派的嘉靖对此表示同意。[58]

半年后，一个莫氏的庞大代表团来到云南边境，承认了罪过，主张黎宁实际上是个冒名顶替者，莫氏拥有安南人民的广泛支持，所以莫氏现在请求朝廷的承认以及允许恢复朝贡关系。在场的明朝官员们愿意听到所有这些，但态度很谨慎。礼部和兵部详尽地讨论了此事。严嵩的奏疏充分注意到莫氏的论点，但坚持应查明莫氏声称的民众支持是否属实。1538年4月3日（嘉靖十七年三月初五），嘉靖表示同意。[59]

莫氏继续施加压力，这次是在广西边境。那里的明朝官员们

---

① 原文疑误，应为嘉靖十六年（1537）七月初四。

一致表示，黎宁对合法性的宣称非常无力，黎氏对恢复统治的期望是不现实的。但是，莫氏毫无疑问是篡位者。莫氏和黎氏都在使用明朝所赐的印信，其中一个肯定是伪造的。是哪一个呢？"莫方瀛父子……陈情首罪……以土地人民之数奏进……合无敕下该部会议，上请取自圣裁。"严嵩此时正在陪同嘉靖前往承天，但是他赞同朝廷另派一个使团去那里查明真相的建议。这发生在1539年7月13日。[60]

　　然后，边境官员们报告了扣押在广西、安南边境的镇南关①的莫氏使节患病和数人死亡的情况。他们想要被遣送回家，因为让他们死在那里也没有用。严嵩表示同意。但嘉靖没有同意，仍在等待对他们讯问的明确结果。如何遣返他们？他命令重新考虑。这是在8月18日。10月，朝廷仍在周密考虑战争的可能性。[61]

　　此后严嵩没有进一步被记录的关于安南的言论。1540年11月30日，莫登庸面对明朝的大规模战争动员，展示出顺从明朝要求的戏剧性行为，整个问题由此得到成功解决。他亲自率领一个48人的代表团到广西边境的镇南关，每个人尺组系颈，赤足匍匐前进。在那里，他们交出了地图、军民职官的花名册的副本，以及接受明廷允许莫氏恢复朝贡关系所开出的羞辱性条款的长篇书面承诺。

　　嘉靖以其1541年4月28日的长篇诏书解决了整个问题。他宽恕了莫登庸的全部罪恶，允许恢复朝贡关系。黎氏王室正统被宣布断绝了。安南的地位从国家降为按照中国西南的土司制度建立的世袭都统使司。莫氏统治者将不被承认为"国王"，而仅仅是

---

① 原文疑误，《南宫奏议》卷二十八："阮文泰等十二名仍于南镇府听候明旨。"疑为南宁、镇安两府的合称。

都统使。在解决安南动乱中，因为首辅夏言计划战争动员却制止了发兵，大学士翟銮"与有赞劳"，以及翊国公郭勋和礼部尚书严嵩的建设性贡献，嘉靖对他们特别赞扬，都奖赏了银币，接着授予边境的关键官员奖赏和升迁。[62]

总的来说，当时的舆论对这一结果是赞扬的。两国恢复了关系，避免了战争。每个人似乎都明白，就安南而言，明朝外交政策的道德和礼仪基础（作为合法统治者服从的回报，明朝保护他们不受篡位者和叛乱者的侵害）不得不被损害。所有人都知道，宣德帝在1427年从安南撤出明朝占领军之后，他承认黎氏的反叛者和篡位者为合法的进贡者和一国"国王"可谓开创了先例。嘉靖拒绝走得那么远。在北京，没有人愿意冒险以大礼议的风格，谴责这一解决方案违反了基本的道德原则。严嵩采取的立场非常自在，正直无畏地拥护道德原则从来不是他政治武器库中的武器，妥协一直是他手中的王牌。

礼部在管理明代中国的教育和官僚录用系统中扮演重要角色，正如之前以礼部尚书夏言为主要角色的章节所表明的那样。严嵩是如何对待这些职责的？一些摆在他案头的问题与夏言曾处理过的并不相同。

对于文官考试题目的书面答案的质量，严嵩采取了比夏言强硬得多的路线。他似乎宁愿回应问题，而不开始自身的改变。但是他强有力地论述了考生的写作与其道德品格和之后的在职行为密切相关，嘉靖在1538年2月26日表示同意。他说："我国家设科取士之法……黜词赋，专经术，为文必以濂洛关闽诸儒传注为主……近年以来，士子所作文字偏尚奇诡，竞驾虚词，往往不依经传本旨原题起结，决裂破碎，漫无体制，或引用庄列杂书……查得嘉靖十一年正月内该本部尚书夏言题为科举事内开正文体以变士习事……昨岁各省进到乡试录，其文类皆猥诞不经，奇诡相袭，背戾经旨，决裂程式，广东录文尤为悖谬。臣等参奏究治。"嘉靖同意就此事发布公告。

争议中的嘉靖十年（1531）辛卯科广东乡试，在朝廷被视为非常令人不安的丑行。两位名人被挑出来作为考生的负面例子予以痛斥，他们是伦文叙（1467—1513）和陈献章（1428—1500）。伦文叙是文行和考试上的超级巨星，弘治十二年（1499）己未科的状元，但过早地去世了。为什么把他作为目标，我们并不清楚。陈献章由于开创了一种与正统不一致的新儒学而全国闻名，许多人认为他被佛教思想玷污了。所以陈献章被作为目标是可以理解的。无论如何，严嵩强烈主张严厉镇压。他列举了应被逮捕的两名主考官和六名同考官的姓名，并且要求当地所有官府管理的儒学教师遵守规则。1537 年 12 月 9 日，嘉靖命令逮捕讯问所有违规的人。[63]

广东从一个默默无闻、远离北京的地方，崛起为儒家思想新发展的温床和新一批最高级官员的养成所，这是嘉靖时代的新特征之一。广东的杰出人物包括嘉靖在大礼议中的重要支持者霍韬和方献夫。陈献章是儒学上的超级巨星，在他的身后出现了热诚的信徒——同样是广东人的湛若水（1466—1560）。湛若水富有且好交游，是私人书院的重要创建者，兴建多达 36 所，尊奉陈献章的思想遗产。湛若水升到了北京和南京的高官，但是他作为一名高风险的政治游戏玩家，有一点不自信和笨拙。他和他友善的对手——去世于 1529 年的王阳明，是 16 世纪中后期中国知识界新儒学重构的先行者。[64]

在广东以外的地方也发现了违规的人，南直隶、湖广、江西以及河南各省也受到斥责。在对严嵩日期注明为12月27日的详细报告和控告建议的回复中，嘉靖指出："这进呈小录，考官既不填名，策题又以国家祀戎大事作问，所对中间语多讥讪。"他同意逮捕所有考官，其中两人由锦衣卫带到北京，其他人由各省官府控告。[65]

1537年，对湛若水和他的书院出现了意外的讨论和裁决。巡按直隶监察御史游居敬（"二程"的重要门徒的后代，因此国家正统和个人遗产都处于险境）强调了这些异乎寻常的新行为中的威胁。他呈上奏疏给皇帝：

> 迩年以来，迂儒乖士率多倡为新说，别立门户以误后学，而世之学者亦多厌常喜新，沽名趋异，从而和之。虽其中多俊杰之士，然迂滥之徒助成偏说，信以为是，遂至雷同标榜，荡然成风……其倡之者，则南京礼部尚书湛若水是也。若水之学说，盖与先尚书王守仁（王阳明）并立争长，以鸣于世。王守仁之言良知，盖祖宋儒陆九渊（陆象山）尊德性之说，谓只用一良知便了，更不须说行此。其词之偏，姑未暇论。若水之言体认天理，则又暗宗守仁之说，变其词以号召喜名之士，其实乃私附也。然王守仁尝因宸濠（宁王）之变，极力撑之，以靖大难，虽当时亦有他议，而其谋国之忠，济变之才，寔不可泯。若若水者，则一迂腐之儒，其才不足以济用，其学不足以达权。听其言则是，稽其言则大非也。

游居敬接着请求嘉靖将湛若水免职，禁止他和王阳明的著作发行，将所有由他们的追随者修建的书院拆毁或者改为他用，并且警告所有学生远离他们。嘉靖指示吏部和礼部回应。

吏部说："若水尝潜心经学，希迹古人，其学未可尽非。诸所论著，容有意见不同，然于经传多所发明。但从游者日众，间有不类，因而为奸，故居敬以为言。惟书院名额似乖典制，相应毁改。"

严嵩重复了这样的意见。他接着敦促各地提学："即查奏内所称地方书院名额，若果得实，不拘在城在乡，俱行改正扁（匾）为地方社学，仍省谕各学校生徒，自后专崇经史注传，以求正道，不许仍前附和。"嘉靖表示同意，并警告说以后任何人私建书院都会受到控告。[66]

我们在这里可以看到嘉靖在统治技术上所用的灵巧手腕。嘉靖采取制度的途径，在那些书籍和书院淹没天下、造成不可知的结果之前将其禁封和关闭，而不是像明朝建立者太祖做过的那样，通过大规模的逮捕、监禁、强制或者处决来镇压异端思想。发布警告，惩罚领导者，让其他人离开，正如他在镇压青羊山的盗匪时指示的那样。并不狂热的严嵩乐于赞同他。

同样的手段也适用于佛教，嘉靖认为它令人憎恶，正如我们曾经在他母亲崇奉佛教的事例中见到的那样。在书院被下令禁毁的同一年（1537），刑科给事中李秦请求嘉靖对佛教进行严厉镇压。所有建造寺院的人发边充军，所有非法剃度的僧人还俗为民，没收佛像并拆毁寺庙。"近年以来，钦奉圣谕申明事例，有司不行用心……僧人私度私创……但令首改还俗，就于本地方仍以原住。"

严嵩对此的答复和劝告采取缓和的做法，他建议嘉靖不要做

得过度。"夫佛为夷狄……是故其害为大。若今之佛者则名存实
亡，已不能深造其师之说……穷民聚养，为图衣食之计，且服田输
租，以供徭役……但今各处水涝灾伤，若一切寺院概欲拆毁，诚恐
官吏奉行处置欠当，不无骚扰之弊，僧徒繁众遽乏安插，不无流移
失所之患。且其变卖，有司乘此不无侵渔之私……化正僧徒愿自还
俗者，听其自求安便。各处寺院年久宫殿，任其颓坏，不许修葺。
民间童幼不许舍入为僧私自披剃，其有此等，罪其父母及其邻佑。
此拔本塞源之道，行之数年，将见室宇日颓，徒众自散，异端自
息……都察院出给榜文，转行南北直隶、各布政司翻刊摹印，给散
各府州县在城在乡张挂晓谕。"嘉靖对此表示同意。[67]

　　作为礼部尚书，减轻居住在边境和其他边远地方的学生面临
的困难，是夏言关切的事情之一。严嵩延续了这一关切。这一问
题持续存在，因为中国的人口正在增长，曾经无人居住的地方被
移民填满。严嵩使嘉靖注意这些事务时，他就会批准修建新的学
校和扩大学位限额。

　　在中国最富裕地区之一的松江府金山卫有一所儒家学校，像
一般的县一样，它被允许每两年派一名岁贡到国子监，但是从来
没有粮仓和廪膳。嘉靖同意仿照在福建平海卫实行的先例，设立
一座由当地资助的粮仓，每月给20名最优秀的学生发放一石廪膳。

　　马龙州位于云南的主干道上、昆明东北60英里外，被认为是
偏僻地方。那里没有学校，学生不得不到25英里外的寻甸上学。
云南正在被明朝的规范同化，当地人愿意出资修建一所学校。同
样，在昆明以西40英里的禄丰县，学生不得不到东南的安宁州的
学校学习。所以嘉靖批准在当地建立新的学校，并且同意任命教

官和粮仓的夫役。

在贵州有 10 处地方的学校有廪膳，13 个卫有学校，但是没有廪膳。这些都是贫穷的地方，但是有才华的学生数量在增长。每所学校允许设廪生 20 名，朝廷给它们发布了关于在哪里和如何获得廪膳的详细指示。

隔绝在贵州北部的婺川县对建立学校和派一名官府任命的教官的恳求获得了批准，因为那里的人才也在增加。新近创设的广西隆安县需要一所学校、教师、廪膳和各种夫役，然后全部都如愿得到了。

湖广郧县是一个仅仅 60 年前才向最早的移民开放的地区，随着当地年轻人才的增长而需要一所学校。严嵩报告现在拥挤的郧阳府学有 170 名学生，所以该县对学校、教师、廪膳以及其他所有的请求都得到了嘉靖的批准。[68]

在扩大文官考试学位限额的要求中，严嵩感受到了人口压力，注意到大部分要求，嘉靖也同意了。允许湖广行省将其限额从 85 个增加到 90 个，但这不是北京（顺天府）的限额。该府主办北直隶乡试，实际上每三年有 130 个限额。京师正被 5000 多名国子监生挤满，几乎所有人都有资格参加考试，令人忧虑的是提高限额将吸引"四方缘事黜革生员……改名冒籍……顾（雇）倩熟识顶替入场"，并使整个系统陷入骚乱。嘉靖只同意了核实身份，没有同意扩大限额。[69]

嘉靖十七年（1538）戊戌科会试的限额是 320 个。但是，考官报告总计有 548 人通过考试。严嵩说："今人材辈出，视昔益盛……巡抚陕西都御史任忠……乞于进士常数之外量加数名，以为陕西州县之用。庶州县得人，政务修举……天下之州邑得进士为之长令者，不勾十之一二。"嘉靖不知由于什么原因，下令保持限额不变。[70]

严嵩作为礼部尚书的职责，迫使他有时下到北京最低级别的统治机构，并和居民打交道。

传达国家公报是最受欢迎的低级职责之一。这本应是行人司的独有工作，由榜单上最终名次较低的新科进士担任。但行人的职责是外出长达一年，拥有观光、回家、营殖私计的机会。"光禄寺署丞职专供膳，鸿胪寺序班等官职专朝仪，内阁两房中书职专书写……大理寺职专刑名。"这些机构的管理者禁止他们的下属离开去当行人，而且整个行人服务需要收紧。所以严嵩在 1538 年8 月 21 日上疏，嘉靖表示同意。[71]

太医院的丑闻和未经训练的执业医生令人不快的数量增长已经够多了。严嵩提醒嘉靖注意，北京对于来自各省的罢闲吏役和黜退生员就像一块磁铁，他们"潜住京师，夤缘钻刺，借以为容身干禄之途"。一些人是合法医生的兄弟或子侄，他们虽然既无知又没有受过训练，但还是得到了工作。嘉靖同意对此禁止并收紧控制。[72]之后，在施加于各省的药物定额和递送要求中，也存在缺口和欺诈。虽然嘉靖自己是药物的消费者，但他只是同意提醒巡按御史勤勉履职，而拒绝了控告。[73]嘉靖是心胸宽广还是准备大发雷霆，这是不容易预料的。

嘉靖修正帝国礼仪对劳工的需求相当沉重，正如对祭馔厨师需要的数量那样。光禄寺负责这项支出。在 1537 年，宫廷有4000 多名厨师，其中许多人是不胜任的厮役，消耗了大量作为俸禄的官府粮食。光禄寺想要增加 150 人，每月俸禄一石。这些

人需要接受测试，以确保他们真正知道如何烹饪。一名户科给事
中提出不满，说厨师太多了，数量需要削减以节省开支。光禄寺
答复道："先年各署原额厨役共有六千八百八十四名，见今各署当
差厨役止有四千九十三名，逃亡事故二千七百九十一名……近年
以来添设四郊、九庙并驾诣山陵，比与先年旧制复有增益，若欲
四千人通融四署之事，则间有动作，未免顾此失彼。"严嵩提议增
加七八十人作为折中办法，嘉靖对此表示赞同。[74]

　　厨师显然是不足的，其中潜逃的厨师是个问题，而补额则被
滥用了。这已经变成逮捕逃亡厨师的常规程序。例如王钦和一名
已婚妇女樊氏都来自陕西，被一家富户的人遣送回北京。严嵩认
为："科害里甲，津贴盘费，其为骚动，何可胜言。当此民穷力屈
之时，岂堪行赍居送之扰……今后非奉本部明文清勾，不许擅自
起解。"皇帝表示同意。[75]

　　最后是对接待外国特使团必不可少的序班、通事和翻译。在
一道未注明日期的奏疏中，严嵩赞同鸿胪寺卿魏境的说法：缺少
十余名通事，以及某种语言一个通事也没有。嘉靖批准了严嵩的
解决方案："奏行各边镇巡官访保及札付鸿胪寺掌印堂上官出给告
示，许在京在外各真正籍贯，俊秀子弟二十岁（19周岁）以下，平
昔身家无过者赴寺报名。该寺径行该印信衙门保勘是实，类总具
本寺结状，粘连各人亲供呈送本部。仍行该城兵马司拘集邻佑人
等取具不扶结状，到部覆审相同。选拣人物齐整，语音洪亮之人，
再行考试，文义一篇，律判一条，务要文理通晓，字画端楷者。
每缺一人，奏送该寺分派各国年深老成通事教习；如本国无人，
许其自行从师受业，或令邻邦通晓者教习。待其习学一年，边方
访保。到部通行试以夷语，将精通夷语之人照缺收补，戴平巾办

事。三年考中，支米办事。六年考中，冠带支米办事……习学一年，夷语生涩不通者就行黜退，发回原籍当差。"严嵩接着解释说："通事之设，专为引领夷人朝见，整肃仪度，译审语音……收选贵严。今各边陆续起送到部人役数多……法久滋弊，因循玩废，合再申明举行，严加条约。"[76]

对腐败的弹劾年复一年地追逐着严嵩。最早的严肃弹劾一次又一次地被提到，竟然与翻译的录用有关。他被指控收取四夷馆译字生候选人的贿赂。严嵩对这个议题的讨论，即他是有罪还是无辜的问题，提供了对一个被掩盖但是重要的明代统治领域的仔细观察的视角。

严嵩成为尚书后，派遣学生到四夷馆，此时言官弹劾他收取贿赂，因为这些学生中许多人是京城富商的子弟。他说："公卿、贵臣、部院、科道官皆有子弟、亲识求预选者，各递名帖到臣。彼臣初任，事体未谙……止选幼童资质稍可者送馆习学，三年日满，方定去留。臣委的轻忽听从，不甚核究其来历之详。后因被言，始访知果有商人富户。且如郭元梓、郭元材（两人为兄弟或堂兄弟），京师之富商也。一家二人，而分托阁部两处各送帖到臣。臣初不省，概与收取，迄今被其所累。此事言官岂不知臣无干，但其意在攻臣，故屡屡假此为言……今各生系考选食粮之日，臣又适司考校，若复引默不言……则是臣前者果有赂情，至今又为曲庇……臣是以……渎闻天听。"他后来发现，那些成功的考生中有 23 人（他列举了每一个人的姓名）事实上来自京城资产巨万、人人皆知的富商之家。严嵩说："臣与此辈自始至今并无一面之识，俱系先年当轴大臣央托。迹笔见存，言之则伤国体。臣思含垢纳污亦无不可，但前项市井污浊之徒钻刺夤缘，玷污名器，人情共愤，国法所不可容者也……伏乞圣明特赐命下，将郭元梓等……黜革为民。此外各生尚多宦家子弟……合无尽数黜革，以正士风……留用十数名以充任使。"

嘉靖拒绝调查得那么深入，他只同意黜革那些有商人背景的人。皇帝再一次不愿对腐败、持不同意见或有其他过错的人进行深度清洗或者"猎巫运动"。[77]

正如对夏言在礼部的工作的回顾那样，篇幅的限制也阻止了我们对堆在严嵩桌上的其他事务的简要回顾，包括处理 20 多件由藩国引起的错综复杂的争论，以及恳求皇帝在每一件事上做出精确的裁定和解决。[78]

所有的征兆都必须解释。礼部需要答复所有吉兆，例如瑞麦和所谓"甘露"的出现，或预测的日食为何没有发生。[79]若遇上不祥之兆，严嵩的描述能力就需要发挥作用了。皇帝、宫廷以及官僚不得不停下来修省，进行复杂的仪式，反省引发上天怒火的过失。例如 1541 年 4 月 30 日傍晚的雷击烧毁了宗庙。[80]在此之前，1537 年 6 月 28 日黎明之前，雷电击中了紫禁城内的一座大型宫殿谨身殿，并将其点燃。皇帝颁布了修省三日的命令。是司法体系中的不公引起的吗？或是贪污腐败？又或是税赋不公、滥用武力？[81]礼部不时将各省报告的轻微凶兆并入长长的清单，并使嘉靖注意。[82]

彗星（例如在 1539 年 5 月 10 日报告的那一颗）同样引起了不安，正如令人恐惧或是令人担忧的天气现象一样。1540 年春，由于尘土大作，连续十日天空晦暗无光。4 月 19 日午后，一股巨大的沙尘暴滚滚而来，西北风使得天空盖上一阵阵黄色和红色，刮

走了坊牌、旗杆、檐瓦，散落在长安街上。长安中门的闩木被刮
断了，铁锁钮也被刮坏了。当夜晚降临时，沙尘暴停息了。所有
人都感到恐慌，躲藏起来，然后外出去看刮坏的东西。曾经坚固
的闩木断成数截。嘉靖同意这是一个重要的征兆，西北边境需要
特殊警戒。[83]干旱也引起了焦虑。1538年5月15日，严嵩报告说：
"今岁入春以来亢暵少雨，倾者间有微雨……兼以风霾时作，土脉
焦枯，生物不遂，郊畿重地播种未全……永平等府地方民饥乏食，
殣死道路相望。近日各处流民有至崇文门郊外，接踵纷藉，空饿
疲病，踣毙亦多。"嘉靖赞同严嵩祈祷和赈恤饥荒的恳求。[84]1542年，
征兆伴随着令人惊恐的流行病出现在京师。这一次又是干旱。严
嵩让下属摹印药典供医生查阅，并寄了一份副本给嘉靖。[85]

　　礼部涉及明代统治如此多的领域，以至于"礼"这个字几乎
没有表达出其职责的广泛范围之意，包括外交关系、厨师、翻译、
通事、医生、学校、考试、录用以及宗藩的争论，更不用说对自
然界的宇宙和气候不稳定的解释了。在礼部的任职对任何由此升
入内阁的人都是良好的准备。

　　在严嵩担任礼部尚书这一官职的六年中，他给人的印象是温
和、称职、勤勉、讨人喜欢，仅此而已。他不是理论家、反对者，
也不是狂热分子。但是严嵩有另外一面，他的同僚对此十分清楚。
他想要运用支配地位，但他似乎对自己隐藏这一强烈欲望。他的
大量著作中从未提过自己的目标、期望、计划和梦想。他通过桌
下的贿赂偷偷摸摸地满足自己的野心，他日渐把具体行动交给独
子严世蕃，以保持自己的双手干净。对他而言，最重要的是需要
不断取悦嘉靖，他是这方面的大师。

1542 年 9 月 24 日，嘉靖任命严嵩为大学士。当时严嵩 62 岁，其子严世蕃 29 岁，嘉靖 35 岁。

嘉靖正在改变。统治中国日理万机的 20 年间，他不仅重建了礼仪，而且除了所有他试图认真履行的其他义务，还亲自参与了其中许多仪式，这使他筋疲力尽。关于大礼的斗争，为天、地建立单独的祭坛，移除全国范围内先师庙塑像的斗争，重新设计和建设宗庙的斗争，明皇陵之行和承天之行，对所有公共礼仪的指导（包含数千名乐手、舞者、厨师以及警卫的队列），每天黎明时的朝会，等等，所有这些正变得过于繁重。嘉靖正在走向精神疲劳和身体崩溃。

1536 年，他参加了最后一次经筵。[86] 1540 年 9 月 10 日，他在文华殿内传召大学士和礼部尚书严嵩开了一次特别会议。他亲自对他们坦诚地说："自十三年（1534）来至今早朝尽废，政多失理，以致灾变屡生，财用匮，民不安生者，虽睡在宫中，此心如履深渊……自言早朝不修，祀典多遣代，与尸位同。朕近来血气衰，初发须脱半，精神太减，大不如旧……东宫……或权命监国……朕少解一二年调养……血气还昔，诸疾尽去。"

皇帝想要廷议此事，并要求在三日内答复他。他可能是在转弯抹角地引出官员们的信任投票，期望官员们抗议他的辞职。显然他们就是这样做的。严嵩认为皇帝"思虑殚于宸衷，忧勤弥于夙夜"，他应当把礼仪义务委派给别人，继续在宫中发布决定和诏令，从而赢得了很大的宠信（一名羽林前卫指挥同知冒险表示不同意，由于冒失被下狱拷讯）。严嵩在按语中说："此事廷臣所奏皆留中。"[87]

虽然嘉靖不再参加大型国家祭祀，他仍然对超脱尘世的事物保持兴趣。他的宗教信仰从未内向集中在灵魂上，它经常是外向的，指向宇宙。从很早开始，人们就能觉察到他对看不见的力量的深刻感受，包括天、祖先、神灵、迹象和征兆、天气的力量。

对他而言幸运的是，这些力量可以通过比大型国家祭祀更容易也更直接的渠道获得。道教便是渠道之一。道教是一种散布于中国中部和北部的崇拜体系，许多藩王都信奉它。[88] 在嘉靖的童年故乡兴国，可能就有修行道教的现象。或者更有可能的是，内官们第一次向嘉靖介绍了斋醮，一种不限于特定教派的小型祭坛，可以放在任何一间方便的宫殿房间内，随时随地均可使用。首辅杨廷和与其他高官一道要求他们停罢斋醮。1523 年 5 月 19 日，少年皇帝愤恨不平地屈服了。[89]

1524 年，一位名为邵元节的博学的炼丹道士被引见给嘉靖。实际上，他在 1526 年成为宫廷道士（详尽的证据有力地表明，夏言是关键的中间人；当夏在 1524 年返回江西贵溪县服丧时，邵正居住在那里的一间道观，而且是夏遵照嘉靖的命令撰写了邵的神道碑）。邵元节也成为全国的道教领袖，以他在皇城以西的显灵宫内的办公地作为总部，每年俸禄 100 石，还有 40 名锦衣卫、30顷免税农田等其他很多待遇。邵元节和皇帝最初的会见进行得非常顺利，他的祷文似乎立刻引起了天气之神的反应。他明智而谨慎地婉拒了嘉靖的赞美之词，并把神灵的反应归功于皇帝自己的"精诚"。但是嘉靖仍然认为，邵元节的祈祷集会对于他第一个儿子在 1529 年的诞生是有功效的（他没有因为两个月后婴儿的夭折受到指责）。邵身材修长，仪表堂堂，夏言在他的神道碑中写道："有神仙风骨，少尝涉经史百家之言，晚岁究极老氏……深索造化，把握枢机，驱役风雷如指诸掌。"[90]

嘉靖对道教的崇奉随着岁月的流逝而增强。严嵩充当了嘉靖个人宗教仪式的一名热切而真诚的支持者和参与者，抓住了重要的机会。这是他得以升入内阁的一大原因和能够待在那里那么久的一大本领。

1542年是北部边疆一带虏寇袭扰加剧的一年。明朝的防御维持得不是很好，嘉靖利用短暂的平静表达自己对局势的不安。在9月10日夏言被免职后，只剩下翟銮一位大学士了。翟銮不是一个威严的人，嘉靖倾向于回避他。9月10日，皇帝传召户部和兵部的尚书，还有仍是礼部尚书的严嵩，要求他们就如何补救边境安全的过失，提供深思熟虑的书面意见。[91]

国防对严嵩而言是未经考验的水域。要他筹划战略，也许是升入内阁的资格考试。如果的确如此，那么严嵩通过了。次日，他提交了答卷。他指出："内外诸臣，每岁虏一寇边，则皆惊惶，以为患在不测。虏既退，则遂泰然，以为无事，不复关心。及明年夏秋之交，虏丑将至，又复惊惶……中国久安，武备久弛，将领非人，兵力单弱，粮饷缺乏，边围空虚而民不见德，法令不严而将帅不肯用命，功过不明而上下相为欺蔽，使虏得以窥我虚实……云中、上谷、榆林之民……骁勇强悍，膂力绝人……且又愤虏残害之毒，内自顾其室家，用之使战，一足以当十，十足以当百，其与不习地利，志图自保者，功宜相远矣……今招募边民，惟在丰其犒赐，给之器械……又闻边军终年守障，辛苦万状，而所司令出官钱以供凡费，虽有月粮，而升斗不得入其家。故边人常苦有司之诛求，思虏中之佚乐，往往从虏为其效用。"严嵩的补救办法是平淡无奇的：寻找更好的指挥官并拧紧所有的纪律螺栓。

事实上，他在结尾说："臣所陈本无奇，又皆今日常谈。"嘉靖很满意。[92] 严在两周后的 9 月 24 日正式成为大学士。

那些对严嵩怀有敌意的明代时评家和历史学家对于他的晋升，没有将其归结为他对嘉靖询问防御战略的镇定答复，也不是他担任礼部尚书时的努力工作，而是他对皇帝的奉承恭顺。这在一定程度上是真实的。

严嵩刚一成为大学士，9 月 26 日就有人弹劾他。户科都给事中沈良才指控他"贪污奸谄"，"一旦首膺简命，恐失天下仰望之心"。严嵩提出致仕，嘉靖命令他留任。[93]

10 月 21 日，皇帝收到了另一份弹章。巡按山西御史童汉臣控告吏部尚书许赞（1471—1548）"目击山西虏患，临事依违，至有经年不选正官，而其所铨补者又半不堪"，兵部尚书张瓒"素性贪滥"，严嵩"贪淫狡恶"。他说："委以（严嵩）政本，必为国祸。"嘉靖并不相信这些，并宣布他们全体无罪。[94]

11 月 10 日，仍有对严嵩的弹章。南京吏科给事中王烨联合御史陈绍，指控严嵩"贪婪狡狯，又加以鄙恶之子世蕃招权纳贿，煽助虐焰。寘（置）之政本，必为国祸"。嘉靖将其交给廷议讨论，严嵩乞求致仕。无论讨论结果如何，皇帝没有准许他辞职。[95]

言官们呈上的弹章很少有证据支持，只是空口断言。只有皇帝能批准逮捕、调查、审讯和控告。

不久之后，巡按四川御史谢瑜弹劾包括严嵩在内的一群高官为"四凶"，消灭他们是有益于整个天下的正义之举。严嵩对此的答复充满了自怜之情。他说："中外之人……徒见邸报流传，诚听其言，以为奸恶在位。"嘉靖以怒火和讽刺驳回了弹劾，并威胁将报复任何将来再提出类似指控的人。[96]

严嵩在内阁期间从不回避弹劾。随着时间流逝，对罪行指控的弹劾变得越来越明确具体。与这一事态发展相应的是，嘉靖对直言的惩罚也越来越严厉。

1543 年 7 月 30 日，严嵩答复了受吏部尚书许赞支持、但并非由他发起的谴责指控，该项指控与严嵩从 1505 年还是翰林院编修时就认识的监生钱可教有关。指控是十分严重的，可以说严嵩似乎被抓了个现行。《明实录》是这样说的：

> （许赞）以大学士翟銮为礼部主事张惟一求改吏部，大学士严嵩为监生钱可教求为东阳县知县讦之，并以所嘱文选司郎中王与龄私书封进，因言此各其一事，其他不可胜纪。臣等违抗积罪如山，非特圣明覆庇，则二臣权奸主于中，而群鹰犬和于外……姑容臣等少尽职业，仍下惟一、可教法司，议正其罪，以为奔竞权门者戒。

嘉靖把这枚炸弹发给内阁答复。首辅翟銮说："张惟一臣主事顺天时所取解元，后廷试二甲第一。科第既优，且其人质实无伪，向值吏部司属有缺，臣曾荐惟一学于行赞，并有一秉与郎中与龄。臣窃自谓此亦以入事君之公，且其事年余矣。"[97]

严嵩答复说："臣见不胜骇愕，兹不敢不吐实以陈。钱可教系镇江府人，伊父钱玉医业甚精，臣自任编修时，每求用药，因此相识年久。去冬可教入京来见，其时果问臣求帖往见许赞。臣问何故见之。云有兄钱汝成亦善医，赞昔官浙江时，曾延汝成服药有效，往来不绝。汝成寄有书求一帖送见，然可教亦欲托臣说选事。臣辞曰：'我并不干预部事，汝兄既有书，可自往求之也。'

臣委的差人送见,迄此后臣与可教再未相见。此伪指臣帖所当究也……伏望皇上敕下锦衣卫将钱可教拿问,追究此帖是何人书写,及何人递送……臣与瓒平素相敬……(瓒等)乃致怨于臣。"

审讯开始后,发现形成了一个阴谋小集团;文选司郎中王与龄不知怎么怂恿或迫使许瓒支持指控,其他几个诋毁严嵩的人也牵涉其中。嘉靖保护了严嵩。他留任了许瓒,对王与龄宽大为怀,仅仅将其遣送回籍,削职为民。他将其他人派到各省的职位上,命令进一步关押和审讯钱可教。[98]

嘉靖亲自写了对许瓒指控的答复。据《明实录》记载,他说:"览所奏,欲革求挽之意。然汝等果一人不承奉,一帖不接受,亦不必有此讦发。且许瓒非如此为之者,本之王与龄强豪胁持,与同党报复之耳。銮帖既久,嵩帖已伪,俱无大私请纵,获私贿之实。"[99]

王与龄回乡了,他诚实正直的名望不仅没有被损害,反而得到了提高。他憎恨腐败。据记载,当他被免职时,吏部的士气崩溃了。据说当他离开北京时,锦衣卫检查他的行李,没有发现一点不义之财。[100]另一场正义与权力的对抗似乎正在加剧。它能走多远?

事实是相当远。嘉靖一解决许瓒和王与龄的议题,吏科给事中周怡(1506—1566)就呈入了引人注目的不同意见,他比许、王二人年轻得多,自学生时代起就被一条理想原则所激励——"鼎镬不避,沟壑不忘"。可以肯定这不是严嵩政治生活的秘诀。周怡将其职位的权力运用到极致,使官员们一个接一个地被免职。他决定毁灭严嵩,实际上当他这么做时,他确实是在勇敢地面对沸腾的鼎镬。

他写了两篇攻击严嵩的文章。第一篇似乎是实际没有呈入的草稿。即便如此，它也值得引述，因为它显示了严嵩的另一面，而且提供了一个窗口，可以由此进入许多京师官僚或许正在思考，但因为过于恐惧而无法表达的事（周的口气听起来有一点像怒斥喀提林的西塞罗）。

> 奸险辅臣欺罔专恣，恳乞圣明早辨严绝以防微杜渐事：
>
> 嘉靖二十一年八月十五日（1542年9月23日），伏蒙陛下敕令礼部尚书严嵩入阁办事。维时臣等（言官）即论重位不宜任以匪人，既而言论纷集，未蒙采纳，而于嵩也任之益笃，遇之益隆。夫岂真以嵩为贤而任之勿贰耶？抑岂以臣等之言真为未是而不用耶？
>
> 盖以嵩之奔走于陛下左右亦有年矣，其心术之奸回，行检之污秽，人品之鄙劣，识见之浅陋，亦已照之悉矣。第以目前奔走承顺，颇可驱役一时，未有当意者，姑令承乏，亦因以试之，庶几感深图报，因言知耻，饬躬励行，改恶自新，嵩未必无人心者。嵩因人言自陈之疏云：臣之颂冤真若沉于苦海，又云人泥往事。为嵩计者，宜蚤夜以思上感圣明简任殊遇于众怒群猜之日，下耻人言显诋为讥以崇凶极丑之名，痛省往愆，翻图新美，庶几上可以仰答圣明之万一，下可以少息人言之责。望不宜积迷不悟，就下不返，长负国恩，反雠（仇）公是……
>
> 近于嘉靖二十二年二月（1543年3月至4月）内，又蒙陛下赐嵩以"忠勤敏达"银记……陛下锡以忠勤敏达四字，岂谓嵩果能称此耶？夫亦金钱愧心之意，将使嵩思果忠矣，勤

矣，敏与达矣，抑未能如圣谕之责望耶？反观内省，夙兴夜
寐，勉求四字，上以增圣明用人之光，下以称辅臣弼君之任，
圣意渊深或在于此。

嵩自（首辅）翟銮卧病未出之后，幸可以专柄揽权之时。
凡近日陛下于在廷诸臣小惩大戒，无非激励群策，共图治理，
中外警惕，罔不戒省，此即日月之明、雷霆之威，人所共见
共闻者也。为辅臣者即有票拟调旨之役，亦不过赞理化育，
而从违可否出自朝廷，孰敢窃以为威福耶……嵩乃扬扬自窃
为威福，遂使待罪承恩者车马骈集于私门，少不顺附者即有
播弄。近如王尧封，其为人不齿于士论乡评，人人知之。嵩
等不知何故，乃欲援引，却捏称陛下之意欲用之亲约。吏部
尚书许赞到东阁（紫禁城内）传示圣意：比该部犹以未见的
实，且未推举，及奉明旨再推两员（包括王）来看，钦此。
然后以王尧封推上，果蒙钦点。一时大小诸臣惊愕无措，以
为圣向方切，姑各忍而未言，果能不负则亦已矣，如其误事，
言之未晚也。

兹南京科道等官张汝栋等各具疏论劾。即奉明旨：王尧
封着照前旨不许推用，这员缺另推两员来看，钦此。纶音焕
赫，宸翰辉煌，中外诸臣豁然痛快……不意圣明之世，嵩等
乃敢欺罔一至于此耶？即陛下有欲用王尧封之意，嵩等尤当
力论，其未可坚执以为不敢奉诏，不宜依阿曲从，致皇上有
后悔也。如非圣意，则嵩等欺罔之罪，律例昭然。

嵩又尝对人言："即今翟銮病久不出，尝以是面奏陛下：
'房杜谋断相资，臣以一身兼之为难。'陛下称以古昔周公亦
只一人。"此言有无，不可知。诚如圣谕，则嵩当毛竦汗流，

愧悚不暇。佩服圣训，永言师法可也，尚可扬扬夸诩于人以自侈大耶？

......

辅相之职，莫大于进贤退不肖，劝善惩恶，为朝廷树风教，贻典则也。今多事时，正求贤择才为急，海内英豪不为乏人，见任去任宁无数人可用者，嵩可诿于不知耶？知则宜时闻于上，出格推用，为时解纾。未闻其推一贤、举一能，是蔽贤也。不知则宜汲汲求之，不宜泄泄沓沓，美食安坐，行呼唱于内庭外衢而已耶。

樊继祖附势媚灶，蝇营狗趋，恶迹秽状真有罄南山之竹不足以尽书者。姑举其两端言，如筑城与先任霸州兵备副使王凤灵上下通同，烧砖冒破，得银巨万。不数月而冒破无存，丧师偾军，仍以为利。此诚盛世之贼臣不容于死。臣尚追恨夏言相为依附，未究罪状，若使老死牖下，犹为大刑之逸。近以传奉起为工部尚书兼都察院都御史湖广大木督木。虽今日至急之务，在廷在外未为无人，何必于罪人樊继祖耶？嵩宜极力为陛下陈之，何未闻其出一言耶？[101]

周怡匆匆结尾的弹章草稿接着提出了一些指控，看起来好像有确凿的证据，特别是涉及王尧封的事情。严嵩独自处理任命事务，把嘉靖蒙在鼓里。在硬币的另一面，关于樊继祖的传记史料没有留存，所以周怡的谴责性描述暗示了腐败。樊在每一个曾经任职的职位上给人的印象都是高度的文学才华、明智、使人印象深刻。[102] 哪一个是真实的故事？通常，在严重情绪化的政治事件中，这是非常难以判断的。

周怡写了另外一道对严嵩和其他人的弹章，提交后得到了嘉靖的答复。这一篇的焦点是不同的，回避了欺罔和腐败，改以不和为攻击目标。这里引述如下，以揭露官僚反对皇帝及其大学士加剧的趋势：

臣惟人臣事君，无分崇卑，无分内外，皆以尽心体国为忠，协力济事为和，舍己从人为虚，忘雠（仇）序贤为公，自古及今，未有不由此而臻治理者也。况卿辅大臣争于朝，抚总大臣争于边，而求修内治，御外侮，万万无是理也。近知内阁大学士翟銮、严嵩与吏部尚书许赞不和，互相诋讦……总兵张凤、周尚文与总制侍郎翟鹏及督饷侍郎赵廷瑞俱各不和。人持己见，各自为心。此大不祥之事，误国大祸，目前立见。

　　……

朝廷者，万方之所宗仰，大臣者，群臣之所楷模，观而效焉，必有甚者。朝廷有违言之隙，则谗谮之衅长于外。大臣有动色之争，则攻斗之祸流于下。由今溯昔，未之或易也。

皇上临御以来二十二年于兹矣，由初年求治之锐，以及今日忧民之切，宜乎天地位而万物育，太平有象而四夷来王也。今陛下日事（道教）祷祀，而四方之水旱灾伤未能消也，岁开纳银之例而府库未能充也，岁颁蠲租之令而百姓未能苏也，时下选将练士之命而边境未能宁也，此其故何也？

　　……

（为辅臣者……凡可以利国家，惠小民，安边徼者无不精思详画。）夫何大学士翟銮、严嵩凭籍宠灵，崇己徇私，播弄威福，市恩修怨。

　　闻二辅臣在内阁有违言失色，入见陛下各有私陈背诋，是二臣已不和矣，何望其同寅协恭，和衷以事上而风下也。辅臣以至九卿、百执事，位有崇卑，均之为耳目手足，听命心志，以共成一身者也，宜相济而不可以相贼也。辅臣真知人之贤不肖，宜明告吏部进之退之，则人心攸服。不宜挟势徇私，以不可服人者属之进退。吏部宜有真心真节，如贞女烈士，使人望之知畏难，权贵不敢以非义相干。不宜依阿奉承，一启顺端，而后不可逆也。

　　今严嵩威灵气焰，凌逼百司，招权揽威，使凡有陈乞疑畏，罔不奔走其门，先得其意而后敢闻于陛下，中外之臣不畏陛下而惟知畏嵩也。翟銮则依阿委靡，不能张主，而气势之弱犹不足以驱人之趋附。名位之先，亦足以为嵩之妨碍。尚书许瓒两世三居吏部，亦可谓世臣矣。虽曰小心谨畏，而直气正色不能预销，权位要求之心弱亦甚矣。凡此皆陛下之洞照，知臣言之非诬也。

　　……

　　今卿辅大臣阴挤阳排，互相诋讦，以陛下为何如主？当此之时，不思培植元气，爱护人材，共图折冲御侮之计，而务修私怨，果何心哉？

　　……

　　往时论劾辅臣御史如谢瑜、童汉臣，相继假公事而罪谪之去矣……臣恐自是无言者矣……非国之福，可惧之甚也。[103]

严嵩不得不答复这一攻击：当我加入内阁时，官员们可以在任何他们愿意的时候与大学士们商谈，这已经是被确立的常规。我没有遵循它，可以询问许赞和其他人来证实这一点。至于其他官员，我在值班时很少和他们会谈，京城的人完全清楚这一点。所以周怡说我做的事情和我实际所为是完全不同的。我和翟銮是同年，我们没有嫌隙，尽管意见不同。我们只是想把事情做对，虽然存在分歧，但关系仍然很和谐，都是在为皇帝服务。我们没有在您面前指责其他人，所以您完全清楚他的指控是虚妄的。

7月30日，嘉靖做出答复，完全支持严嵩。他说："他每……必求胜乃已……如周怡因同类物，而敢上毁其君。"[104]

所以在这里要相信哪一边呢？是某些处于自以为是、愤愤不平心态的官僚，还是明朝天下最高的守卫者们？又或者两边都不是？[105]

7月30日午后，周怡说他收到了以下来自嘉靖本人的信件：

> 周怡这厮所说诸臣不和，负君致祸都是。然本心初发只是讪谤，曰朕日事祷祀，不知先务和德于上人和熏蒸神之听之。夫朕事天礼神，多荷洪庇，至于四方之广，岂得都无水旱。若论天下治安，则你每凡为有位者，果能秉公竭忠，修和尽诚，同心赞主，何患不治安焉？他每内外诸臣不和，你每知道，如何不即时指名劾奏？至此日才说，著从实输情回将话来，钦此。

周怡"惊悚战栗"地做出答复，感激皇帝没有宣判他死刑。他为自己的"愚昧"和"短浅"道歉，并答应提交一份完整的声明。

他也许没有时间去撰写声明了。嘉靖以一道毁灭性的敕令作为答复："这厮本心欲讪君上，且怒吏部……假以弹劾为名，实是结党害善……每所恶内直诸臣，以为赞事大道……悖肆无道。着锦衣卫拿来午门前，好生打四十大棍，照杨爵例送镇抚司，牢固梿（匣）着监候。"[106]

回到 1524 年，嘉靖对自己大礼版本的坚持使 17 人丧失性命。似乎在 1542 年至 1543 年，另一次官员异议的浪潮正趋于顶点，这一次是以嘉靖本人、他的大学士们还有翊国公郭勋为攻击目标，处在皇帝抛弃之前承担的正统义务、加强对道教的高度关注所创造的气氛中。另一座正义事业中牺牲烈士的民间伟人祠似乎处于形成过程中。杨爵（1493—1549）在狱中写的文章无疑促进了这样一个过程。杨在狱中遭受了可怕的摧残，并且被断绝了食物，他指出："吏科给事中周子顺之（周怡）下狱，亦绝其饮食，于是予与顺之皆依与焕吾（刘魁）同饮食（于是他们设法活了下来）。"[107]

杨爵没有以严嵩为攻击目标，而是与嘉靖正面争执。作为一名御史，他开了几门重炮。一次初期的射击生动地揭示了不同的思维结构。1529 年，自湖广的任务北归途中，他报告了一场乡村可怕的饥荒，实际上接近于灾难。"古贤王之治天下也，生养遂而后教化行，教化行而后礼乐兴。方今灾伤之地，生民死亡十有六七，存者起而为盗贼，稍有积蓄之家亦难保于自食，其势涣散不可收拾。朝廷之上舍此不之忧，而议合祀分祀（天、地）……但今日救民死亡之日，而非兴礼乐之时也。自古国家衰乱，未有不由民穷盗起，而为上者不知忧恤，遂至人心离叛，而天命亦去，宗社不可复保矣。"[108]

嘉靖没有理会杨爵对他的礼仪重建方案的激烈挖苦，仅仅是把这道奏疏下到户部，并命令当地官员提供赈济。

杨爵严厉的长篇批评呈入于 1541 年 3 月 1 日，激起了嘉靖愤怒残忍的报复。杨爵发现，天下在嘉靖错误思想指导的统治下处于糟糕的境地。现在他为虚弱的边境和沿海防御、猖獗的腐败、谗谄阿谀以及不祥之兆而发怒。杨爵谴责首辅夏言阿谀逢迎，自我满足；翊国公郭勋如同蛀虫一般腐化堕落。他亲眼看到在北京南城有 80 具尸体，谁知道其他地方还会有多少？用于赈济的款项在哪里？建设已经持续了十年，工部已经增加了数十名官员，由于道士陶仲文的请求而在四处修建雷坛。皇帝停止了经筵，不再上朝，没有人能见到他。所有的最高官员都是马屁精。皇帝却授予道士陶仲文不同寻常的荣誉和奖赏。事情会变得多糟？皇帝会变成多大的笑柄？他最近无法容忍批评，使得像罗洪先那样优秀的人失去了官职。所有要做的事情无异于一个完整的结尾。[109]

嘉靖读了这篇不受欢迎的冗长文章，没有将它下廷议，而是直接让锦衣卫逮捕和讯问作者。显然，他想要杨爵坦白罪过，表示悔恨。被打得皮开肉绽、披枷戴锁的杨爵拒绝屈服。他在狱中写给嘉靖的文章引经据典，还有之前明朝历任皇帝对忠诚的持不同意见者应该如何以及不应如何回应的事例。他重复了之前对军事和财政上的治理不当的抗议，以及为什么及如何结束这些恶行。他指出了皇帝如何派遣东厂探子去探查他的真实意图。他写道：

> 臣初下狱时，镇抚司官倪民、孙纲以圣怒赫然之下，臣罪深重，一时不令臣自通饮食，惟日给臣以官米，臣又不便所食，又病几死。后陶某等许臣家人自送淡粥、面汤，日得二餐，今四十五日有余矣。延此一息，尚未死灭，此实陛下好生之德，覆载之恩之所及。而诸臣不欲置臣于死，使朝廷

有杀谏臣之名，其心未必不为忠于陛下者也。近东厂复三四
人来狱中，镇抚司自官吏以至守狱校卒皆战栗徼惧，日夜戒
严，复绝臣饮食，似有欲臣速死之意。臣今一死，虽无所惜，
诚无所难。但臣愚虑谓绝饮食以置臣于死，决非圣心所欲为，
窃恐有诪张为幻者过为讹言，恐动众心，使至于此……若臣
罪当诛，即明正典刑，肆诸市朝，以为人臣事君不忠者之戒。
若察臣忠悃，悯臣狂愚，罪从末减，或远谪边戍，放归田里，
此又圣主宥罪赦过之洪恩，非臣负罪深重者所敢望也。[110]

该狱请求杨爵的案件由司法当局在朝审理，嘉靖表示拒绝。
显然，强加于杨爵的时断时续的禁食处罚是嘉靖自己的想法。[111]
足够勇敢的少数人抗议对杨爵不义的大肆虐待。5 月 23 日，户部
主事周天佐恳求皇帝释放杨爵。嘉靖命令将他杖打六十，并关押
在杨爵的旁边。受伤严重的他三天后去世了，享年 30 岁。杨爵写
了悼念他的文章。11 月 3 日，杨爵的家乡陕西的巡按御史浦鋐再
次乞求释放杨。嘉靖命令缇骑外出到陕西逮捕他。1541 年 12 月
30 日，他被带至北京诏狱。1542 年 1 月 15 日，他被杖打一百，
并关入囚笼。他去世于 1 月 21 日。杨爵在悼念他的文章中生动地
描述了酷刑的可怕。[112]

1542 年 10 月，另一名狱友加入了周怡和杨爵，和他们一样
是热切的儒士。工部虞衡司员外郎刘魁为所有正在西苑进行的道
教建筑的建造费用担忧。一些新的大型建筑仍在建造中，"佑国康
民雷殿"的建造即将开始。他建议嘉靖推迟这一工程，因为缺乏资
金。嘉靖认为这不过是反对道教的策略，于是命令杖打刘魁并下
诏狱。[113]

嘉靖亲自强加于周、杨、刘和其他一些人残忍不义的惩罚，杨爵对此的细节描述令人毛骨悚然，这种惩罚强调了永远附在嘉靖长期统治上的恶臭气味。这次镇压小规模地重复了1524年大礼议的镇压。诏狱蔑视法律，违背正义，对犯人进行长期身体虐待，是明朝纹章盾牌上不光彩的污点。如果它的目的是恐吓明朝官场的其他人，并阻止任何大规模抗议和示威的想法，那么它是有效的。

嘉靖增强了对道教的信仰。道教对皇帝的吸引力似乎是真实的、被深刻感受到的。这与他终身对自然过程和超自然实体的普遍信奉是一致的。他正在萌生这样的信念：炼丹道士可以通过秘传难解的方法，与陆上、空中和超自然的领域建立有影响的联系。他真诚地以吉兆为乐，从不祥之兆中得到警告，向雷神祈雨、祈雪、祈求丰收，或祈求边境免受袭扰侵害。他通过乩板与灵界交谈，并以这种方式得到对司法或其他方面的询问"是"或"否"的答案。他还沉迷于长生不老药和炼丹术。

西苑是位于皇城城墙内的大片禁地，位于有着单独城墙、相对较小的紫禁城西侧。嘉靖逐渐使其成为一座梵蒂冈式道教神圣城市的一部分，它由邵元节掌管，之后是他的门客陶仲文，他们都是皇帝个人的道教导师和全国的道教领袖（陶陪同皇帝在1539年前往承天，据说他预言了毁灭行宫的火灾，因此得到预先警告的皇帝幸免于难）。

但是嘉靖之转向道教，并不是完全逃避他作为皇帝做出决定的义务。西苑逐渐取代紫禁城，成为明朝政府的中心。[114]嘉靖母亲的去世，免除了他在紫禁城需要花时间进一步承担的任何义务，他开始把越来越多的时间用在西苑。但是，驱使他永久住在西苑，直到驾崩也没有回到主殿的原因，是一件皇帝本人描述的在所有历史记载上都前所未有之事。这真的令人毛骨悚然。

几乎可以弄清楚的是，1542 年 11 月的一个夜晚的某个时刻，一伙为数九人的宫女进入了最近深受宠爱、妩媚动人的端妃的房间，嘉靖在这里很快就入睡了，她们试图用绳子绞杀他。她们把布塞进他的口中，使他无法叫喊。但是她们没有正确地打结，要不然就是拉得不够紧。嘉靖发出"咯咯"的声音并激烈挣扎。这伙人中的其他四五名宫女根本没有机会参与行动。显然，这群宫女是在宁嫔王氏的指示下行动的（我们也能想到她们都遭受了嘉靖的虐待）。皇帝一个女儿的母亲曹妃（即端妃）并没有参与这一密谋，它被计划了很长时间，似乎是由王嫔的妒忌引起的。一些还没有参与的宫女看到暗杀袭击进行得不是很顺利，希望可以逃避责备，便跑去告诉方皇后正在发生的事。皇后带着宦官急忙进入房间，解救了嘉靖，他的喉咙受了伤，以至于无法说话。当即召入医生，为他止住了血。方皇后让宦官进行仓促草率的查问。令嘉靖终身感到遗憾的是，曹妃被错误地称为共谋者并处决了。方皇后似乎藏在这一切的后面。

可怕的惩罚来得很快。根据一份对刑部的指示，嘉靖命令了以下内容："这群逆宫婢杨金英等，并王氏，各朋谋害弑朕于卧所。凶恶悖乱，好生悖逆天道，死有余辜。你们既打问明白，不分首从，便都拿去，依律凌迟处死……财产抄没交官。艾芙蓉系姊拦阻，免究。"

1542 年 11 月 26 日，刑部答复并报告道："该司礼监张佐等，传示臣等，恭赴迎和门，当奉发下前本，并谋害黄花绳一条，黄

绫抹布二方。臣等随即会同锦衣卫掌卫事、左都督陈寅等，当将
重犯杨金英等共十六名，拿绑去市曹⋯⋯凌迟处死，剐尸枭首示
众⋯⋯黄花绳、黄绫抹布，封收官库。"一份所有被处死宫女的名
单附在后面（没有提到曹妃和王嫔）。

　　给嘉靖进行药物治疗的是非常受人尊敬的掌太医院事许绅
（1478—1543）。他发誓说："吾此药自分不效，必自尽。"上午
7时至9时，用桃仁、红花、大黄调制的药剂止住了血。下午1时
至3时，嘉靖可以起立并发出声音。他咳出了数升血。到了下午
3时至5时，他能再次说话了。他继续使用这种药剂，很快恢复了
正常。[115]

　　嘉靖把方皇后留下，永久搬出了紫禁城，在西苑内的住处定
居。这是在11月28日。刚刚升入内阁的严嵩建议嘉靖，应"涣发
纶音以宣慰中外"。12月8日，皇帝这么做了。他简洁地说明了
宫女对他致命的袭击，并说她们是由二"御氏"率领的。嘉靖此时
似乎相信曹妃是共谋者。他指出："逆犯依律凌迟处死，各该族属
尽夷。"他提到了派遣官员告谢所有的神灵和祖先，并说这道诏书
的目的是杜绝任何谣言，并告诉天下每一个人他已经幸运地活了
下来。[116]

　　有根据或无根据的针对个人的攻击和弹劾，在严嵩的整个职
业生涯中始终跟随着他。他经常设法在唯一的法官嘉靖面前巧妙
地保护自己。作为大学士，他做的事不是很重要，直到1550年
发生危机。他有足够的时间处理嘉靖对书面道教祷文的不断需要，
用策略对抗内阁中的竞争者，以及运转他的官僚机器——他的儿
子和助手严世蕃做了许多实际工作。

严嵩和嘉靖之间唯一值得注意但不太重要的差别，就是皇帝相信道教的长生不老药，而严嵩持谨慎态度。其中可能存在严与皇帝的道教导师陶仲文未公开的持续竞争。许绅用草药治愈了嘉靖的喉伤，但是邵元节与其后的陶仲文提供了另一类药，是丹药而非草药，主要是"红铅"（即辰砂）和"含真饼子"，后者是用从新生儿口中取出的血调制的。[117] 1540 年前后，作为礼部尚书的严嵩答复了嘉靖的一道诏书："仙术出世，非天赐而何？欲放过恐非承天之意……且古人修丹亦有得真的。"严答复道："今日进术之人……若只如昨奉圣谕能化物为金银，可助工用，自无不可。今奉圣谕，却又似养生之术……自古方士之献技者，往往其言初若可听，而终无实效，至于服食金银之类，尤为无益有害，往册可征。"[118] 严嵩在一道委婉的后续奏疏中，怀疑某个常住北京的炼金术士是否真的能变出金银。也许他能，但是他需要接受检验。"出内库铜钱之类，令忠朴内侍守视所为。必先获数十万以济工用，方有明验其修养之说。"但是为了长生去吃它，则又是另外一件事。[119]

在这里这个没有提到名字的炼金术士实际上指的是段朝用，一个通过翊国公郭勋的影响力引见给嘉靖的江湖骗子。1543 年，他被逮捕并死于狱中。[120]

然后是顾可学（卒于 1560 年），他给自己的进士同年严嵩带来了一些麻烦。顾的传记说他离开或者被逐出官场后，回乡开始研究炼丹术，专攻"秋石"的炼制。这是用童子尿制成的药丸，据说吞下它能延长人的寿命。严嵩向嘉靖推荐了他。他希望利用嘉靖对药物的渴求回归官场，据记载他向严嵩支付了大笔贿赂，并且定居于严在北京的住宅。严嵩不得不向嘉靖解释正在发生的事，因为顾的出现众所周知，而且正在引起骚动。严嵩承认顾可学和他的家仆朝夕出入是一件恼人的事，但是他发誓说顾"仰助圣躬保摄"是真诚的。[121] 但是传言说，顾的药丸成分未知而且可疑，严嵩建议御药房和太医院检查。[122] 之后严嵩对顾可学感到不安，他说以顾为目标的谣言实际上目的是想引起自己的免职。"臣忝辅职，门户所当谨严。彼（顾）随来弟侄、仆从人等出入嚷杂，又彼亲识每来采访，莫能防禁……伏望皇上……合无容令可学暂且回籍。庶几中外人情以安，而臣与可学蒙保全之恩矣。"[123] 严嵩同时支持了另一名前官员、秋石炼制者盛端明（1470—1550），一个比顾可学更谦逊、争议也更少的人物。[124]

实际上，严嵩因为是两名炼药者的推荐人，在1546年被御史何维柏公开弹劾。他的答复是他在政治上实际表现出的机敏精明的良好范例。首先，他指出御史指控中的事实错误，这一点他和嘉靖都很容易发现。其次，他提醒皇帝，没有外臣知道只有皇帝能知道的事，但是应当宽恕这名御史，毕竟他的工作就是弹劾。而嘉靖认为，何维柏是在给其他人打掩护。何维柏被逮捕、关押、杖打，削职为民。嘉靖由此表示出他对严嵩和各地炼药者的坚定支持。[125]

内阁跟随皇帝永久搬到了西苑。严嵩住在那里，与皇帝商谈决策，为了仪式穿上道教服饰，当嘉靖向雷神或者其他神明祈求时随时日夜应召，撰写专门的祷文。如果没有熟练且乐意撰写这些无聊文章的技艺，就很难获得皇帝的宠信。严嵩由衷地履行这一职责直到最后几年，那时他开始对此感到厌倦。

当严嵩在1542年第一次升入内阁时，夏言刚被免职不久，所以他在二人内阁中相对于新首辅翟銮而言资历较浅。严嵩无法长时间容忍自己成为其他官员的下属。

翟銮（1477—1546）是北京本地人，弘治十八年（1505）乙丑科进士。在职业生涯中，他表现出了文学才能。他凭借对儒家经典的讲授获得了嘉靖的注意和宠信，皇帝喜欢他的谦逊、勤勉、良好的外表以及地道的北京口音。1527年至1533年以及1540年，他担任了排名较低的大学士，负责起草敕令。军事议题是他的专长。他同样负责撰写关于吉兆的优美贺诗。1539年，嘉靖派他巡视整个北部边疆，他执行任务勤恳认真，给人留下深刻印象：修建防御工事，提振军队士气，分发奖赏，以及向边境上的每一个人传达皇帝的关心，并表示皇帝没有忘记他们。

许多人相信，是严嵩从幕后策划了翟銮的毁灭。1544年9月14日，两名刑科给事中指控七名官员贪赃舞弊，促成了翟的儿子及其老师、姻亲得以同时通过顺天乡试和会试。这里究竟发生了什么？嘉靖将这道弹章下吏部和都察院回应。在这些机构答复之前，翟銮呈给皇帝一份解释，并请求允许那些被指控的人重新进行考试。据记载，这激怒了皇帝。他咆哮道："銮被劾，有旨参看，乃不候处分，肆行扰辩。屡屡以直无逸为辞，同夏言禁苑坐轿，止罪一人，全不感惧。敢以撰科文，赞玄修为欺朕，内阁任重不早赴，以朕不早朝，并君行事。二子纵有轼、辙才，岂可分明并用，恣肆放僻如此。"

他命令吏部和都察院提议处罚，不得回护。嘉靖以"迹弊明显，大坏祖宗取士之制"为由，贬翟銮与全部四名考生为民。所有考官都被这些考生与翟銮的关系吓住了，然而他们并没有收取他的贿赂。但是他们有其他的贿赂和违反规则的行为，所以皇帝命令杖打三名主考官六十，削职为民，其他人也受到了惩罚。[126]

于是，翟銮在良好尽职地服务嘉靖和明朝多年后，由于其子给人留下的恶劣印象和他自己愤怒的回应，被突然不名誉地免职了。翟銮的免职使严嵩得以成为首辅。但是严嵩真的参与其中了吗？他也许私下跟嘉靖说过，真相无人知道。无疑有人怀疑是严嵩促使那些给事中发起弹劾。[127] 但是当翟銮在 1546 年去世于家中，他的三个儿子将他安葬在崇文门外（皇城东南）的祖茔时，他们请求谁撰写神道碑的碑文？正是严嵩！他的评论简洁、谄媚，没有争议。[128] 如果他的手的确促成了翟銮的免职，那么它被很好地藏起来了。

严嵩在明朝最高职位上的最后一个对手是夏言。嘉靖认为，让严嵩支配一切不是个好主意，于是在 1545 年最后一次召回夏言再次担任首辅，严嵩不愉快地成为他的下属。之前的章节详述了夏言对嘉靖的轻蔑态度，还有他对收复鄂尔多斯计划灾难性的支持，导致了他在 1548 年的最终免职。但夏言不仅仅是被免职，他被毫无先例而且令人震惊地公开处决了。这里的问题是，严嵩在其中扮演了什么角色？

复套之议是政治上的雷区，充满危险，严嵩的判断力面临严重挑战，只求安全应对。关键在于正确理解皇帝的心态，最初是积极的，但是之后因为认识到明朝缺乏取得战役成功所需的必要财力而变得犹豫。皇帝一开始认为支持这一计划是轻率的，并将王朝推向了深渊的边缘。夏言热心地支持这一计划。嘉靖向严嵩征求意见。

严嵩的答复是机敏的。他言辞华丽地问道：为什么鄂尔多斯的收复在这之前从未被提升为一项计划？"今兵力视祖宗时强弱何如？仓廪空虚……（主要的计划制订者）曾铣奏内征讨必用三年，每次用兵十二万……三征用银五百余万……似铣所云，则兵未兴而民已扰矣……今师一出，麋财殃民，将无宁日……在廷之臣皆知此事为难，但心怀疑惧，不敢明言。"他在结尾说道："臣与夏言同官，言于他事尽有功劳。臣则有负圣恩，委用分毫无补，理当自劾，伏乞皇上特赐罢黜。"

1548年2月13日，嘉靖对此做出答复："言于铣疏初至，即密具奏帖，亟口称人臣未有如铣之忠。朕以烛其私，但肆其所为……朕一字未答，以示未可……昨部疏会奏上是果行之命，岂可真从之，故朕方言不可。不准辞，著照旧尽忠供职。"[129]

这使外朝感到十分意外。处于恐惧中的官员们迅速而完全地改变了之前对这一计划的支持态度。2月15日，嘉靖命令将夏言免职，并派出锦衣卫到陕西逮捕曾铣。

同时，严嵩成功地溜走，远离了这个受责备的圈子。他承认："臣与夏言同典机务，事无巨细理须商榷，而言骄横自恣，凡事专决。不惟常务不与获闻，即兴兵复套……自始至今，亦并无一言议及。"他完全赞同司法机构对曾、夏二人提出的贿赂指控。"据捡出书词，实迹彰露。"但是他建议嘉靖"圣慈曲加宽宥……以存国体"。[130] 于是他设法使所有对严厉残酷行为的责备只落到嘉靖个人头上，自己却躲开了。他可以凭良心说，他恳求了皇帝的宽大处理。

1548年4月25日，曾铣被公开处决。夏言的最后时刻在同年11月1日到来。这些后人所称的"谋杀"都是嘉靖亲手所为，并无他人相助。这无疑强化了他日益增长的残忍和不义的名声。

夏言被处决后，作为明朝中叶最高统治机关的皇帝和他的大学士们一道进入了一个少有的长期稳定阶段。嘉靖像他喜欢的那样，作为一个虔诚的道教信徒生活和行事，但他从未放松对权力的掌控。官僚们生活在对他经常发出的恶毒敕令和诏书的恐惧之中。内阁逐步形成"三驾马车"：严嵩处于主导地位，两名较为年轻的下属徐阶和李本（1504—1587）受到他的支配，没有明显挑战他。这一人事安排持续了 14 年（1548—1562），最后徐阶策划了年过八旬的严嵩的免职。"三驾马车"带领天下度过了 1550 年至 1559 年的危机时期，当时虏寇袭扰北方，倭寇袭扰沿海地区，这给明朝的财力和作为一个体制的协调性强加了严重的损伤。这里的问题是，明朝如何处理这场十年之久的危机，严嵩在其中是什么角色？他是协助了还是妨碍了国家救亡图存的战略？

仅仅在进攻性的、目的是完全终结虏寇袭扰的鄂尔多斯收复计划的大失败两年之后，虏寇便在俺答汗领导下，带着明朝开放朝贡贸易关系的要求，进入能看到北京城墙的范围内进行了袭扰。

嘉靖并非好战派，但是他暴躁而不耐烦地要看到官员们积极的成果。我们知道严嵩从来不是一个军事管理者，也缺乏大战略的头脑，正如他几次公开承认的那样。我们知道他更喜欢用折中的办法解决困难问题，他不是激进分子和顽固分子。徐阶确实有与生俱来的与军事的强有力关联，将竭力要求无可争辩的胜利而非与敌人妥协作为一条法则。他和严嵩存在潜在的严重不合，但是两人都对这样一道裂痕会撕裂明朝心照不宣，于是他们找到了避免全面对抗的方法。三驾马车的第三个成员李本保持低调，躲避争议，服从严、徐二人，主要参与日常工作。像徐阶和翟銮一样，他通过经筵的方式引起嘉靖的有利注意，他在 1537 年参与其中。和其他人不同的是，他从未在礼部任职过。[131]

　　这就是明朝体制最高层非常稳定的构成，严嵩无疑促成了这一局面。他的人事机器通过腐败无限制地润滑，引起了广泛的憎恶和鼓点般的弹劾。但是嘉靖可怕的打击使诋毁者陷入困境，机器得以保持运转。严嵩将他几乎全部的时间用在西苑内，所以他不得不将机器的日常管理留给在紧靠皇城南面长安街的家中的儿子——通常被礼貌地称为"东楼"的严世蕃。官员们写给严世蕃的一些热情、晦涩的信件留存了下来，因为这是通过其父获取宠信以及职位任命的主要渠道[132]（严世蕃受到强烈憎恨，这使他在1565年丧失了性命）。

　　处于内阁顶端、自我满足的严嵩与精力极度旺盛、居于第二的徐阶的联合，是嘉靖深思熟虑的策略。他个人喜欢严嵩，从未想要完全控制他。他之前曾尝试用夏言作为平衡。在徐阶身上，他发现了一个政治上更老练、更有创造性的人选。

　　在俺答汗袭扰期间，徐阶仍然是礼部尚书，但是他作为内阁的候补成员住在西苑。他很快利用这次袭扰作为成为正式成员的跳板。

　　1550年秋季，俺答汗的虏兵穿透北京正北方的薄弱防御，在一路屠杀、纵火以及劫掠中到达了明朝首都的外墙。他派遣了一名被俘虏的宦官，带着一封给明廷的信。严嵩收到了信并与嘉靖分享。大学士李本和礼部尚书徐阶在西苑的紧急会议上决定如何答复。这封用汉文写的信要求对俺答汗进贡者的身份给予承认，并开放边境市场。虽然俺答汗没有征服明朝任何部分的意图，危机仍然十分严重。处理危机并不是严嵩的强项。首先，他拒绝承认这是一场危机，只不过是饥贼横冲直撞，不需要全面军事动员。在涉及外交关系的事务的范围内，他认为应由礼部处理。徐阶也渴望这么做，此外还有更多。

徐阶的计划起到了效果，他怀疑虏寇用汉文写的信件的真诚，通知俺答汗必须返回草原，并在宣大边境递送用蒙古文（番文）写的信，以此争取时间组织防御。在20多天的洗劫和破坏后，俺答汗带领他的军队拖着推车，满载着掠夺的财物北归草原，在宣大呈入了适当的请求，就这样单方面地结束了危机。

在这期间，严嵩和他的官僚机器表现不佳，但是他们仍然继续存在。在俺答汗袭扰期间指挥明朝守军的是大将军仇鸾，正是这个有文化修养、聪明、讨人喜欢的人的证词，在1548年鄂尔多斯的大失败中将曾铣和夏言送进了坟墓。仇鸾是一名政客将军，而非战将。嘉靖很喜欢他。据记载，他在1550年夏向严世蕃支付了大笔贿赂，以获得大同明军的指挥权。据记载，他赠送贵重的礼物给俺答汗，使其离开大同，去攻击东边更远的地方。他撰写了一道嘉靖认为貌似有理的奏疏："彼（虏兵）聚而重强，我散而寡弱，彼知我之动静，我昧彼之事机……（若皇上）谕虏边塞许其市马……严立限制……则彼之感恩慕义，当世世为外臣，比于军吏自相结纳者功相万也。"仇鸾是严嵩的人，严注意到了他不同寻常的"平虏大将军"的称号。嘉靖赐给他一枚特殊的印章，允许他越过官僚秘密地与自己直接联系。[133]

从一线的行动来看，似乎严嵩和仇鸾未宣之于口的战略是不惜一切代价避免与虏寇正面战斗，因为他们害怕由于遭受失败而受到惩罚。相反，他们更喜欢把营养不良、训练不佳的军队放在城郭内，希望虏寇洗劫不设防的乡村而不是袭击城墙，而且现实经常如此。问题是嘉靖喜怒无常，容易被糟糕的表现激怒，因此被严嵩告诫避免战斗的指挥官们发现自己恰恰因此遭到弹劾。这就是不幸的兵部尚书丁汝夔最终在10月6日被公开斩首的原因，当时严嵩选择不去试图保护他，免遭嘉靖怒火的伤害。

1550年的庚戌之变留下了怀疑和互相指责的厚厚残渣。为什么明朝的防御如此虚弱，明军的指挥官如此无能？严嵩明显要受到指责。直接攻击他非常危险，但是数名英雄接受了挑战。

1550年11月29日，年轻的刑部郎中徐学诗提交了严厉的批评。他指控严嵩应为刚刚结束的大失败完全负责。理由是他不同寻常的腐败。各处巡抚和总兵搜刮军民的银子和财宝，以填满严嵩的口袋。这激起了房患的灾难，而皇帝却从未惩罚他。严嵩主张军事化不是一个好方案这种古怪的观念。他让其子严世蕃收取失败的李凤鸣2000两银子，使他被任命为蓟州总兵。他又收取被免职很久的总兵郭琮3000两，使他被任命为漕运总兵。①满朝官员愤怒，但是没有人敢于说什么。这就是长期以来的情况。严世蕃已经挤进他父亲的地位，因此所有重要的奏疏在提交给皇帝之前必须得到他的同意。严嵩的职权完全势不可当。虽然他不能公开惩罚持不同意见者，但是他秘密地让其他人在评价的时候谴责他们。例如之前的给事中王烨、陈恺以及御史谢瑜、童汉臣可能已经被宽恕了，但是他们现在在哪里？所以整个天下都认为严嵩和他的儿子是害人虫。为什么他们宁愿生气而不敢直言？因为他们害怕那些诡秘的谴责。皇帝必须罢免严嵩父子，恢复对最高层的控制，让六卿履行自己的职责。[134]

严嵩提出自己和儿子请求辞职。他承认"臣家眷妻子孙男即今

---

①《明世宗实录》卷三六四嘉靖二十九年八月甲子条："命奋武营坐营署都督金事郭琮充总兵官提督漕运。"《明世宗实录》卷三九〇嘉靖三十一年十月庚午条："罢漕运总兵郭琮闲住。"

俱见住京城"，但否认曾收取李凤鸣的任何贿赂。"彼因罗希韩拿问，虏寇尚未出境，该部仓卒推用……况该镇被虏残破……岂有用银二千求此危地哉？学诗撮拾不根。臣委的年力老衰，智识日不如前……所宜引咎乞休。"

嘉靖告诉严嵩："小人（徐学诗）乘伺，但引激主怒。何可堕彼计……勿固辞。"他下令关押并拷讯徐学诗，徐之后被削职为民。据记载，嘉靖实际上被徐的指控说服了，直到他的道教导师陶仲文劝告他说："嵩孤立尽忠，学诗特为所私修隙耳。"[135] 于是严嵩无力的反驳获得了胜利，在一张不断扩大的敢于向权势说出真相的受害者和殉道者的荣誉榜上，徐学诗把自己的名字添加了上去。

对指控者而言不幸的是，所有对严嵩和他的儿子的控告往往战术上不恰当，把没有事实根据和暧昧含糊的指控与其他所有事情混在一起。和现代的记者与律师不同的是，言官缺乏时间、财力以及调查权去做出精确的证明。进攻无济于事，防守轻而易举。严嵩需要做的全部事情就是戳穿一两个指控，只要嘉靖的支持持续下去，控告的其余部分就会像风暴中的纸牌屋一样倒塌。这一点在严嵩遭到的最严厉的弹劾中是十分明显的，1553 年 1 月 31 日由刚被指派为兵部武选司员外郎的杨继盛呈上。

同时，自1550年俺答汗袭扰之后发生了一些重大改变。其中最主要的是严嵩的门客仇鸾被指控谋反并戮尸。接下来发生的是边境马市不起作用，随后关闭，以及严嵩抚虏政策的失败。在这些逆转之后，严嵩沉默地把边境政策让给了徐阶。他还伸出援手提拔杨继盛，因为他一开始就反对开放马市，之前曾在诏狱中受到残忍拷打。这是一个巧妙的人事策略，但是它将严嵩的面目暴露于光天化日之下。杨继盛不是一枚螺丝钉，他已经用了很长时间，做好了成为英雄的准备。

杨继盛的起诉书非常长，重复了许多之前的攻击者提出的指控，读起来不像一份司法摘要，更像是政治上的猛烈抨击。但是就其本身而言，它提供了一个对严氏私人腐败王国性质和运转的完整考察。它无处不在，超出了嘉靖的控制范围，不受举国不满的影响，有效地席卷天下，以至于人们担忧不仅是明朝，而且中华文明的未来正被腐蚀到不可逆转的地步。

这真是精彩绝伦。但是杨继盛犯了两个重大错误。一是让嘉靖尚在人世的两个儿子作为证人，认为他们也许会证实自己对严嵩政权的描述。这立即激起了嘉靖的怀疑和怒火。二是他未能提出真实可靠、令严嵩无可辩驳的证据。

嘉靖的反应来得很快。他免除了严嵩的一切指控，再次下杨继盛于诏狱拷讯，并命令杖打一百。杨继盛情感炽热的自传和狱中笔记与之前杨爵写的那些不相上下。虽然他输掉了自己的案子，在可怕的狱中经历后于1555年被公开斩首，但从长远来看，他还是获胜了。因为他的死后来推动了严嵩的毁灭，使之成为被憎恶的国之奸臣，而杨自己则成为一名勇敢无畏、闪耀光芒的英雄。[136]

严嵩呈给嘉靖一封简短的谢恩疏。皇帝曾经说：“其（杨继盛）因谪官怀怨，摭拾浮言……且本内引二王为词，意果何谓？”[137]严嵩提出了形式上的辞职，但是他重复了嘉靖的话：杨继盛认为针对个人过分恶毒的话足以使我下台，但事实并非如此。然后他玷污了您与皇子们的父子关系，再之后他说我垄断的权力颠覆了祖制，但您是我的证人，完全清楚这是一派胡言。我们大学士做的全部事情就是起草敕令和呈上请求，由您做出所有的决定。但是我在职已经太久了，而且我已经太老了（时年73岁），希望您将我免职。[138]

嘉靖又让他在内阁留任了九年。

严嵩作为一名战略家和政策制定者的缺陷，在 1550 年俺答汗的袭扰之后变得清晰。他很可能是太老了，以至于无法改变自己的作风，他甚至没有被驱使去尝试彻底改造自己。因此，当他将注意力转到处理 16 世纪中叶由猛烈袭扰的高潮引起的沿海地区危机时，他用几乎一样的方式去应对，支持一名腐败的总指挥官（在这件事上是胡宗宪），并寻找全面战争之外的、对于袭扰问题的折中解决方案。和仇鸾不同的是，胡宗宪（1512—1565）是一个能干的人，而且取得了一些成功。

北部边疆的动乱和相距遥远的海岸动乱在某些方面惊人地相似。二者都不是由国家支持的。虏寇和倭寇都是由多民族构成的，许多参与者是当地年轻赤贫的汉人。两伙劫掠者都专攻纵火、屠杀，特别是洗劫，都不以永久征服为目的。空旷的蒙古大草原是虏寇安全的天堂，大海、离岸群岛和日本是倭寇的行动基地。袭扰源于嘉靖顽固而不切实际地拒绝开放任何与外界的私人贸易，他决心保持一切外交关系处于严密的限制和朝廷的严格控制下。但是，人口增长和兴起的全球白银流通正在冲破明朝约束之衣上的线缝。

来自海上的劫掠者中，在一定程度上控制整个集团的首领并不是外国人，更不是日本人，而是一个名为汪直的中国商人，他在与中国海岸隔海相距 600 多英里的九州外海上的行动基地，非正式地炫耀着"王"的头衔。

简而言之，具体情况如下：到了 16 世纪中叶，中国沿海地区

（主要是南方的长江三角洲）与外界的走私贸易日益增长，逐渐产生了如流沙般隐藏的社会经济危机。中国沿海精英的巨额非法获利源于其中，他们拒绝向混杂着大量日本人、东南亚人、葡萄牙人以及中国冒险家的走私者偿还债务，从而挑起暴力冲突。许多重要的中国商人并不是沿海居民，而是位于安徽徽州府的本地人。这里是汪直的家乡，也是他的劲敌胡宗宪的家乡。

到了1555年，抗倭战争的最高指挥权被分开了，因为严嵩和徐阶试图互不干涉。徐阶从北京监管沿海北部防区，前线司令部位于南京，同时严嵩监管更为重要的南部防区，在杭州的胡宗宪是他的主要部下。徐、严二人有着不同的管理风格。徐亲力亲为得多，严实行的则是他惯常的染有腐败色彩的途径。这里我们专注于严嵩。徐阶是接下来的章节的主角。

在尝试任用了数名由文官担任的战地指挥官，并发现他们不起作用，又免去他们的职务之后，才华横溢的胡宗宪于1556年4月被任命为三个沿海省份的最高指挥官，他的司令部位于杭州。作为一名文官（嘉靖十七年戊戌科进士），他取得了一些抵抗倭寇的显著成就，并设法在这个职位上度过了令人惊奇的六年之久。他聚集了一群文武人才作为随员，唐顺之、茅坤以及徐渭等人出谋划策，俞大猷、戚继光等人冲锋陷阵。他资助了徽州商人对杭州和其他沿海城市的和平渗入，还资助了流行文学作品、地名辞典和其他著作的刊行。醇酒妇人、诗歌和宴会点缀了他在杭州司令部的生活。他的能力在左右逢源、花言巧语和背信弃义上表现得最为明显，而不是在战斗行动上。通过这些手段，他首先诱骗曾为僧人的倭寇首领徐海，然后是老船主汪直本人谈判，之后囚禁了他们。这发生在1556年和1557年。[139]

为了取得任何成功，胡宗宪需要有人在北京支持他。似乎他本可以在徐阶身上取得强有力的支持，但他反而做出了勾结严嵩的深思熟虑的决定。从中期来看，这很可能是较好的选择，因为此时严嵩是比徐阶更强有力、对生活豪奢的人更为友好的人物。

徐阶的行动方式是给一线的行动人员寄出雪片般的个人信件，信中是他经过深思熟虑的建议和劝告。严嵩更喜欢的行事方式是和一个最重要的人建立亲密关系。在北部边疆，仇鸾就是这样的人，但在他去世之后，徐阶用策略确保没有人能真正取代他。于是严嵩与嘉靖就北部边疆问题的交流在语气上变得犹豫，对此感到遗憾和忧虑，脑海中没有明确的计划。不过在沿海地区的袭扰激化时，严嵩做得相当好。他使其义子和密切追随者赵文华（时任工部侍郎）到沿海地区祭祀海神，赵已经制订了应对倭寇的计划，更重要的是探查并报告真实情况。

赵文华得到任命的日期是 1555 年 3 月 14 日。4 月 27 日，他在松江进行了对海神的祭祀。他把接下来几个月的时间用在了一线，在这段时间内，他利用了几名关键官员的免职和逮捕，其中包括总督张经和参将汤克宽。徐阶曾经给两人提出建议并试图拯救他们，但是没能做到（1555 年 11 月 12 日，张经和其他数人被处死于北京）。赵文华还接触了在浙江巡按御史任上已经工作一年的胡宗宪。正是通过赵的帮助，胡在 1556 年 4 月被越级提拔到总督的职位上。

赵文华使许多高级地方官员成了受害者，因此他在那个时代受到强烈憎恨，后人在《明史》中将他作为一名"奸臣"放在了严嵩旁边的位置。他数额巨大、明目张胆的腐败行为很可能是真的，即使这基于有待证实的指控并且从未被完整记录。这同样适用于胡宗宪，他被记载的行贿行为不过是两次将在舟山岛上捕获的白鹿献给皇帝。嘉靖非常高兴，大张旗鼓地接受了这些令人愉悦的猎物。这两只白鹿据说曾消除了皇帝因为数次军事失利对胡的怒火。所以腐败连接了胡、赵和严三人，在赵于1557年9月去世之后，胡便直接与严联系。

但这里要说的是，腐败和有效的官员表现并非必然对立。赵文华给严嵩和徐阶的信表明，他绝非浑噩无知之辈，反而在应对倭寇上是精明而有见识的。他也是一个求才之人。严嵩也尽其本分，向嘉靖保证赵的能力和他来自沿海地区报告的准确性（之后，正如之前终结了与仇鸾的关系那样，当赵的腐败和不当行为压倒了其能力时，严嵩完全断绝了和他的关系）。正是嘉靖、严嵩、赵文华以及胡宗宪四人的努力，到1559年扭转了沿海的局势。[140]

严嵩作为内阁首辅的最后几年在走下坡路，因为年老使他惯常的警惕和精力日益降低。他的八十寿辰受到了广泛称赞，一年后，他妻子欧阳氏的寿辰也是如此。当妻子去世的时候，严嵩得到了可以让一个孙子护送她的灵柩返回江西的特殊许可，因为他一直依靠其子管理家庭并协助他处理公务。但是作为孝子，严世蕃被禁止进入西苑，这对严嵩不利。

严嵩的注意力开始变得不稳定并且失去了焦点，因此严世蕃不得不插手帮忙，并为他撰写敕令。严世蕃的敏捷老练①开始在这方面发挥不错的作用。他给宦官们感谢费，以得到他们关于嘉靖

---

① 原文为street-smarts，此句应引自《明史纪事本末》卷五十四："先是，严嵩在内阁，凡御札下问，辞旨深奥……嵩耄而智昏，多瞠目不能解。世蕃一见跃然，揣摩曲中，据之奏答，悉当上意。"

思想状况的报告。过去严嵩常常亲自做出的人事决定，被转交给严世蕃去做。

在 1561 年，严嵩笨拙地误解了嘉靖的想法，因为说重建焚毁的万寿宫花费太大而激怒了他。这些不是好的迹象。嘉靖紧急的宫廷信件字迹潦草，常常难以阅读，但是严氏父子通过讨论来解释辨认，现在则遭受了困于家中的严世蕃与西苑内的父亲之间交流不畅的阻碍。嘉靖开始把严嵩留在圈外，改为依靠徐阶的建议和协助。甚至严嵩现在让其他人代笔的道教祷文也不再符合标准，使皇帝不悦。严世蕃本应在为母守孝期间沉浸在深切悲痛和道德反省中，反而沉溺于无节制的聚会和淫乱行为，这一传闻传到了嘉靖那里。如此尊崇孝道的嘉靖听到这样的事情可不是好事。神灵也处于不安之中，它们通过乩板答复嘉靖的询问，说严嵩和他的儿子对明朝不利。

现在是发出对严嵩的弹劾的时机吗？邹应龙是一名新科进士和御史。一日，他躲进一名内官家中躲避夏季的暴雨。在他避雨的时候，那名宦官向他透露了西苑内的情况细节。基于这些信息，邹决定此时弹劾严嵩是合适的——不是直接弹劾严本人，而是通过谴责时任工部侍郎的其子严世蕃的方式。这仍然是有风险的，邹应龙清楚地知道先前遭受可怕经历的反对者的事迹。他的奏疏值得引用：

严世蕃凭席父势，专利无厌。私擅爵赏，广致赂遗。每一开选，则视官之高下，低昂其值，及遇升迁，则视缺之美恶，而上下其价，以致选法大坏，市道公行，群丑竞趋，索价转钜……如刑部主事项治元以万三千金（从其家人严年以进），而转吏部（稽勋主事）。举人潘鸿业以二千二百（或一千二百）金而得（临清）知州（从中书严鸿以进）……至于交通赃贿，为之关节者，不下百十余人。而伊（世蕃）子锦衣卫严鹄、中书严鸿、家奴严年、中书罗龙文为甚。即数人之中，严年尤为黠狡，世蕃委以腹心。诸所鬻官卖爵，自世蕃所者，年率十取一。不才士夫，竞为媚奉，呼为"鹤山先生"，不敢名也。遇嵩生日，年辄献万金为寿。

……

嵩父子于原籍江西袁州内乃广置良田，宅于南京、扬州、仪真等处无虑数十所，而以恶仆严冬主之。抑勒侵夺，怙势肆害，所在民怨入骨。

……

犹有异者，往岁世蕃遭母丧，陛下以嵩年老，特留侍养，令其子鹄代为扶榇南还。世蕃名虽居忧……狎客曲宴，拥侍姬妾，屡舞高歌，日以继夕……至于鹄，本豚鼠无智，习闻赃秽，视祖母丧有同奇货，骚扰道路，百计需索。其所经所司悉望风承奉，郡邑为空。

……

今天下水旱频仍，南北多警，民穷财尽，莫可措手。正由世蕃父子贪婪无度，掊尅（克）日棘，政以贿成，官以贿授。凡四方大小吏莫不竭民脂膏，剥民皮骨，外则欲应彼无厌之求，内则欲偿已买官之费。如此则民安得不贫，国安得不竭，天人灾警安得不迭至也。

臣请斩世蕃首，悬之藁（槁）竿，以为人臣凶横不忠孝者之戒。其父嵩……溺爱恶子（弄权黩货），宜亟令休退，以清政本。如臣有一言不实，请即斩臣首，以谢嵩父子。[141]

邹应龙对严氏官僚机器内部运转的指控于 1562 年 6 月 20 日呈上，相当明确具体。采取了这一措施后，邹等待着，因害怕而吓呆了，预料着关押、拷打以及死亡很可能跟随这枚燃烧弹的发射而来。嘉靖将如何回应？

嘉靖的回应在政治上是恰当的。他喜欢严嵩，厌恶严世蕃，但在此时并不愿意开始对严氏党羽进行全面清洗。据记载，他说："嵩小心忠慎，祗顺天时，力赞玄修，寿君爱国，人所嫉恶既多年矣。却一念纵念悖逆丑子，全不管教，言是听，计是行，不思朕优眷。其致仕去，仍令驰驿，有司岁给禄米一百石资用。（邹）疏内有名各犯，锦衣卫逮送镇抚司拷讯。应龙尽忠言事，当有特嘉，吏、礼二部其拟官以闻。"[142]

于是邹应龙得救了，通政司右参议这一中等职位是他的奖赏。严世蕃遣戍烟瘴，严鹄、严鸿、罗龙文遣戍边远。严年一直被关在狱中，直到严世蕃的不义之财被追回。严鸿被允许护送他的祖父回乡，并充当他的助手。寻求官职者项治元被逮捕，之后瘐死狱中。寻求官职者潘鸿业和不动产管理人严冬被遣戍。[143] 严世蕃疯狂地试图通过贿赂逃脱麻烦，但是徒劳无功。

嘉靖带着深切的悲伤而非愤怒，将他二十年来最亲密的支持者严嵩免职。他奖赏了邹应龙，但是威胁会惩罚任何由于其他原因对此进一步上疏的人。御史张槚没有听从，他请求嘉靖恢复所有之前因为弹劾严嵩而受到惩罚的人的名誉。这激怒了嘉靖。他命令给张戴上枷锁，并且关押讯问。[144] 沮丧的皇帝向首辅徐阶坦承了退位的愿望，希望将自己全部的时间献给宗教祈祷。徐阶说服他放弃了这个想法。

严嵩的长篇故事还没有完全结束，它有一个非常令人不快的结尾。

严世蕃在流放路上摆脱了看守，并返回袁州家中。罗龙文也这么做了。罗的家乡在徽州府，这也是已死的海上劫掠者汪直与俘获他的胡宗宪的家乡。严世蕃有钱，罗龙文有和下层社会的盗匪和劫掠者的关系，据称他们之后开始策划叛乱。

积极进取、精力充沛的南京山东道御史林润撰写并提交了弹章，提出了这一指控。[145] 他让年轻的徽州府推官栗祁（1531—1578）秘密监视罗、严二人在做什么。基于栗祁和其他人搜集的情况，林润提交了一道奏疏，皇帝于 1564 年 12 月 5 日收到。林润告知了朝廷他的侦察队发现的情报："江洋群盗悉窜入逃军罗龙文、严世蕃家。龙文卜筑深山，乘轩衣蟒，有负险不臣之心。而世蕃日夜与龙文诽谤时政，摇惑人心。近假名治第，招集勇士至四千余人。道路恟惧，咸谓变且不测。"他敦促立即逮捕两人，嘉靖发出了这样的命令。[146] 严世蕃的儿子，作为一名锦衣卫身在北京的严绍庭试图向他的父亲和罗龙文发出警告，但是未能足够快地和他们取得联系。[147]

逮捕毫无困难，两名嫌疑人被逮至北京诏狱。1565 年 4 月 24 日，刑部尚书黄光昇整合了林润和其他人的报告，并正式提交对他们的诉讼。

这令人震惊。指控有多少是基于确实充分的证据尚有疑问。无论如何，指控如雨后春笋般涌现。据称，这些阴谋家正计划与蒙古和日本的劫掠者结盟，目的是推翻明朝。

黄光昇的起诉书写道，严世蕃仍于北京任职时聚敛的巨款还没有偿还。此外，倭寇首领汪直和他的徽州同胞罗龙文有姻亲关系，而且通过他转了10万两给严世蕃，为自己买官，若不是嘉靖的警惕，这项交易差点就生效了。

然后是位于江西南昌的仓库。一位名为彭孔的医官声称此地有"王气"，于是仓库被严世蕃拆毁了，在那里修建了一座有君王规模、双层城墙和九个部分的住宅。

然后黄继续说，在处于北行税赋装运咽喉的扬州，严世蕃修建了一所在家奴严冬管理下的住宅，他夺取当地人的财产，争夺商业利润，犯下的恶行不可胜数。

皇帝判决严世蕃充军雷州，赦免了死刑。但他对此没有表示感激，反而愤恨不平，公开决定住在他的家乡分宜县。罗龙文逃离了广西浔州戍所，返回家乡与严世蕃密谋。他们聚集来自各地的歹徒和盗匪，还有许多不诚实的预言家和占卜者，总计4000人，据称在南昌修建了住宅。他们秘密招募军事教员，雇用十多名刺客杀害仇敌，压制异议。他们训练了上百名密探，在往返北京的道路上络绎不绝。

罗龙文招集500人，之前是汪直的倭寇，和严世蕃计划派遣他们去日本，接触还在那里的其他人。严世蕃的一名班头牛信逃离了山海卫，为了让房寇响应袭击，跑到他们那里。严世蕃的儿子严绍庭秘密隐匿前面提到的刺客和密探并等待着机会。

严嵩盲目地爱他的儿子，无视法律，让他留在分宜，同时尝试祈求皇帝释放他。这是欺罔不忠的极致。严世蕃受到不止一项必然判处死刑的控告，他和罗龙文应该被斩首。严家在南昌和扬州的产业应被当地官府出售，收入解送到部，被夺取的田地应当归还原主；他所有拥有官籍的恶逆子侄应当被削夺官爵。江西巡按御史应控告彭孔、所有密谋者、歹徒和豪奴严珍，以及所有保护歹徒、夺人妻女田土的人。[148]

嘉靖对黄光昇奏疏的答复是："此逆贼非常，尔等皆不研究，只以润疏说一过，何以示天下后世？其会都察院、大理寺、锦衣卫从公鞫讯，具以实闻。"黄光昇坚称他们为了叛乱而接触倭寇和虏寇的指控是真实、有充分根据的，自己没有提到犯人的全部罪行，应立即执行对他们的处决。

嘉靖同意处决他们。他进一步地命令巡按御史彻底没收他们的财产。他说："严嵩畏子欺君……并其孙见任文武职官，悉削职为民。余党逆邪尽行逐治……疏内不言逆，本是何法制，姑不问。"严氏一伙人的所有不义之财都被没收了。彭孔和其他五人被判死刑，27名家奴受到各种惩罚。[149]

然而这个案件差点失败了！首辅徐阶发现，最初的控告提到了九年前在嘉靖的个人指示下被处决的、英勇批评严嵩的杨继盛。提到他将激起皇帝的怒火，并迫使其驳回整个控告。徐阶在嘉靖看到之前去掉了杨继盛的名字，于是将局势转危为安。[150]

严氏财产原始目录意想不到地留存下来，由黄光昇和林润呈上，使得一个私人王国（很可能是明朝规模最大的私人财富）令人震惊的详细画面得以呈现。正如某些人曾经声称的那样，考虑到会计人员小偷小摸的倾向，财产只可能会被少报而不是被夸大。但它看起来无疑是完整的。

首先是黄金。会计人员发现了锭金、条金、饼金、叶金、沙金、碎金总共13171.65两。金壶、金杯、金盘碗3185件，重

11033.31 两。酒壶和其他镶金器皿 253 件，重 403.92 两。黄金首
饰和其他饰物 1803 件，2792.26 两；21 条金头箍围髻，99.63 两；
267 对金耳环、耳坠，149.83 两；62 件金坠领、坠胸，179.26 两；
309 根金簪，92.54 两；105 件金镯钏，421.1 两；杂色金首饰 776
件，997.03 两；35 个金帽顶，77.17 两；208 件绦环，1113.09 两；
以及 68 件绦钩，235.75 两。查验人员总共登记了 3938 件金器，
共重 6558.2 两（每一件都被细致描述，例如"金蝶恋花钗四根，
共重三两五钱"等）。

其次是白银。净银 2013478.9 两。1649 件银壶以及类似器皿，
重 13357.35 两；首饰 628 件，253.85 两；总计 2277 件，13610.2
两，与净银共计 2027090.1 两。

再次是玉和其他种类的混合物。查验人员发现了 857 件玉器，
重 3529.5 两，包括 202 条玉带，124 条镶嵌角、琥珀和其他材料
的带子；563 件厢金银器皿，重 1331.7 两；2682 双金、银、象
牙筷子；5 件"龙卵"容器；63 顶件珍珠冠、头箍、髻、抹额、面
帘，306.3 两；260.5 两珍珠宝石琥珀；69 件珊瑚、犀牛角、象牙；
各种水晶、玻璃、象牙、玳瑁等材料的器皿和物品（单个或成双）；
13 罐盒香水（古渜水、蔷薇露）、熊胆等；3 盒矿砂，385 两；朱
砂 250 斤 6 两；291 根各种香料，5058 斤 10 两。

各式丝绸段匹，还有 57 匹葛及许多苎麻，共计 14331 匹。鉴
于中国丝绸在世界贸易中的重要性，对这些描述非常细致的所有
段匹进行研究，也许会产生有趣的结果，但我不会在这里尝试。
所有这些丝绸似乎足以给大量上层阶级的人提供衣服。然后是储
存的大量成衣。各种衣服总计 1304 件，就不做详述了。

查验人员继续工作。又有 27308 把扇、54 张琴、16 方砚，还

有不可胜数的各种文具和小玩意；108 座架屏风、围屏；1127 件古铜器和鎏金器，共重 6994 斤 2 两。还发现了 9475 文铜钱和两捆纸钞；88 部书，共 2613 本；书法、石刻、法帖墨迹 358 轴册。最突出的是严氏的绘画收藏，包括 3201 轴卷册，不做进一步描述。

然后查验人员计算了各种财物的售价。27288 匹绸绢布总计 15047.6 两银。男女成衣总计 17043 件，售得 6205.7 两。3506 件铜器总计 19689.6 斤，按每斤 0.076 两银出售，总价为 1496.4 两银。4791 件锡器，重 6954.1 斤，估价每斤 0.06 两银。铜器与锡器总计 1928.083 两银。

5852 部（套）经史子籍被分发给各地儒学。佛道寺观接收了 914 部（套）佛道经典。6688 件文具售得 250.25 两银，空白纸张价值 29.3 两。

至于家具，640 张床，总计 2127.85 两。寝具、毛皮以及类似物品总计 22427 件，估价 2248.6 两。35 乘轿子总计 70 两银。桌椅橱柜以及类似物品总计 7444 件，估价 1415.56 两。竹制、木制、瓷制容器和碗碟总计 94926 件，和其他一些物品共价值 1235.95 两。琴、鼓、灯总计 46.74 两。神龛总计 41 座，每座 0.1 两银，总价值 4.1 两。

341 件武器盔甲，包括 4 顶铁盔、4 领铁甲、4 把铁斧、15 把弓弩、2 把日本刀、53 把铁刀剑①、21 件铁钗、6 把铜铁锤、34 管铁铳、20 管鸟铳、82 根长短枪、16 个标蔯、23 面旗帜、5 个箭袋、50 件法器皮袋。这些被分发给士兵。这是有趣的武器收藏，

---

① 作者认为刀剑的区别是一为单刃，一为双刃。

但似乎远不足以装备一支叛军。

可移动物品实在太多了。这份财产目录继续详述严氏在江西持有的住宅类不动产。在该省省会南昌城内，有一个被细致描述的大型建筑综合体，由各种建筑、菜地、空地组成，估价总计 7850 两。在南昌县内，产业和住宅总计 31498 两。新建县的产业总计 6783 两。南昌地方的住宅、商铺等总计 1680 间，估价 47496 两。

在严嵩的家乡袁州府（宜春县）内，会计人员发现了 19 所住宅、房屋、商铺等，包含 3343 间，估价 20163.2 两。严嵩最初居住的分宜县包含 20 所宅第房店，共 1624 间，估价 18647.6 两。其中一些属于严嵩的家人，例如其中宜春有 42 处大房屋，共 887 间，价值 3574.2 两。在分宜，严嵩孙子严鸿的住所有 67 间，估价 900 两。在萍乡县，6 所庄屋售得 46 两。查验人员登记的这些不动产总价 86350.8 两。

农田和竹林也被没收，其中一些被典当。在江西北部的几个县发现了严氏持有的田土，涉及南昌、新建、宜春、分宜、萍乡、新喻、清江以及新昌。我省略了其中的细节，总价 44493.4672 两。有许多牲畜，如水牛、黄牛、马、骡，总计 856 头；还有鹤、鹿、猪、羊、鹅、鸭、鸡、犬，总价 2022.017 两。

根据查验人员记录，以上全部总计 2342731.7772 两。后来追加了上述全部种类的没收物，总价 16516.002 两，总计 2359247.7792 两。[151] 这确实是一笔庞大的财富。而且这一清单中还不包括在袁州的产业，以及严世蕃在北京的府第，据说"连三四坊，堰水为塘数十亩，罗珍禽奇树其中"。[152]

这份不同寻常的文献，为很可能是嘉靖时期中国规模最大的私人财产打开了一扇窗户。这份情报值得进行计量经济学的分析，但这里不是地方。不过此处粗略指出两点，一是在林润指示下的没收似乎是极其彻底的。爱子被斩、削职为民的严嵩独自死于其父母坟墓旁的墓舍，享年85岁，这一传闻很可能是正确的。他再也没有房屋和住所了，但是没收的财产清单中并没有提到墓地，所以他很可能被允许穷困地住在那里。另一个结论是这些资料似乎不能表明严世蕃以任何方式准备组织叛乱或军事政变，至少和江西基地无关。他和其盟友罗龙文如此容易地被捕表明，这样一场暴乱即使正在谋划，也肯定处于非常初步的阶段。另外，与蒙古和日本结盟的指控，令人莫名感到恐惧地想到1380年对丞相胡惟庸、1552年对仇鸾提出的很可能也没有根据、同样耸人听闻的指控。

对于严嵩而言，在职33年，担任大学士20年，担任首辅14年，这一切以耻辱和彻底毁灭告终。但是在他在职期间，对于维护（即使没有改革或改善）明朝的统治，他是否没有提供丝毫益处呢？他的才能有限，但其中一些在保守事业中是重要的。他在协调大型非军事行动中发挥了作用，例如1539年嘉靖的安陆（承天）之行，以及同年将太后梓宫运送到那里。虽然难以衡量这些事情，但严嵩似乎有着未表达出的、支配他人的极大野心。他情感超然，没有亲密朋友，偶尔冷酷无情，似乎也散发着某种魅力。人们感觉他很有可能向上晋升，不断取得成功，因此是一匹好骑的马。

在整个职业生涯追逐着他的全部腐败指控同样难以评价。这些指控有多少是真实的？如果它们至少在部分上是真实的。它们对严嵩个人和整个明朝统治意味着什么？不止一个来源证明，严嵩在北京的住所是有野心的寻求官职者的聚会场所。鉴于此，他们向其支付贿赂或提供礼物是可能的。作为礼部尚书，严嵩能从以下这些人身上聚敛巨款：希望自己的主张得到听取的亲王、郡王，希望确认合法性的西南边疆土司，为父母请求荣誉的官员，或同样为值得称赞的祖先请求荣誉的后人。当确凿的证据用尽时，想象力就会接管。然而，人们难以相信一笔超过 200 万两白银的财产能在仅仅几十年内通过正当手段创造出来。

腐败助长了派系，严嵩和他的儿子收取贿赂，以宠信作为回报。许多官员对这种事不能容忍，少数勇敢的人冒着健康和生命的风险发出反对的声音。但是容忍腐败、镇压异议的政权能在中期（而非长期）产生稳定性。

在 16 世纪嘉靖治下的明朝，多年稳定统治的关键在于皇帝与其首辅之间的个人关系。夏言与嘉靖之间从未形成良好的工作安排，也没有达成过意见一致。但是严嵩做到了。他是如何做到的，在某种程度上是个谜，也没有人用如此多的言辞谈论它。明朝的时评家经常强调与严嵩作为嘉靖道教活动的参与者相关的意愿和奉献，而忽略其他。这无疑很重要，但还有更多。谷应泰注意到了严嵩的能力：察识皇帝变化无常的情绪和操纵他易于激起的愤怒，使对自己的弹劾看起来像是对皇帝的隐蔽攻击。[153] 严嵩肯定也是嘉靖身体上的榜样。这是一个比他年长 27 岁、无疑是父亲般的人物——身材修长，精力充沛，对于一位易受忧郁症影响的皇帝而言是健康和长寿的榜样。当嘉靖从早年遵循的要求严苛的饮食起居制度，改为在西苑较慢节奏的生活后，严嵩保守、无野心的治国议程被证明非常顺利地补充了皇帝降低的精力。

之后，为什么严嵩的职业生涯以这样的不幸结束？嘉靖悲伤地看着他离开，但是认为别无选择。严嵩带着完整的荣誉离开，嘉靖很快不得不将其剥夺。这位老人独自死去，身无分文、无人哀悼。

嘉靖的自我怀疑伴随着悲伤和沮丧，他也许是个拙劣的人品评判员。他是如何被严嵩引入歧途的？新首辅徐阶安慰他说："嵩之才尽足辅政，其初皇上用之，未尝不是……过听其子，而子之贪狠又特异于人，遂致上负圣恩耳。"他建议道："惟广听纳，则凡穷凶极恶自有人以撄之，深情隐慝自有人以发之……然使早有人言，亦岂得至如此之甚哉。"[154]

但事实上，严世蕃的腐败曾经多次引起嘉靖的注意，弹劾者为此遭受了严重的打击。他固执地拒绝为他们中的任何人恢复名誉，尽管有人恳求他这么做。[155]据《明史》记载："世宗（嘉靖）非庸懦主也。嵩相二十余年，贪贪盈贯。言者踵至，斥逐罪死，甘之若饴，而不能得君心之一悟。"[156]《明实录》的编纂者评论道："世蕃一凶阋竖子耳，其浊乱朝政，本其父嵩得政日久，上未年深，居西内崇事玄修，不复与外庭相接，故得掩蔽聪明，盗弄威福。"[157]嘉靖对严嵩有盲目的情感，严嵩对自己的儿子也有盲目的情感，但是嘉靖和严世蕃之间没有一丝情感，这最终导致了整个机器的崩溃。

第五章

冬 季

大学士徐阶

盼望已久的严嵩及其官僚机器的完结，是否预示着明朝的灭亡？局势是否从此每况愈下？一个政权如何在这样的情况下继续存在：它的独裁首脑自我隔离在一片神圣区域内，他的最高顾问团队被迫与他一起住在这片神圣区域内，因此不再直接接触政府的常设机构。首辅的职务对于任何时候官僚队伍中沸腾的愤恨、异议以及冒犯而言都是一块磁铁。在当今的观察者看来，它完全就像一栋修得摇摇欲坠、一触即倒的建筑。

　　但是它顶住了。嘉靖漫长统治的"冬季"（1562—1567）被认为脱离了危险的下降轨道，制度恢复活力，重新注入能量，再次聚焦于做对事情。这一转变的主要发起人是一名不同于其前任的首辅。徐阶（1503—1583）给这个职务带来了新的思考方式和实用方法，以面对一个人如何统治明代中国这样庞大而复杂的国度这一问题。徐阶证明了在独裁统治中，除了独裁者，一个强有力的人也能对整个组织产生重大影响。

　　徐阶是新一代的人。他比皇帝年长4岁，但是比严嵩年轻23岁，比夏言年轻21岁，比张孚敬年轻28岁。他知道关于他们的一切。1523年，他以探花的名次结束了进士的竞争后，张孚敬会见了他。他的父亲在1524年去世，纯属偶然地使他脱离了当年致命的大礼议。像严嵩在家中休病假、夏言为母守孝一样，徐阶逃

脱了这场可怕对抗即将产生的可能损害职业生涯的影响。徐阶是
一名翰林院编修,如果他还在北京,几乎肯定会和他在翰林院的
同僚一起支持杨廷和,并且加入他们失败的、终结职业生涯的对
嘉靖大礼的示威。

徐阶之后在 16 世纪 20 年代引起了嘉靖的注意,当时他在皇帝
的经筵中担任展书官(这是 1536 年授课结束前,嘉靖了解朝廷中可
能崭露头角的群星的方式)。徐阶与夏言的关系并不是非常友好。严
嵩对他了解得非常清楚,因为他在内阁中位居其下任职长达十年。

但是让我们不要跳到故事的后面。我打算对徐阶做的事和对
张孚敬、夏言以及严嵩做的一样,首先处理将每个人带到首辅职
位的能力和经历是什么的问题,其次是比较徐阶与其前任的个性
和行动风格,并考察他的品性如何塑造其与嘉靖的关系,以及与
北京内外的官僚的相互作用。他是如何带领明朝向更好的方向前
进的?[1]

徐阶和张孚敬、夏言以及严嵩共有的一个极其重要的性格特
征,是一种很少表达的用尽一切可用手段要么胜过、要么支配他
人的强烈欲望。这种野心来自何处是一个谜,但是来自双亲(特别
是父亲)的大量关注,在夏言和严嵩(甚至还有嘉靖)的早年生活
中无疑是增强他们自信和自尊的要素。张孚敬、夏言以及严嵩在
考试中取得了中等的成功,徐阶则远比他们出色。他们没有人来
自富裕、拥有特权的家庭环境。

因为徐阶属于在他们之后的一代,在年轻的时候,他被心学
这一儒学新门类吸引。当时他是一名华亭(时属南直隶松江府)县
学的学生,心学在北京受到怀疑,但在其他地方正处于高潮,在

这个县迅速传播，邀请学生、官员甚至平民进入它温暖的怀抱。王阳明是主要的代表人物、导师和实践者，但这里还有包括徐阶的知县和导师聂豹在内的其他人。徐阶从未见过王阳明，聂豹后来才宣称自己是王的弟子，但这无关紧要；徐阶和包括欧阳德在内的王阳明亲传弟子是亲密朋友。讨论、阐释和内化向内寻求道德信条的主要规诫，成为徐阶终生全神贯注之事。徐阶成为在北京和整个天下分享与讨论这些规诫讲学的重要发起人、赞助者。这是一种新鲜事物。"致良知"是阳明学派的核心口号，这意味着散发一个人重新发现的道德特性，通过讨论和内向反省擦拭出高度光泽，直到它像一道光闪耀、影响和吸引着他人。

徐阶所做的是将这种个人行为模式引入高层政治的领域，这使他成为一名非常与众不同的大学士——不同于犀利的意识形态战士张孚敬、杰出的技术专家夏言、操纵以腐败为基础的官僚机器的政客严嵩。

徐阶用了几年时间来发展这一技巧。第一步是他意识到需要与他在官场中的同代人建立善意。他在1528年的镇压期间离开北京，使他的忠诚遭到怀疑。当他从丧假返回时，他显然认为自己和被击败、镇压的地下组织中的许多朋友一样，需要经受同样的性命和职业生涯的风险。他需要对抗权力，参与政治抗议根本不在这种新哲学流派的范畴内。徐阶之前从未这样做过，他之后也再没有做过这样的事。

讨论中的争议与大礼无关，但这是嘉靖持续进行的礼仪重建计划的重要组成部分。嘉靖下定决心推动对现存的孔子祀典的彻底更改，尤其是涉及将"王"的头衔从这位圣人的谥号中去掉，以及拆毁全国范围内所有立于先师庙中的孔子塑像。这是一种表示尊敬、净化的"圣像破坏",而不是贬低。嘉靖和张孚敬撰写了做出这些改变的理由说明,将其发给翰林院和礼部的官员以发表意见。

他们当然期望所有人都赞成,或者至少不反对。所有人都按期望这么做了,除了徐阶这个唯一的例外。服丧期结束了,他恢复工作,担任翰林院编修。他说:"本月二十八日(1530年11月17日),臣在史馆,该礼部尚书李时传示御制正孔子祀典说……庄诵御制再三……陛下于此不以独断而属之礼官,征之众议……盖圣不自圣之心,其难其慎之至也。而有怀弗尽,则何以副陛下之望,使天下晓然知颂圣德哉?谨昧死献议,以为孔子之王号不必去者三,不可去者五……太祖之在御,尝厘岳渎诸神之号,而独于孔子仍其王之……太祖尝革民间所祀三皇庙像,而孔子塑像独南京新建国学改用神主,余悉仍元之旧。太宗文皇帝(永乐)迁都北京,国学塑像亦遂因之。"那又怎么样呢?他请求"以臣此章下礼部并议"。11月20日,嘉靖这么做了。[2]

徐阶很可能明白,他的反对理由没有被接受的可能。科道在御史黎贯和给事中王汝梅的带领下联合起来支持他。他们详述了徐阶的论点。嘉靖认为黎贯隐藏了攻击对大礼的解决方案的目的,他被逮捕、讯问,并且削职为民。嘉靖对王汝梅态度较为温和。[3]

徐阶被召到朝房。张孚敬想要一些答案:为什么他们要反对简化祀典的计划?徐阶冒险解释说:"高皇帝(太祖)尽革岳渎号,独不革孔子号。"张说:"高帝少时作耳,何可据也?"徐回答道:"高帝定天下而后议礼,宁少耶?且圣人之文无老少,不尔明公议四郊何以据高帝少作也?"徐阶得了一分。张孚敬的面颊变红了,然后他问徐:"尔谓(孔子)塑像古礼否?"徐回答道:"塑像诚非古,然既肖而师事之久,何忍毁也?"轮到张得一分。"程子有云一毫发不似吾亲，何以亲名之？"徐对此的反驳有一点不可靠。"有一毫发而似吾亲，毁之可乎？且明公能必列圣之御容，无毫发不似乎哉？而何以处之？"张孚敬感到自己被智取了。他愤怒地断言道，徐对此的答复非常危险。"若叛我，叛者生于附者也，故未尝附明公，何以得言叛？"另外两名大学士桂萼和翟銮全程沉默坐着，催促徐阶道歉。徐没有道歉，他作了个揖就离开了。

得知这件事的嘉靖要求徐阶收回他的意见并且道歉。徐阶只同意对自己不称职的指控，但没有收回自己的意见。他请求被罢免。似乎嘉靖基于经筵和其他场合的短暂相遇，对徐产生了喜爱。所以他加以轻罚，派其到远离北京的低级职位上。

但是，当大礼的忠诚支持者，都御史汪铉看到了这一命令时，他对此表示反对。降职调任还不够严厉。徐阶的陈述是邪说，是对"国体"的公开侮辱，他需要受到严惩，作为对其他人的警告。[4]这使徐阶感到恐惧，不是为他自己，而是为了他病入膏肓的妻子和年幼儿子的安康。

因此，翰林院、都察院和给事中的代表们（同样的集团曾为1524年向嘉靖示威的前线提供人员）在1530年再次冒险攻击，这次是关于一个涉及礼仪的不同议题，而且这次徐阶没有被排除在外。他走在前面，站了起来，引人注目。他显然不是宫廷佞臣，而是一个有道德的地下组织的成员甚至领袖，受了伤但仍然活着。

徐阶害怕自己可能在长时间的虐待后面临死亡，这是许多异议者遭受的命运。对他而言幸运的是，嘉靖当时并没有镇压的严厉想法，只下令把徐阶贬到遥远的福建被战争破坏的延平府，降为推官。徐阶感到宽心了许多。

徐阶用接下来的九年（1530—1539），在外省获得了他的前任大学士们从未有过的经历（夏言在青羊山的工作是在相比高很多的官员品级上）。他充分利用了自己的时间。作为府推官，他判了三年的案子。他还协助制定了消灭一伙盗匪的战略，严厉打击当地银矿的腐败。他被心学吸引，模仿了他的导师聂豹（间接模仿了王阳明），自愿地承担教育当地青年的职责。这再次显著扩充了他的经历，并且使他在适当的时候成为一名非常与众不同的大学士。

从福建的府推官任上，徐阶的哲学兴趣和高超的教学本领使他获得了提学的职位晋升，首先是在浙江，然后是江西。他有望取得某种显著的成功，但是在什么领域？他这一生想要做什么？他考虑过，但是坚决拒绝了成为一名专职儒家教师兼传道者的机会。他有欠严肃地考虑过成为一名为经典文本作注的思想家。随着时间的推移，他保持了对教学和发展、拓宽儒家学说的强烈兴趣，但是他决定自己的事业应与高于一切的行政有关，这必然使王阳明学派的"致良知"发挥作用，并且将道德自我的光芒散发到嘉靖的官僚机构中危险而且鲨鱼出没的水域，使天下成为更好的居住地。这可以将修正主义者的道德学说用于其预期的实际用途。

徐阶也提供了对军事、士兵以及军事事务的有益爱好。他不回避人类事务中对致命暴力的偶尔需要，甚至伟大的伦理学家王阳明也是如此。[5] 他有世袭军人的朋友和姻亲（他的幼子后来娶了世袭军人出身的陆炳的女儿，当时陆被任命为锦衣卫左都督[①]，成为明朝最高级别的"警官"。徐阶和粗鲁之人的融洽相处以及与他

---

① 根据徐阶为陆炳写的墓志铭，陆炳于嘉靖二十四年掌锦衣卫事，嘉靖三十年任锦衣卫左都督。又据徐自立、徐与蕃纂修《徐氏族谱》，徐阶幼子徐瑛生于嘉靖二十九年，则应为锦衣卫左都督。

们该死的交易，还有他长期以来对安全和国防的知识兴趣，被证明对他作为一名大学士的效用非常重要。

除此之外，徐阶还形成了作为监督和总管的能力。尽管徐阶全心全意地致力于"讲学"，表现得就像他已经完全掌握了，但他经常表示不能正确理解"致良知"这句格言的完整意义。为什么他对此如此缺乏自信？

如果他声称完全掌握了这句格言，他就不得不成为它的一名全职传道者，而他不想这么做。他没有声称自己理解什么是"良知"，只是着手去"致"，无论它是什么。正如事后表明的那样，这一姿态在官僚生活中产生了积极的效果。作为提学，他使自己经验丰富、卓尔不群：他要求遵守纪律，但没有激起学生之间的不满、怨恨和愤怒。恰恰相反，他赢得了尊敬。

接下来的几年起起伏伏，但是自1539年起，徐阶有过几次他渴望抓住的机会，以扩充他成功应对挑战的经历。1539年，他被召回翰林院，显然是因为年幼的太子需要教师。而且随着岁月流逝，嘉靖对大礼反对派的积怨减轻了，深情地召回徐阶作为这项工作的合适人选。因为年幼的朱载壑只有三岁，任务是十分简单的，徐阶有大量空闲时间和几名当时士人中的杰出人物（罗洪先、邹守益、唐顺之、赵时春）聚成一个讲学圈子。徐阶是中心人物，因为只有他对内向的自我重新调整和外向的对现实世界的知识和行动的强烈欲望同样感到轻松。所有这些人很快就被调出或者免职，或是由于为小皇子撰写的课本中包含对皇帝的批评（邹），或是由于提议这个孩子在元日做他患病父亲的替身（罗、唐和赵）。徐阶在哪里？他在家里为母守孝，因此逃离了危险。幸运女神再次将他置于自己的羽翼之下。

当他回来时，他被任命为国子监祭酒。这一职位的要求主要是监督和管理，和省提学的要求并非完全不同。徐阶再次强加纪律而没有激起怨恨。完成学业并持有实习生身份的学生，被禁止请求和贿赂高级官员帮助他们获得正式职位，他们要严格按年资排队等候。档案保管员被指示保存食物之类的全部支出的账簿。徐阶承诺他会亲自处理任何抱怨。他开创了记录每名学生行为的月度日志。他在每个月的第一天朗读良好行为的记录时身穿吉服，朗读不当行为的记录时身穿素服。他警告道："忝在师长，毋所逃若慝也。"据记载，学生们注意到了。[6]

1544年11月23日，徐阶被任命为礼部侍郎。礼仪在嘉靖时期是入阁的踏脚石，但是明朝的官僚经常处于轻微搅动中，徐阶几乎没有时间做任何有关礼仪的事，因为1545年2月23日，他便转任吏部侍郎。这是一个新的不同挑战，他热切积极地应对它。

他的一个习惯是在办公处的墙上悬挂条幅，提醒自己和来访者他的承诺和优先考虑的事项。于是在考虑之后，他挂上这样一幅字："所不竭忠称塞，而或植党狗贿，背公持禄者，明神殛之。更折节交宾客，博谘吏治民隐，因以知其人。"[7]他似乎悬挂了另一张条幅（或者是同一张，但是回忆中所说不一样）。上面写道："汝阶二十一（岁）而及第，四十三而佐天官，国恩厚矣。何以称塞所不竭忠殚劳，而或植党以摈贤，或殉贿而鬻法，或背公以行媚，或持禄以自营，神之殛之，及于子孙！"[8]

作为一项自愿行为准则，这被公开声称并意味着是他承诺着手的行动的指导原则，徐阶对自己的警告与高层现状截然不同。这里发生了什么？

在内阁有一些重大人员调整。夏言在1542年被暂时免职。这使翟銮从 1542 年至 1544 年成为首辅，严嵩在他之下任职。1544 年 9 月 14 日，翟因为一桩涉及他儿子的重大考试丑闻被免职并贬为民。这暂时将严嵩带到了首辅这一最高职位上。9 月 27 日，嘉靖准许两名新人加入内阁，他们是许赞和张璧。

自 1536 年起任吏部尚书的许赞是徐阶的重要推荐人。正是许在 1539 年推荐徐阶和另外几名杰出的士人担任京官。这里的故事开始变得有点复杂。1543 年，许赞加入了对严嵩的弹劾，被嘉靖驳回后被迫下野。严嵩没有在 1544 年反对许赞入阁，因为许赞已经受到了惩罚，而且不敢再挑战严嵩了。另外，他被认为是腐败而且软弱易制的。严嵩将他和张璧排挤出圈子，不让他们对起草敕令（皇帝的答复，通常是对呈入的官员奏疏的决定）发挥作用。许赞抱怨自己被免去了吏部尚书的重要职务，并被降为内阁中的区区一个旁观者。他想要离开。1545 年 12 月，嘉靖将其免职。[9]

接替许赞担任吏部尚书的是熊浃，20 年前在大礼议中加入嘉靖一方的一小群官员之一。不过，嘉靖将他和许赞在同一天免职，因为他反对嘉靖修建"乩仙台"（皇帝想在任何他想联系道教神灵的时候去拜谒）。熊浃戴着镣铐被押送回乡。[10]

接替熊浃担任吏部尚书的是两位老人，首先是唐龙（1477—1546），然后是周用（1476—1547）。他们身体不佳，精力不足。两人都乐于让徐阶站出来代表他们行动。发现机会的徐阶乐于帮忙。嘉靖察觉到了这一安排，也乐于不加理会。

简而言之，现在的状况是徐阶发现自己处于职业生涯的重要阶段。他是事实上的吏部尚书。这发生在他将那张条幅悬挂在墙上的时候。此外，他的赞赏者王世贞描述，当他拒绝像他的前任高官们那样严厉冷酷地对待低级官员，从未准许他们有机会进行

长时间的交谈时，他实际上规定了新的行为标准。徐阶恭敬地尊
重他们，和他们一起坐下，不知疲倦、事无巨细地询问他们边疆
事务和地方问题。通过这样做，徐阶了解了朝廷内的事情是怎样
的，以及他应对的人是怎样的。当他喜欢他们时，就帮助他们。
这使他赢得了一致称赞。熊浃、周用以及唐龙都尊重他，所有那
些他听取过报告和升职的人也是如此。徐阶拒绝扮演一个安静、
低调的角色。他帮助那些被诚实和胆怯阻碍事业的好人，封锁可
憎的野心家的事业道路。[11]

这种行为（如果描述准确的话）是如何与他声称的原则相一致
的？症结在于，徐阶甚至自己都不承认他对最高职位的强烈野心，
但是他始终对下一次机会保持警觉。当他提到"竭忠"时，这作为
封面用语效果很好。一个人升得越高，他可竭之忠就越大。当他
承诺永不"摈贤"和"植党"时，这并不意味着他对培植官僚追随
者没有兴趣。不过，这样的一群追随者能被认为是一个"党"吗？
17世纪20年代，这个问题在哲学上被激烈争论，但在16世纪40年
代并不是如此。

"党"这个字可以解释为政党、集团、派系甚至是团伙，例如
盗匪团伙。但它是不固定的。属于"奸党"者可判处死刑，明律如
此粗略地定义它，以至于嘉靖（或者他咨询的道教神灵）可以像他
喜欢的那样歪曲它并且随意强加。这部法典写道："若在朝官员交
结朋党，紊乱朝政者，皆斩，妻子为奴，财产入官。"[12]所以徐阶
在这里不得不小心翼翼地迈步，他也的确做到了。他的动作在政
治上是高明的，他避开了严嵩采取的腐败路线。他避免以挑衅的
方式直言，这会"紊乱朝政"，并招致他和他的赞赏者的毁灭。他
得知了发生在熊浃身上的事，永远不会反对嘉靖的道教活动。他

得知了发生在每一个足够英勇去尝试攻击严嵩的人身上的事，他永远不会这么做。他避免被迫成为宗派主义者。他执意而高明地拒绝理解"良知"这个词表明了这一点，因为如果他声称知道它是什么，他就会成为一个宗派的鉴定人，奖赏所有同意它的人，摈弃所有不这么做的人，而这无疑会触发这部法典关于制造分裂和混乱的条款。实际上，他能作为追随者和支持者接纳各种有才干的人，其中一些是阳明学派的追随者，但许多人不是。事实上，他根本不支持任何学派，甚至任何有边界的事业，例如礼仪。

但是徐阶一直注视着最重要的机会，他先前就看到了，像夏言那样。在嘉靖的世界中取得成功，表现出对礼仪的兴趣和熟练将是非常重要的。尽管他发誓不这么做，但他实际上做了"媚上"之事。如果一个人从未引起上级的注意、善意和宠信，他根本就无法在等级体系中步步高升。由于徐阶对礼缺乏特别的理解，以16世纪20年代协助修改礼仪为开端，他尽力了解礼仪，并且没有停在原地。

徐阶作为事实上的吏部尚书的任期结束了。1547年2月17日，闻渊（1480—1563）被任命为尚书，但与其前任不同的是，他坚持单独管事情。徐阶对自己的行动自由受到如此限制感到不快，寻求并得到了兼任翰林学士的任命，新的职责是教导最新一批庶吉士——最优秀的进士。据记载："公虽名，不废课习，而脱去所谓骈俪帖括之旧，推所真得于身心者。"即使这不完全是被运用的"良知"，无疑也是非常接近了。庶吉士们接受了他的批评，还有学习治理的建议，后来其中的一些人将自己的成功归功于他的帮助。

其中一名庶吉士正是张居正，他在嘉靖的孙子万历帝的统治初期成为首辅和中国事实上的独裁者。他和徐阶保持着亲密的关系。

1549 年 3 月 13 日,徐阶被任命为礼部尚书,这是最终升入内阁的必然初始步骤。徐阶占据这一职位直到 1552 年。1549 年 7 月,嘉靖邀请他作为礼部尚书住进西苑。他表现如何?

狭义的礼仪事务繁重,徐阶尽职尽责,但是他缺乏夏言那种对工作的热情。在成为首辅之前,夏言曾是一名技术专家。夏言那些年写的官方文件具有一股充满激情的紧迫感,仿佛文明自身的命运取决于他正确而专业地处理每一件事,并且有说服力地表达出来。徐阶非常关心明朝的军事安全和微调他的政治与官僚关系,但他的技术文件是单调乏味的,似乎议题令他生厌,所以他的心思完全不在这上面,和夏言恰恰相反。

当时出现了什么与礼仪有关的议题?六年来,徐阶每年都乐于尝试说服嘉靖将他尚在人世的长子、未来的隆庆帝正式册封为太子。皇帝将最早的两次请求束之高阁,第三次批了"知道了",拒绝了接下来的两次,在第六次尝试后告诉徐阶停下来。于是,不愿过于对立的徐阶放弃了(正如之前指出的那样,隆庆从未成为太子,但无论如何还是登上了皇位)。

在有些场合,徐阶表现出的计划组织能力与任何一位前任一样强。1549 年,他为太子朱载壑的丧礼制定出详尽的方案。[13] 一年后,他成功逼迫嘉靖批准了两名尚在人世的皇子 1552 年的冠礼、婚礼和教育安排。[14] 他还成功安排了嘉靖在 1567 年规模宏大的葬礼。

关于将方皇后的神主安放在太庙中的棘手问题发生于 1547 年。

这座庙刚被改变规制以符合古制，这严重限制了新进入者可用的空间。各方面高官的广泛讨论建议移出洪熙帝的神主，给她让出地方。徐阶和一名同僚对此不同意，但是在会议上什么也没说。徐阶通过密疏的方式，将他的不同意见呈给嘉靖。嘉靖并不接受。他想知道徐阶为什么不在会议上直言，这看起来像是不诚实的行为。徐阶如其所言，"惶悚恐惧"地放弃了原来的主张。[15] 这是一次严重失策，但结果什么也没有发生。

　　1550 年 3 月，华北出现严重干旱，整个冬季没有降雪，连续 150 天滴雨未落，遭遇了严重的沙尘暴。此外还有辽东地震、流行病和边境的袭扰。原因是什么？是朝廷出现了故障、腐败以及司法的残暴。徐阶敦促嘉靖批准对所有神灵的全面恳求，全部官员暂停工作以进行道德反省和内省。嘉靖表示同意，并在西苑祈雨。官员们在六个不同的祭坛献上祭品，动员包括翰林院（提供祷文）和钦天监在内的所有部门全面改进工作。[16] 这是一项重大任务，安排和指导的责任落到了礼部身上。

　　徐阶精通礼仪，显示出自己能够组织大型公共活动。但是他创作青词以及纪念上天恩宠征兆的谄媚赞歌与贺诗的能力和意愿，才真正占据了嘉靖的有利关注。自从定居于西苑，嘉靖开始变得着迷于这类东西，像徐阶这样有野心的人知道如何利用这一点。其中许多是必需的例行公事，另一些是他人代笔。嘉靖会在寿辰、冬至、正旦、重大工程竣工、捕获逆贼、册立太子、再上两宫太后徽号、终止干旱的降雪和降雨、进献黄白兔时要求呈上贺文。[17] 当"甘露"落在嘉靖父亲的陵墓显陵时，这是令人高兴的征兆，皇帝要求呈上庆祝的颂文。明朝的藩王偶尔也会收到吉兆，例如 1552 年，一名猎人献给弋阳王一只白鹦鸽（一种通常是黑色、会说话的鸟）。徐阶查阅了关于征兆的文献，但没有找到任何关于鹦鸽的内容，于是他冒险将其和嘉靖仁慈的关怀以及最近乡试的好结果联系起来。庐江王献给嘉靖的瑞谷是天下和谐统一的征兆。[18]徐阶一首接一首的诗歌加入严嵩的那些诗歌中，都是在贺宴和乘舟以及其他与嘉靖在一起的场合呈上的。嘉靖向他的高级官员们要求这种琐碎文字，这是在考验他们对他的支持。

在一个更严肃的层面上，徐阶作为礼部尚书对太医院内的测验程序进行了一次彻底的检查和改革；调整了隶属于光禄寺的4000名厨师的管理规则，设立了录用程序；重新储备隶属于鸿胪寺的翻译，令人遗憾地大幅削减人数。隶属于太常寺的所有乐舞生和厨师的人事花名册被消除了。[19]礼部尚书对于这些已习以为常。

徐阶与皇帝的个人关系是试探性的，还是有着足以承受偶尔出现的裂痕的牢固基础，这一问题在徐阶担任尚书期间曾几次出现在视线内。如前所述，关于方皇后神主的放置就是这样一个场合，另一个则涉及祭拜嘉靖过世皇后的神主的顺序。嘉靖想要将方皇后（卒于1547年）的神主放在他不喜欢的陈皇后（卒于1528年）的神主前面。徐阶表示反对。嘉靖的反应是坚定而微妙的。礼科都给事中杨思忠提交了一道有说服力的奏疏支持徐阶。于是在1553年年初，皇帝因为另一件事使杨被公开杖责一百，并削职为民。徐阶没有干预，而且他领会了皇帝的意思。对抗不是他的风格。[20]

1549年，嘉靖邀请徐阶进入西苑，并且和大学士们以及其他少数亲信一起固定居住在那里。

不久之后，整个安排受到了被破坏的威胁。徐阶的儿子徐璠

（在堕落和机会主义上可与严嵩之子严世蕃相比）在南京举行的乡
试中被抓到作弊。一位官员是徐阶的士人朋友，在御史的弹劾使
整个丑闻公开之前，急派一名信使带着这个坏消息赶到北京（一桩
类似的丑闻曾导致大学士翟銮在 1544 年的免职，正如我们看到的
那样）。徐阶的政治生涯会就此完结吗？如果皇帝正在等待一个抛
弃他的好借口，那就是的。弹章似乎在 1549 年 9 月 5 日到达北京。
徐阶呈给皇帝一封秘密的道歉信。嘉靖完全不理会这件事，徐阶
和他堕落的儿子都没有受到惩罚。[21] 如果需要证据，这一事件显示
了嘉靖对徐阶强烈的喜爱，也显示了徐阶欠嘉靖的债有多重。在
西苑这个神圣的道教区域内玩的权力游戏就是这样。

　　外交关系在礼部的权限之内，正如我们已经看到的那样。徐
阶在任职期间，静静地支配着明朝的进贡国。日本是一个例外。
1548 年 7 月 9 日，徐阶提交了一份中日朝贡关系的详细长篇论述。
　　徐阶没有想到的是，他正在处理的是两国直到 19 世纪末这
未来 250 年中的最后一次官方接触。关系的结束部分是因为日本
陷入了内战（和不久前的安南一样），以及明朝无法理解世界白银
经济的爆炸性增长，在这种状况下以政治命令扼制对外贸易是不
可能的。为了继续将日本人进入中国市场的机会限制在每十年一
次、每次三艘船，只能停靠在宁波的一个港口，由此前往北京的
官方代表团被限制为 50 人，拒绝了其任何理由。徐阶的众多天资
和长处中并不包括大战略的天赋。夏言也许是可以为拥有这样的
天赋而自豪的高官，但他处于严重困境，而且随着收复鄂尔多斯
计划的失败很快被斩首。于是徐阶的细致检讨赢得了嘉靖的赞同，
他仅仅建议了一些不重要的调整，以缓解来自日方的抱怨。徐阶

对海上走私及其引起的暴力行为有着地方层面战术性的准确了解，但他没有将这画进一幅更大的战略蓝图中。他没有看到中方在沿海劫掠中的过错和成为起因的角色。他指出日本"国王"（将军足利义晴）咨称："海寇匿名（商船）其中，数侵边境。贡船三只之外副军船一只以御贼舟，绝非违上国定制。"他也指出了刚刚被任命为巡抚浙江兼管福建海道提督军务都御史（这一职位权力非常大，仅为一人创设）的朱纨（1494—1550）如何无情地摧毁走私贸易，查抄非法的离岸贸易港口，以及起诉"窝主"，也就是对正在煽动报复性袭击的多国走私者长期欠债不还的福建商人。他还指出了中国的商人和冒险家正在对日本进行与非法贸易相关的访问。但他能想到的只是对贸易禁令做不重要的调整。[22]

最大的外交问题不是日本，而是俺答汗和"虏寇"。俺答常常反复要求明朝向他提供贸易机会，嘉靖一直拒绝和他打交道。然后俺答便转而袭扰明朝边境。

限于外交关系问题的范围内，徐阶是支持嘉靖的。正如他没有寻求对明朝与日本关系的根本反思一样，他也没有慎重对待俺答汗及其人民的新方法。但是在1550年，俺答令人震惊地深入北京城墙的袭扰，将一个外交关系问题变成了其他东西——徐阶认为这是一个重大安全危机。安全并不是礼部负责之事，而属于军事。但是，听从皇帝调遣的徐阶恰当地坐在西苑内。安全是他极度渴望投身的议题，他立即将自己置身于拯救中国的存在主义努力的驾驶座上——不是通过反思大战略或重新制定制度秩序，而是通过与关键文武人员亲身参与、鼓舞人心的关系来实现。这是"致良知"能在其中表现出良好效果的背景。再加上对他不喜欢的人施加微妙的阴谋诡计，这就是徐阶的方法。

概括地说，1550 年对明朝的安全而言是糟糕的一年。沿海商业精英的财富受到朱纨反走私战争的威胁，徐阶通过阴谋诡计和游说设法将他免职。逮捕令尚未发出，朱纨就已经自杀了。笼罩在官员间的恐惧阻止了对如何重建海上安全的任何进一步讨论。[23]

然后在 1550 年初秋，发生了俺答汗对北京引人注目的袭击。这对明朝而言是一场灾难，暴露了它防御的巨大漏洞，但这为徐阶公开展示他的人际交往能力以及迄今未经考验的潜在领导才能创造了一个巨大的机会。

10 月 1 日，嘉靖、大学士严嵩和李本，以及担任礼部尚书的徐阶匆忙召开会议，决定如何处理来自俺答汗要求给予他进贡者地位和贸易特权的汉文信件。这是一个外交关系的问题。严嵩乐于将这封信递给徐阶，他认为劫掠者是一伙饥饿的盗匪。嘉靖有欠严肃地认为他们也许能被收买。徐阶不同意两人的意见，他的论点获得了胜利。他大声说道："傅城而剽杀人若刘菅，何谓饥贼？""彼逞而厚要我……要有重于珠玉皮币者，陛下能许之否……请遣译者至虏所，诘之以中国书而无番文。""（俺答汗）可退出大边外，另遣使者赍番文因大同守臣为奏事乃可。纵如此往回之间，四方援兵皆至，我战守有备矣。"嘉靖要求对徐阶的提议进行廷议，计划奏效了。俺答的劫掠者耽于战利品，渴望带着它们回家。

时间稍微往回倒一点，在几天前，关于俺答汗推进的报告已经进入北京，亟须采取措施保卫皇城。这是紧急事件，它与礼仪无关。尽管如此，徐阶仍渴望参与其中。

俺答汗正在迅速破坏明朝的防御，北京和整个周边地区陷入难以形容的混乱状态。在这之外的宣大边境，之前关于曾铣及其计划的关键证人仇鸾据记载贿赂了严世蕃，并通过他的影响力在1550年的某个时候被任命为此地的总兵。当他到达的时候，俺答汗正忙于攻击此地。8月20日，仇鸾呈给嘉靖一份报告奏称："本镇设摆边军及大小城堡……力孤势散，守备单弱，虏入辄不支。"所以他提议："宜以小堡归并大堡，将摆边军士止留老弱者哨望，其精壮者尽挈回守堡。"他还说："天城镇口堡至镇门望边墙皆筑于北山之南麓，虏拥众据山下瞰我军，则险为彼有，虽墙何益。"嘉靖对奏报很喜欢，并将其下兵部讨论，尚书丁汝夔对其给予广泛积极的评价。[24]

8月23日，嘉靖命令西南150英里外的保定巡抚杨守谦将两支部队（一支汉军，一支达军）调动到通州（北京以东20英里外）和易州（东南60英里外）进行训练。命令六名总兵率领部队到北京正北的各个主要关隘。嘉靖命令户部发放太仓银：每名军官3.5两作为赏钱，还有0.5两买布，每名士兵则为1.5两和0.5两。杨守谦的汉军、达军军官每人得到2两，每名士兵1两。御史王忬、赵绅建议北京周围所有军队指挥系统进行重大改组，嘉靖于9月1日表示同意。[25]防御看起来做好了准备，但真的如此吗？

9月4日，收到大同谍报称"虏骑近边且引而东"。嘉靖命令三支部队拦截他们。9月8日，宣府谍报虏移营驻古城川，去边仅20里。嘉靖命令动员另外三支部队。皇帝还发放10万两银给大同，另外密云、昌平各给3.5万两，以支付最近到达军队的给养。但是这些和之前的拨款由于广泛的窃取被削减了。

危机愈演愈烈。9月11日，传来虏酋俺答已经纠合套虏诸部大举入寇的消息。他已经到了北京西北100英里外的边境咽喉独石口，并于边外金字河设营。

9月13日，传来虏寇（似乎不是俺答汗的人）在宣府被成功击退的消息。次日，嘉靖命令部队前进到密云县和怀来县，作为宣府和蓟州的后援。14日，兵部奏称："（虏）若不得志宣府必且东趋蓟辽，请敕诸镇严为之备。又独石边南潮河川一带乃陵京门户……宜发辽东兵一枝赴白马关（北京西南125英里外），易州汉、达军一枝赴古北口（东北50英里外）。"

之前的9月8日，嘉靖命令仇鸾与宣府总兵赵国忠一起调度所有客兵御虏。之前虏寇攻击宣府之时，仇鸾调动他的军队到怀来，赵国忠调动他的军队到龙门和赤城（分别位于宣府以北和以西），此时嘉靖让仇鸾掌管客兵，并命令赵国忠以其常备兵力支持他。12日，前线报告说："虏既犯宣府不得入，遂引而东驻大兴州，去古北口（以北）一百七十里。"仇鸾相应地调动他的军队到居庸关（北京西北方不远处），并寄了一封紧急信件说："虏骑日东将窥蓟镇（北京以东50英里外），臣谨以便宜应援，或随贼博（搏）战，或径趋通州防守京师，惟上所命。"

同时，驻蓟镇的巡抚王汝孝被虏寇向西北方向行进的错误报告误导，乞求皇帝阻止仇鸾向东移动并返回大同。于是嘉靖命令仇鸾留在居庸关，直到后援抵达蓟镇，然后返回大同。

但是9月14日，虏寇攻击西北50英里外的古北口。当地守军未能阻挡他们。16日，虏寇运用佯攻愚弄了王汝孝的守军，并在几个地方突破了长城。王汝孝的军队崩溃了，由此打开了南下的道路。虏寇劫掠了北京东北30多英里外的密云县和怀柔县。但是当他们得知保定守军在大约东北20英里外的顺义县内时，他们绕过对方并径直向北京行进。[26]

大约在此时，仇鸾呈上了对明朝整个防御战略经过深思但有争议的分析。这无疑对徐阶所考虑的事情提出了质疑。仇鸾说："各边虏患惟宣大最急，盖由贼巢俱在大边之内，我之墩军、夜不收往往出入虏中，与之交易，久遂结为腹心……虏代墩军瞭望，军代达虏牧马，故内地虚实，虏无不知者。前总兵周尚文又私使其部下与虏为市，而逃民沈继荣、叛将王臣等，虏辄抚而用之，以窥中国，于是边事益不可为矣。臣窃以为虏中生齿浩繁，事事仰给中国，若或缺用，则必需求，需求不得，则必抢掠。彼聚而重强，我散而寡弱，彼知我之动静，我昧彼之事机，是以每岁深入，无不得利。而反虽有良平，难与角胜。往时虏曾请贡，廷议未从。尚文惧虏众缺望，必将肆毒，乃乘其效顺之机，投以货赂之利虏。既如愿，边亦少宁，尚文非得已而为之也。夫通贡之事固不可行，然与其使边臣违禁交通，利归于下。孰若朝廷大开赏格，恩出于上，即今辽东甘肃蓟州喜峰口俱有互市之例。若皇上需然发诏，遣人至二边外，谕虏远塞许其市马，如诸边例，仍严立限制，量加赏给。则彼之感恩慕义，当世世为外臣，比于军吏自相结纳者功相万也。"

嘉靖对仇鸾的论点印象深刻，并将其下兵部回应。[27]

同时，朝廷正收到来自四处的报告，其中一条警告说："虏遣细作潜住京师，谋烧各场马草。"皇帝批准了将马匹移入城郭内的计划。来北京参加武举的考生被要求自愿参加日夜巡逻。全体翰林和科道官员被催促提供应对计划。

9月17日，虏寇在大范围攻击通州周边时，暂时被那里的一条河阻挡住了，无法攻击通州。于是他们在河东岸扎营，并洗劫了北京以北和以西的四个县。京师进入戒严状态。朝廷命令仇鸾从居庸关南下，协助防御京师，又宣布了来自蓟镇、河南以及山东的军队来援的号令。[28]

房寇会攻破北京的城墙吗？紫禁城在皇城内，二者都有城墙防护，坐落于有九座城门的北京城内。九门各由一名军事贵族和一名文官负责，间隔宽敞的皇城四门也都设置了卫兵。

兵部尚书丁汝夔的提议赢得了嘉靖的迅速采纳，他要求13座城门各有500名士兵。他希望在北京的四片郊区列营，每营马步官军1万。为了保护城外关厢中的稠密人口，他要求居民筑墙治壕，结立栅门，并安排了神射手。周围各县内没有城墙的乡村的居民将焦土清野，并到北京周围的顺天府避难。通州需要更多守军。严嵩也有一些建议。[29]

但是徐阶不需要丁汝夔的提议，他在一道长篇奏疏中让嘉靖知道了这一点。他说："兹当紧急之际，不敢过避出位之罪，辄冒昧上闻，窃恐兵部拘泥常格而不敢言，抑或思虑未及……京师之兵素不习战，而诸勋贵虽号为将领，实不知兵，何益缓急？"他列举了八名经验丰富的指挥官，他们因为违反法规或者其他原因被迫待在狱中，应被立即释放并投入到指挥中。"今关厢之民不啻十数万，一闻贼至，必相携入城。若不为之安插，则争斗抢杀之患必且内作……令有亲识者各就亲识居住。其无亲识者与酌量分派居住。饮食之费，省谕有无相通，候事宁之日算还，仍严为禁戢，不许争抢……臣闻兵部欲发兵于城外劄（扎）营，其意盖为捍护关厢之计，但今京军既不习战，见贼必走，（则）居民之心益寒……伏乞敕下兵部急召仇鸾入卫……大同人马千里入援，加以天气向寒，劳苦殊甚。伏乞……厚加奖赏，倍加衣粮……此则臣又窃恐兵部思虑所未及也。"嘉靖由衷地赞同徐阶。[30]

同时，杨守谦率领的保定军队到达并驻扎在崇文门外。另一支最近到达的军队奉命在彰仪门外扎营。据记载，这些行动暂时使北京城中人心稍安。

9月27日，徐阶使用他与皇帝秘密通信的特权报告："臣窃闻虏中我逆甚多，昨者进边，皆穿中国衣帽，假称调来边军……往年京师盖尝访获奸细，今日亦闻有所访获，不可不过为之虑。伏乞圣驾暂还大内……臣又惟军机贵密，一切事宜有当君臣面议而不可宣腾于章疏者。伏乞谕文武大臣……其有深谋奇画者，许求面对……庶事不漏泄。"嘉靖答复说，比起面对面的会议，他更喜欢密疏。

同日，徐阶使用同样的秘密渠道建议嘉靖，不要太快关闭外城九门。第二天早晨，告诉所有守卫的官员，在关闭城门之前先寻找劫掠者。另外，"杨守谦提兵入援，已到城外。传闻宣大人马亦次第将到。銮必须在外……不必令入城也……（内外诸臣）臣虽示以圣意，计彼亦未必肯从，必乞明旨。先戒谕兵部令大事题请，其小者、急者一面施行，一面奏闻。"[31]

同时，虏寇正在行进中。9月28日，他们在劫掠仅仅六七里英外的村庄。军队被派去巡逻皇城以南的长安街。杨守谦将他的兵营移到北京的东边。命令挖掘一条环绕整个北京外墙、全长大约20英里的壕沟。作为对嘉靖之前号召的回应，对北京防御的有用建议如雪片般涌来，即将使内阁的处理能力难以承受。朝廷发放了5万两银子给在密云的军队，昌平发放了2万两，用于购买粮食。

9月29日，虏寇进行了大屠杀，焚毁了马厩，俘虏了宦官杨增，他们很快利用他作为给嘉靖送信的人。

占领明朝任何一座城郭，似乎从未是虏寇战略的一部分。他们更喜欢洗劫不设防的乡村。所以他们拒绝袭击在大运河北起点的城郭通州，即使他们在东边非常近的地方扎营。锦衣卫掌卫事陆炳说："虏睥睨通州，未即渡河，所恃者仇鸾兵（仅1700名守军）扼其前耳……远卒饥疲……宜趣令兵部发兵应援，令户部发银充饷。"嘉靖对这一过错勃然大怒，并同意了陆炳的紧急请求。

吏部都给事中张秉壶恳求皇帝返回紫禁城。他说："西苑宫垣偏浅，喧哗之声易达圣听，非所以防奸讹养威重也……且使人心安辑，士气奋扬。"嘉靖以友善的方式答复，但拒绝移动。

来自关厢的难民正被驱赶进城，米价正在不祥地上升。嘉靖命令官府以每石0.5两的价格卖出5万石。这个价格太高了，皇帝同意将价格降到0.35两。

对获得敌人首级、勇敢战斗的证据以及军队额外的努力，朝廷提供金钱和晋升奖励。①

9月30日，虏寇渡过通州以东的河流，傍晚时，先头700名骑手到达北京外墙北部边缘安定门外的教场。次日（10月1日），更多人加入了他们。他们并没有采取直捣北京的行动，而是开始洗劫村庄和放火。宦官杨增将俺答汗的信件带到西苑，嘉靖、严嵩、李本以及徐阶在那里讨论如何回应。正如之前已经提到的那样，徐阶拒绝回应的论点获得了胜利。32

9月30日，徐阶呈给嘉靖一封关于北京薄弱城防的紧急信件。他说："器械、盔甲多未完具。守城军夫漫无纪律……巡视大臣虽

①《明世宗实录》卷三六四嘉靖二十九年八月辛巳条："悬示赏格，获虏酋首十颗者，升世袭都指挥使，赏银一千二百两。获虏首一颗，升一级，赏银一百两。能奋不顾身，冲锋破敌者，虽无斩获，切亦超升二级。"

荷皇上界以重权，尚皆瞻望顾忌，不及修举，令贼势猖獗……兴念及此，不胜忧愤。伏乞皇上降旨命臣暂出，同陆炳带领户、兵、工部属官三员遍行阅视。有可径行者，与巡视守门大臣会议施行。有当奏请者，具奏定夺。”[33]

可以指出的是，对于这些房寇实际上是什么样的，明朝史料记载近乎空白。[34]“俺答汗”仅仅是一个不带个性的称号。所谓的“房”在民族上是模糊的，也没有个性。其中许多人是骑手，也有许多人并非蒙古人。他们的部分顾问是汉人。除此之外，明朝的史料和官员对他们的敌人没有表示出一点兴趣。为什么他们不把俺答汗塑造成一头贪婪觅食的野兽，一个邪恶的象征？显然他们认为没有必要。他们浓厚兴趣的焦点经常指向内部对“房”的反应，从未指向“房”本身。从“房”的全部行为来看，他们明显没有占领中原的意图，也没有创建新的蒙古帝国的计划。他们想要被接纳为明朝的一个进贡国，且拥有边境贸易特权。他们有庞大的贫困人口要照顾，严嵩对他们“饥贼”的描述并非完全错误。

西苑中的讨论继续进行。问题转到嘉靖是否响应之前许多官员提出、现在大学士们再次提出的恳求上：从西苑出来公开露面，并发布一道缓解每个人焦虑的诏书。嘉靖不情愿地让步了。

这次会议之后，徐阶就离开西苑并主持了一次官员大会，很可能是在紫禁城的入口午门。正在讨论的是如何应对“房”的威胁。意见被表达出来了。国子监司业赵贞吉敢于叫道：“录周尚文之功以励边帅，释沈束之狱以开言路……退敌（房）易耳。”

这一声叫喊使人群感到震惊。提到的这两个名字揭开了一个脓疮。这是一个党派分裂的议题，也许会提升一些人的士气却疏远其他人，使明朝对"虏"的统一反应处于严重危险之中。周尚文（1475—1549）是大同总兵，一个粗暴、有争议的人和有战斗力的战士（尤其是对俺答汗）。在世时他受到不错的奖赏，但是在他善终之后，朝廷拒绝给予他谥号。为什么？因为他不幸地同严嵩和他的儿子严世蕃发生了冲突。他曾经痛斥当时在军事机构担任低级职务的严世蕃。严嵩不得不为他的儿子道歉，并将他调动到另外的职位上。[35]

　　1549年6月5日，礼科给事中沈束（1514—1581）为了周尚文的利益提出强烈抗议。他将这一愚蠢的嘲弄归咎于"当事之臣"，即严嵩的不忠和任性。这激怒了嘉靖。他提醒沈束："周尚文连疏自伐功劳……怨望多端，宽而未治。（束）不行重劾，反肆欺狂毁朝廷，擅权市美。"嘉靖将案件交给吏部和都察院评价，他们的判断是沈束仅仅是狂迂而已。嘉靖的情绪再次发作了。他怒喝道："人臣之罪，结党欺君为大。"他扣除了尚书闻渊和都御史屠侨三个月的俸禄。不幸的沈束被逮捕、公开杖打，并无限期地监禁在诏狱中（在那里他成了像杨爵、周怡、杨继盛等人那样遭受苦难的受害者和烈士的一员，14年后他在严嵩去世后被释放）。

　　难怪赵贞吉的响亮嗓音使人群激动。被派去偷听这次集会的宦官显然是严嵩的反对者。赵贞吉的言辞促使这个没被提到名字的宦官请求他进入紫禁城，并写出详细的提议。赵照做了。他提议："急遣近侍有才猷辩博官一员……诣诸将营中赏军，激励士气。"他明智地没有提到周尚文和沈束。嘉靖乐于晋升他，并为之前提到的目的发给他5万两。赵贞吉收到了这笔银子，但他为了执行任务不得不去西苑，让严嵩下令安排护卫和运送。严嵩阻止了他，拒绝发放赵所需的授权书。赵贞吉不得不去找自己的运输工具。他无法到达军营，不得不带着未用的款项回来了。严嵩指控他玩忽职守。到现在，嘉靖已经得知了他为沈束做的辩护，他命令杖打赵贞吉五十，并派到遥远南方的低级职位上。[36] 因此，即使在危机最紧张的时候，党派政治仍设法插入它丑陋的脑袋，一名模范的战将不得不直到隆庆时代才等到他的谥号。

同时，仇鸾被任命为大元帅——"平虏大将军"，拥有任意惩罚除最高品级外所有文武官员的自由。他将自己的军营从通州移到北京外墙东边的东直门。杨守谦也被晋升了。两人都没有发动进攻。

10 月 2 日，正如嘉靖在前一天承诺的那样，他离开西苑并来到紫禁城内的奉天门发表讲话。所有官员聚集起来在午门外叩头。皇帝对他们所说的话由来自鸿胪寺（附属于礼部的机构）的官员转述。嘉靖没有给予鼓舞人心的承诺和希望的言辞。相反，他发表的是一篇严厉的斥责（据《明实录》）：

> 今虏酋听我背叛逆贼，入侵畿地。诸当事之臣全不委身任事曰："上不视朝，我亦不任事。"夫以平日云："君逸臣劳。"窃圣言以济已，期怀不忠至此尤甚，何有主忧臣辱之实，敢为上行下效之回。朕中夜之分亦亲处分，辅赞大臣日夕左右，未顷刻有滞于军机。而朝堂一坐亦何益？欺天背主之物，科道官通不一劾，且胁我正朝大内，恐吓朕躬。美名市美，非党即畏奸臣，敢欺君父。各误事大小诸便，一一指名，着实参劾定罪。其余各同寅协恭悉心国事，凡有见闻可以助大破逆贼虏寇者，人人尽言。再如昔玩视，并以军法行刑。[37]

至少官员们可以放心的是，嘉靖是警惕的，并且正在履行自

己的职责。科道领会了意思，并呈上了许多对表现不令人满意的
官员的弹章。

10月3日，徐阶上奏了10月1日廷议的结果。官员们同意
了徐阶的计划：要求俺答返回草原，并向边境的指挥官递交用蒙
古文（番文）写成的请求；如果他拒绝这么做，就进行全面战争的
动员。[38]

危机结束了。10月3日，朝廷收到虏寇开始撤退的报告。10月
5日，京师解严。虏寇在离开的时候洗劫了村庄。长时间的降雨产
生了泥淖，减慢了虏寇撤退的速度，朝廷制订了利用这一点打击
敌人满载战利品队列的计划。10月6日，虏寇突然沿原路返回，
使仇鸾措手不及，他的士兵死伤千人，本人也差点被俘。

朝廷迅速进行了对表现不令人满意的官员的惩罚，居首的是
对兵部尚书丁汝夔和巡抚杨守谦的公开处决。其他许多人被执行
杖打。这是在10月6日。

10月8日，前线报告说"虏众始尽出边"。仇鸾和其他任何人
都没有骚扰他们使之撤退的条件。庚戌之变（1550）就这样不光彩
地结束了。[39]

明朝极度需要任命比那些在俺答袭扰期间表现如此糟糕的人
更好的官员。10月9日，举止就像已经成为大学士的徐阶提出了
有说服力的理由："人才不同，譬诸器物，小大长短有限，若不择
而用之，恐终无以称任使……近日士大夫论人，大率重修谨，夫
修谨之士在平时非无可称，然而循途守辙不足以仓猝应变，徐言
缓步不足以慷慨立功。今非应变立功之秋乎？苟以付之若人，是
终于不称而已……再加访议……凡升擢特破常格，以收异能。"

于是，徐阶推荐了两人：一人正是他曾经的导师和儒学上的指导者聂豹（1487—1563）。实际上，聂豹从华亭知县晋升后，逐渐积累了军事经历，有一点像他的偶像王阳明。作为山西中南部被盗匪侵扰的平阳府的知府，他组织了民兵并为其筹措资金。为此，严嵩和其他人支持他晋升为陕西兵备副使。不料，他因夏言基于他曾在平阳牟取暴利的谣言被逮捕、关押和免职。徐阶说他之所以落马，是因为他是政治游戏中的笨拙玩家。[40]

另外一人是何栋（1490—1573），一名精力充沛的官员，在1532年因派系斗争被免去了大同巡抚之职。徐阶想要他回来。嘉靖立即给聂、何二人适当的职位。[41]

徐阶处理了另外一些补救的问题。俺答汗的袭扰唯一的好处就是暴露了明朝防御准备中的广泛缺陷，给了徐阶想要的机会去表示主动，并让嘉靖意识到什么事情需要立即完成。北京变成了一个袭扰后军事重建和改组的蜂巢。徐阶的贡献绝没有超过其他任何人，但是他的描述向许多问题投去了光束，并显示了他的思考风格。

因此，10月17日，在皇帝和大学士们参与军队改组及救济战争破坏的广泛讨论时，徐阶提出了一道密疏。他在回应在虏寇中安插间谍的想法时，不安地指出俺答原始的信件很可能是一名明朝的叛卒写的。朝廷没有为这次袭扰做好准备，在虏寇中间也没有情报来源，但他对安插间谍是否可取表示怀疑。他同意嘉靖的看法，现在的情况与灾难性的1449年完全不同，当时也先汗俘虏了正统帝。他补充说："此时未至甚，寒月或乘我受扰复犯，未可不备。况昨出又窥诸道路者，其应调边兵，亦当先计京务方理云。圣虑及此，此宗社亿万年无疆之福也。……夫犬羊之性未遭挫衄，复犯之机，臣实窃忧之。今调来边兵，闻兵部已留七枝，余尚未去。若欲多留数枝卫御，及今留之，亦可省往来之劳。又边兵惟延绥最劲，次乃大同。若欲增调（北京），非延绥不足用。但边兵原各有地方，万一贼谋谲诈，先出兵向彼侵扰，则在边者不能入，而留此者亦未免怀内顾之心。以臣愚见，边兵固当调，然京务之理尤急。今仇鸾已受京营总兵之命，宜催取到任，整敕营务。王邦瑞、蒋傅原奉命巡视九门，宜责令经理一应守城事宜。其关厢外城、蓟州沿边墙堡及京城直抵古北、白羊等口墩堠宜急修筑。器械、钱粮宜急措备。各处募兵官宜急差去，但募兵一事专以委之书生，恐所募之人未必堪用。况以赵甲募之，他日以钱乙统之，利害不切己，未必肯尽心。不如推二三将官同往，听其精选，选讫就令统理操练，中间有合行事务，亦就听其处置，一如各边将官自募家丁之法。"

"今去寒月已近，事须穷日夜之力为之乃可望济。伏乞圣明申敕百司及时修举。又虏中消息惟大同夜不收能往探，及宣大走回人口能言之。乞敕（将军）徐珏、赵国忠多方差人哨探，一有所闻即星驰奏报，庶得为备。"[42]

这显然是仓促行事，而且是基于对会议提出的话题的迅速回忆。徐阶完全参与了当前的防御需求，而非筹划大战略。但他关于军队士气的言辞在心理学上是尖锐的，并且以具体的现实主义为基础。

在当前袭扰之后的某时，徐阶代表聂豹提交了一系列奏疏，提出使北京在可能发生的另一次虏寇袭扰中更加安全所需的详细改正方案。徐阶在袭扰期间积极参与确保九门的安全，所以他对这件事知之甚多。聂豹刚被任命到兵部的职位上，而且对这个问题并不熟悉，所以他毫无疑问愿意让徐为他撰写奏疏。

徐阶为聂豹代写了六条建议。第一，明九门启闭之节："除大势虏贼侵逼城下，自当闭门拒守外，其贼势稍缓之日，九门各以日出而启，日入而闭……谨讥察以防奸细……如有……纵容守门官军人等乘机需索入城百姓钱物不能禁止者，臣等指名参奏。"第二，处避虏入城之人："近畿小民扶携老弱，奔走入城，其时有司仓卒不及为处。致使市井豪猾之徒或不容许寄居，肆行拒逐，或利其赍持，恣为挟骗……似前失所之民当为预图。合无容臣等通行五城御史出给告示，凡避虏百姓除有亲识堪以依附及力能自择安插者，各听自便外，其余未有所归人数，严督五城兵马，有家小者于民居，无家小者于寺观……其煤、米、盐，听各以有两平算还，不得高抬勒揞。中间果有穷饿不能自存者，有司量为赒给。"第三，严城中窃发之备："游食恶少寔繁有徒……此辈乘机劫杀，难保必无。相应严为堤备……火甲昼夜用心巡逻，遇有前项无赖之徒，即便协力擒拿……如或啸聚既众，逞凶拒敌……暂调巡城官军并报效人等及城外民兵一同扑捕。"第四，通西山运煤之路："米之乏也，官府犹得以仓廪赈之，若煤有缺乏，则官方虽欲措给，力无所施……去秋逆虏入寇之时，平昔卖煤之人皆以畏避沿途杀掠，不敢驮载而来……当发兵一枝防护煤路。"第五，慎官军调遣之令："所有士马朝营于东，暮则或掣之而西……将无持久之谋，兵无适从之志。其甚也，劳扰滋焉，怨讟生焉，此战守之效所以未睹也。近该兵部题奉钦依，战守官兵各分信地，盖已能惩旧辙之失矣。"第六，请修理犒赏之费："凡获赏格，固已有兵部题准事例。造办旗帜、器械、火药等项，固已有工部掌行。但臣等差遣哨探、追捕等役，或劳有当录而赏格未载，欲赏则碍例，不赏则无以使人。及修理器械、火药，猝遇损坏、缺乏，若必待工部修理办选，或不应手，不免误事。臣等冒昧欲乞敕下户部量发银三四千两，就与该部督饷属官掌管。臣等遇有用度，票发本官，如数动支，候事完造册奏缴。"[43]

从所有这些建议中，我们能明显感受到俺答汗的袭扰制造的恐慌、混乱和愤怒的挫败感。下一次，北京城肯定会准备得更好。

徐阶自己还呈上了一份未注明日期的奏疏，对兵部的提议尖锐反驳。在文中他说："戎虏之性嗜利无耻，未易以仁义。怀服要在有以挫之，然后畏而不敢犯。"他进一步说道："此兵（指京军、班军）经仇鸾教练，虽与昔不同，然亦仅足拒守，未能出战冀有斩获。夫去秋虏以游骑直薄城下，于时城上之人莫有能向之发一矢者，此虏所以肆然敢复谋入寇也。今年若复纵之，如此后来，虏患岂有宁日乎？臣闻知各边将官子弟及各处官吏、监生、生员人等仰感皇上平日长育教养之恩，多有自备鞍马器械，带领家丁赴京，愿杀贼报效者，其人马率骁壮可用。臣愚欲乞皇上敕下巡视九门大臣，遇有前项报效之人，逐一收录在官，咨行户部给与行粮料草，结伍团操。万一虏贼大营与边军相持于外，而其游骑仍如去秋来薄城下，即便相机调遣截杀。有功（升赏）……通候事宁发回。"[44]

值得注意的是，在虏寇袭扰后涌现出的类似爱国主义的巨浪，具有坚定的、目的明确的优势。徐阶想要鼓动起这股冲动，并利用它为北京的防御做出贡献。明朝将道德价值放在首位，并在此基础上团结民众；其他价值观只能带来利益，对着鼻子猛击一拳，将使民众在低落的士气中眩晕。

1550 年的袭扰激起了爱国主义的浪潮。它还做了什么？它触发了愤怒的嘉靖下令，大量处决与敌交战失利的指挥官。朝廷似乎非常需要用于献祭的替罪羊。一只替罪羊将有助于消除公众挥之不去的强烈羞耻感，以及还没有得到回答的、关于明廷对俺答入侵极度软弱无效的反应的质疑。能找到一个恶棍甚至是叛国者，貌似有理地指出他为这一切负责吗？结果仇鸾正是这样一个人。

除了支持仇鸾的严嵩，没有人比他在嘉靖的尊重和喜爱中的地位更高。他被安排住在西苑内。他的头衔"平虏大将军"给予了他对北方全部明军完整的指挥权。他被赐予一枚特殊的印章，允许他越过兵部直接与皇帝本人通信。但他并不是一名战将，之前引用的他自己的政策陈述清楚地表明了这一点。和严嵩一样，他总是准备避免战斗，并与敌人达成交易。他由于自己的特殊关系，不知如何逃脱了对 1550 年大失败的直接责备。他对接下来几年明朝的防御态势发挥了很大的影响力。他和严嵩安排了对俺答汗开放边境马市，这一行动激起了杨继盛激烈的反对（但结果是徒劳的），正如之前的章节叙述的那样，其他持不同意见者也被严重虐待。

1551 年 6 月 2 日，报告说俺答在大同的市场交易了 2700 匹马。当 6 月 21 日市场关闭时，仇鸾认为明朝应向"虏"提供奖赏，并在宣府另外开设市场。有传言说这是为了换取他们的中立，因为仇鸾正在筹划一次对兀良哈的袭击。兀良哈是一个软目标，但是他需要战斗的凭证。于是宣府的市场在 6 月 26 日开设，在那里交易了 2000 多匹马。嘉靖同意富裕的虏民交易马匹是想要丝绸，而贫穷的虏民交易牛羊想要的是谷物。对这一想法的反对意见被无视，持不同意见者受到惩罚。

但是问题已经变得无法克服了。尽管税收增加，收入却未能满足防御费用的需求。当边境市场按期关闭，留下贫穷房民的粮食需求无法满足时，他们除了再次开始袭扰便别无选择。宣大遭受了严重的饥荒。1552 年年初，俺答重新开始袭扰，不久宣大的边境市场关闭了。

1552 年 3 月 30 日，朝廷命令仇鸾率军至大同。4 月 2 日，徐阶升为大学士。

到了 4 月 26 日，仇鸾在大同以北的草原行军 200 里，寻找房寇的营地以进行袭击。当时，他在一个名为猫儿庄的地方遭到伏击，这是一座已经废弃的、永乐时代的堡垒。一份报告说他"阵亡二百余人，伤二百人，失马二百余匹"。但是仇鸾报告了胜利："斩首五级，获寇马三十匹。"这听起来有点可疑，嘉靖和严嵩都开始怀疑他。5 月 25 日，嘉靖传召他回京，当时俺答已经和兀良哈结盟，因此增强了兵力，他正在边墙上敲洞，不断进行袭扰。仇鸾想要放弃宣大，并让明军向东南方向移动到离北京更近的防守阵地。他的要求被拒绝了。北京处于恐慌之中，害怕遭受另一次袭扰。

就在此时，大元帅身患重病，背上长了一个囊肿，或许是晚期癌症的症状。他的疾病非常严重，以致他再也不能履职了，他被命令交出自己授予权力的印绶。他于 1552 年 8 月 31 日去世。[45]

在仇鸾去世的时候，他和严嵩的关系已经彻底恶化了。他和严嵩互相进行毁灭性的攻击，两人都利用了与嘉靖的秘密联系渠道。同时，徐阶保持低调，但他也转而反对仇鸾。徐阶的亲家公，锦衣卫掌卫事陆炳曾经是仇鸾的支持者，也转而反对他。仇鸾在西苑内再也没有朋友了。

严嵩和徐阶都决心证明仇鸾不仅腐败自私，而且是一个密谋与虏寇联合并谋划政变的叛国者。陆炳参加了他们的合唱。当然，陆炳有他好的一面。在1550年的袭扰期间，他曾经命令北京的城门向聚集在外面的大群难民打开，并逮捕了准备加入虏寇的城中帮派头目。在徐阶为陆炳写的墓志铭中，他进一步说明："逆鸾兼总京边兵，又多畜死士，将谋不轨。公（陆炳）请于上建射所，选官校舍余，分番习射，以阴制之。鸾果惮，不敢辄发。"[46]仇鸾是否获得了他在西苑内的同僚不再信任他的印象？

同时，徐阶采取措施去挫败仇鸾。1552年5月31日，他秘密地恳求嘉靖拒绝撤离宣大的计划。[47]8月28日，仇鸾临终时，徐阶成功地主张不应再让一位大元帅来取代他，京师和边境的指挥权应放到不同的人手中。[48]

仇鸾去世后，陆炳继续全力调查大元帅生前的所作所为。据说徐阶在一道密疏（在他的文集中找不到）中告诉嘉靖，仇鸾曾经与中日沿海劫掠者接触，涉及叛国①。[49]这一指控震惊了嘉靖，他命令陆炳进行秘密调查。陆炳已经得到探子汇报，涉及仇鸾及其随从的每一件细小恶行。但是在仇鸾去世的前一天，陆炳认为他的证据不够令人满意，于是他秘密地派一个人去警告仇鸾的家丁时义和侯荣，佯称"亟逃虏中避祸，不然且擒"。时、侯二人相信了警告并且逃亡，但是他们被截住并带回北京拷讯。[50]这两名囚犯坦白或者被迫供称："鸾初镇大同，与虏私通要约虏货币诸物，虏亦遗鸾箭囊，持此为他日不犯大同信契。义等各承遣往来，今惧

---

① 此处疑误，作者所引《明通鉴》卷六十嘉靖三十一年八月壬戌条只是说"大学士徐阶密疏发鸾罪状"，并未明言通倭。徐阶言仇鸾通倭事见《明世宗实录》卷三八八嘉靖三十一年八月乙亥条。

事发，逃入房中，欲勾引入犯。"

　　嘉靖读了这份报告之后大怒，命令陆炳会同三法司（刑部、都察院和大理寺）拟罪。他们开会并宣布了谋反的指控，这意味着戮尸。于是皇帝命令将其开棺斩首，枭示九边；父母妻子及时义、侯荣皆斩；妾、女孙发功臣家为奴；财产尽没入官；家属流置，诸党恶者发遣、发配有差。[51]

　　这场大屠杀看起来似乎过分了，疯狂展示的报复吸引了注意。目击者对发生的一些事情的两份详细报道是对此的证据。一份报道由高岱所作，他因为刚刚考中进士而恰巧在北京。高岱证明了关于是否同意俺答开设边境市场的要求之争论的激烈程度。"时苏佑总督宣大主战，史道开马市宣大主和，兵民莫知所从。既得入贡，乃虏以赢瘠马多索值，且大同市寇宣府，宣府市寇大同，甚至朝市暮掠……大同三边垣及诸营堡尽损坏，士卒不复出……鸾密疏上，马市事罢之……然宣大边防废竟不可复云。"高岱接着描述了对仇鸾的强烈不满，但是嘉靖对所有不同意见的镇压，让每个人都过于惊恐以致不敢说出来。同时，仇鸾已经准备了动员全国资源并着手对虏寇大规模攻击的计划，当时他生了囊肿，随后去世了。

　　高岱和徐阶并不熟悉，但是他差不多重复了徐阶对整件事的感受。"庚戌之变，余亲所目观其事者，大抵人狃于宴安，吏牵于文法，事急于诿避，兵习于惰游。虏众已入古北，缙绅尚为长夜之饮……仇鸾以庸暴之资，叨非常之宠，御寇则束手无策，乱政则矫劫横生。（皇上）望其有委身报主之绩，而不虞其负国之至此也。"高岱在结尾写道："或有疑鸾反者，余曰鸾不反，即反无足忧，扑灭之孤豚腐鼠耳……鸾总诸路之兵，握专阃之权，而不能少遏孤军深入之虏，此其人岂能反哉？"[52]

　　另一份报道由一位才华横溢、精力旺盛的年轻人所作，他就是徐阶的好友赵时春（1504—1562）。他写了自己的个人经历：首先作为兵部主事，在袭扰期间训练民兵（他擅长骑射），然后被派到山东担任佥事，之后是按察司副使，完成了率4000名民兵北上通州的任务。作为主事，他听到仇鸾赞成开放边境市场，答复说"此亡宋秦桧策也"，勇敢地面对逮捕。他说："（仇鸾）官为平虏大将军而效牙侩问市职乎？"赵时春说自己渴望自愿向北进军与虏作战。他的冒险好斗，无疑使其对仇鸾的报道倾向于将他描述成一个腐败的小丑而已。[53]

　　1550年的庚戌之变并不是一件很快被遗忘的大事。整个明朝体制在崩溃的边缘颤抖。它的军事防御被证明有很多漏洞，所有人都看到了领导层的消极和无能。隐居于西苑内喜怒无常的皇帝轻易地被其组织内的亲信操纵，做出看起来愚蠢的决定（这让我想起另一个运转失常的全部合法权威的最终来源——美国革命中的大陆会议）。严嵩和仇鸾的目的是通过放弃边境和开设市场，绥靖和掩饰侵略者。但仇鸾确实提供了几种大规模进军草原的粗率计划，嘉靖一开始听从，却在最后否决了。

　　但是，国内四下流传一股相反的潮流（语气是爱国的，而且接近民族主义），要求彻底肃清腐败无能的领导人，任命更好的人选，彻底复兴王朝的防御体制。在西苑之内，正是礼部尚书徐阶支持这种思考方式，他很快被任命为大学士。在对仇鸾死后定罪谋反的后面，他的手腕是强有力的。掘尸、斩首、族诛这些极其公开的行为，其象征意义有助于表明为什么明朝军队表现得如此恶劣——他们是由叛国者率领的！强加于仇鸾及其家族的报复性暴力行为，剥夺了俺答汗的中介，使得仇鸾看起来比俺答汗和劫掠者对明朝的危险更大。

绥靖路线被削弱了，但并未完全丧失信用，因为十年来严嵩继续保持着嘉靖的青睐。

截至 1552 年徐阶成为大学士前夕，他的职业生涯档案与张孚敬、夏言以及严嵩在他们职业生涯的类似时刻相比较，看起来是怎样的呢？它是丰富多彩的。

张孚敬 1527 年入阁。在此之前，他担任过南京的中级职务，然后是北京的翰林学士，但是他的整个职业生涯中，几乎只有官僚内部关于大礼的激烈斗争受到关注。他除了是一名儒士、理论家、党派战士，就没有别的了。夏言 1537 年入阁。到了那个时候，他已经把作为兵科和礼科给事中的成就汇总成一份给人深刻印象的档案。他的知识和能力体现在不同领域，因此我称他为一名技术专家。在严嵩于 1542 年成为大学士之前，他的整个职业生涯都在礼部度过，首先在南京，然后在北京。他既不是理论家，也不是技术专家，而是一个令人印象深刻的组织者——组织与礼仪相关的大规模活动和他自己的官僚机器。徐阶的背景表明他是一名技术专家，虽然他不像夏言那么狂热，但是他不仅局限于此。作为一名翰林院编修，他曾经领导了对更改孔子祀典的抗议。作为福建的一名府推官，他表明自己是一个自我激励的行动主义者。作为一名提学，他开始了解许多有前途的年轻人。他还发现了当时重要的知识思想潮流（主要是由王阳明的儒家修正主义推动的），并尝试理解。在北京，他实际上管理着吏部。然后他成为礼部尚书，并且在 1550 年的危机中保卫这座城市方面发挥了重要作用，正如我们刚刚看到的那样。俺答袭扰的震撼力使张、夏或严曾经面对的任何事都相形见绌。夏言是一个笨拙的政客。与之相对，严嵩是精明的；但他在用一只手搅拌甜蜜的腐败胶水的同时，另一只手对贬低他的人强加威胁和痛苦。徐阶比他们所有人都更出色——他像张和严那样在心理上接近嘉靖的能力；他的背景经验的深度和广度，以及他在政治上与官僚界打交道的方式，当场合似乎需要时，运用公开善意和外科手术式的短剑刺击的强有力组合。他是一名党人，但是足智多谋。

十年以来，内阁是由严嵩、徐阶以及李本组成的三驾马车。鉴于他们之间的差异，这是一个非常稳定的安排。1561 年，李本离开，袁炜接替了他。李和袁都不引人注目，严和徐保守他们自然竞争的秘密。1562 年，严嵩被免职的同时，徐阶成为首辅。我想要集中关注徐阶在 1552 年至 1562 年治理国家的部分。他是决定明朝统治系统最高层稳定还是混乱的主要因素。

严嵩和徐阶制定的是类似于和平共处条约的事物，可以肯定是冰冷的。他遵从严嵩的资历及其与嘉靖形成的亲密关系。严嵩习惯于向各部官员中的任何人发布命令，告诉他们该做什么，做什么决定。他和他的官僚机器不可避免地引起不幸和偶尔谴责的爆发。虽然嘉靖经常支持严嵩并且压制批评他的人，他也乐于让徐阶在手头上作为对严的平衡，所以严的权力从未变得过于压倒性。

于是，嘉靖让徐阶培植自己的官僚追随者。正如之前指出的那样，徐阶利用 1550 年危机为他聂豹弄到了兵部尚书的职务，他从 1553 年到 1555 年担任这一职务。之后，徐阶的朋友，才华横溢的杨博从 1555 年到 1566 年继任尚书。另外，当徐阶入阁时，他能够使嘉靖同意任命他的朋友欧阳德接替他担任礼部尚书。欧阳德意想不到地因为自然原因于 1554 年去世，徐阶在为他写的神道碑铭中悲痛地说："予……获从辅臣……方期与公相左右。庶几少有建立。"[54]

党派组织在明代是非法的，也就是说官僚机器和追随者不得不在视线外组合。行贿受贿本质上是隐蔽的。徐阶通过专心听取官员的看法，一个接一个地争取他们，甚至赞助集会——全国范围内是小型的，在北京城内是大型的，全都用于学生、考生以及资历较浅的官员在那里"讲学"。讲学不是一个明显的党派标签，它是中立的，而且被普遍采用。当年轻的嘉靖参加经筵时，据说他参加过讲学。对于徐阶，它有点像一个封面术语，因为在他赞助的集会上讨论的主要是与正统不一致的儒家学说（王阳明或湛若水的学说），强调王氏学派的口号"致良知"。

徐阶十分小心，避免自己看起来似乎在"植党"。但是毫无疑问，他的这些行动的目的是创造一批官僚体系中自己的拥护者，以平衡严嵩的官僚机器。嘉靖一定也知道这一点，因为 1553 年和 1554 年的讲学大会是在一所道观（位于西苑围墙外的灵济宫内）举行的，嘉靖的道教导师陶仲文管理这处设施。在这些非官方、非正式的集会上，聂豹和欧阳德在几周内与数百名热切的出席者聚会，交谈，往来。这不是腐败，而是一种精神上的东西，吸引这些年轻人并创造一个日后遴选官员的征召基地。徐阶协助确保他和严嵩的这两个党派团体虽然是潜在的死敌，但要避免 16 世纪 20 年代大礼议那样的派系极端分化。例如，徐阶克制自己不要过于努力从折磨杨继盛的人手中将他救出。用令人窒息、陈词滥调的意识形态正统覆盖官场从来不是他的目的。他的目的是通过任何方式发现一群诚实、有才干、精力充沛、富有革新精神的人,协助恢复明朝的防御能力并防止另一次像 1550 年那样的安全崩溃。

但是正如严嵩和他的儿子知道的那样,有能力的官员也可以在这些人中找到:他们有着昂贵的品位,喜欢奢侈的生活,并且对敲诈勒索、小偷小摸以及向高层行贿毫无内疚。

据说,有一天嘉靖从西苑向外望,他自己的新阁楼正在遭受施工延误,却注意到长安街上一座大宅的上部。他想知道这是谁的。有人告诉他这属于严嵩的亲密助手赵文华,而且工部仓库一半的大木已经被挪用去修建它了。这个消息使嘉靖十分生气,这是赵文华在 1557 年被免职的一个因素。[55] 1561 年,南京御史林润弹劾鄢懋卿,后者和严嵩没有亲戚关系,但是通过严的支持被任命为总理盐法,拥有垄断整个华北的盐的权力,这项权力之前从未授予任何人(严嵩喜欢向一线行动人员授予全部权力,仇鸾和其他人可以作证)。林润尤其指控他严重腐败和奢靡的生活。鄢懋卿在巡视府县途中,以过高的价格出售政府垄断的盐,他带着妻子,让她坐在由 12 名女子扛着的"五彩舆"上向四周炫耀,这是一幅令人吃惊的景象。[56] 严世蕃的腐败臭名昭著,南京光禄少卿白启常描述了他在北京的奢华庄园中放荡的生活方式,他甚至往脸上搽粉并模仿女性。可以在他的卧室中发现妓女,还可以看到其他拜访的官员(如唐汝楫、王材)偷偷进去看她们。[57] 这些言辞或许可以被阐释为严嵩的官僚机器对物质主义、享乐主义以及奢侈生活的广泛嗜好令人震惊的例子。

在官方的《明实录》中,徐阶作为次辅的十年几乎是难以觉察

的。他极少在其中出现。但是他的个人文集中充满了非正式的材
料，包括数百封给一线官员的个人信件，表明他扮演着一个活跃
的角色。这些信件一律用收件人非正式的尊称，而不是他们标准
合法的姓名称呼他们。这种用法表明，徐阶正在绕过常规的官僚
沟通渠道，并激活他自己的网络。他对嘉靖的密疏也没有被编入
官方记录。对皇帝的密疏在明朝历史上屡见不鲜，但是就所知推
断，徐阶是使用个人信件向北京以外的官员提出建议的先驱。张
孚敬、夏言、严嵩都未曾这么做过。

作为一名大学士，徐阶无权向任何人发布命令。这是皇帝独
有的权力。但是，他与皇帝非常靠近，增加了他向各省官员表达
的意见或建议的分量。他的个性、儒学、权术是无缝一致的。徐
阶是一个行动主义者，他友善爽直，也是一个理想主义者，虽然
是有充分现实根据的。尽管他从未声称完全理解"致良知"这句格
言，他享受着与许多心学热心人士的友谊，他似乎将这句格言作
为善意的建议，用于实际的日常生活。这是徐阶的创造性技巧，
不是针对他声称深恶痛绝的小集团，而是明朝官场从上到下广泛
的、故意无组织的追随者。

正是明朝在长城和沿海地区的持续安全危机，引出了徐阶的
所有这些信件。正如之前强调的那样，徐阶终生对军事事务保持
兴趣。他从北京给该领域他认识的官员的信件开始于16世纪40年
代，当时他将自己所知北京政治现状的消息分享给之后的宣大总
督翁万达。他与翁分享了自己关于如何应对虏寇袭扰，以及如何
对翁的大战略计划在朝廷受到的负面回应做出反应的想法。他劝
告道，关于这些议题的公开争论是件好事。翁万达是一个劲头十
足的讲学参与者和开设边境市场的提倡者。徐阶敦促宣府巡抚孙

锦忽略惯例，尽一切努力去寻找能起到作用的战士，并且端庄地尊重他们。在给陕西省西部的宁夏的巡抚王邦瑞的一封信中，他提醒王："（曾铣）复套之难，公昔行时，盖尝僭论……公固未忘别时语耶……赖主上……手诏改议，岂惟公得免疆场之忧，仆辈实自是始能安寝矣。"[58]

1550 年的袭扰之后不久，有实无名的大学士徐阶忙于给负责在通州修筑城墙和在山东招募士兵的官员寄去详细建议。他在信件中表达了特别的忧虑，随着房寇已经返回草原，官员的压力消失，会放任他们恢复从前的自满习惯。在宣大开设市场的决定只会助长这种自满。作为西苑的一名居住者，徐阶可以利用所有最新收到的来自战地的军事报告，他自愿地将自己的内部消息分享给在北方前线的朋友和同僚，将嘉靖说是或者否的权力考虑进去，表明房寇可能做的事情，鼓励提高警惕性，因为他本人可以影响关键人员的任免。徐阶得意地告诉所有人，他成功地使嘉靖将仇鸾过去统一的指挥权一分为二，一名负责官员在北京，另一名在宣大。他经常委婉地责备和鼓励更好的表现，这非常适合有影响力但没有行政权力的人。

徐阶特别关注边境军事的人事管理，即寻找良好的指挥官（尽管粗暴鲁莽、目不识丁）并且善待他们。食物供给极其重要。还有火器、战车的制造，恰当的收支会计工作，以及严厉打击持续的盗窃资金和补给的行为。如果边境官员担心在奏疏中太坦率了，他们会秘密地写信给徐阶，徐会代为传达。如何评价手下士兵叛逃到房寇一方的指挥官？如何安慰笨拙愠怒的政治游戏的玩家？所有这些努力加上憎恨他的人的敌意，使徐阶疲惫不堪，他几次向从官场致仕的朋友描述自己承受的巨大压力。[59]

在给嘉靖的密疏中，徐阶提供了关于北部边境情况的详细报告，以及关于皇帝为了消除各种混乱颁布的诏书的建议。

在沿长城的袭扰有所缓和的同时，明代中国的海上边界在1552年至1559年遭受了来自所谓的"倭寇"日益加剧的暴力袭扰。徐阶家乡所在的府县（华亭和松江）处于倭寇袭扰的范围内，实际上他所参与的击退这些袭扰的努力，甚至比他对改善北部防御的关注更强烈。难怪他感到自己压力过大。

徐阶始终是行动主义者，他给一线行动人员的信件在16世纪40年代就开始了，就像他们在北方做的那样，在一切大麻烦发生之前。在南方的问题上，徐阶主要关注的是在南直隶省会南京的巡抚和巡按。北京正在忍受财政赤字，正如徐阶多年来不知疲倦地指出的那样，苏州府和松江府是全国税收的重要来源地，但是那里正在经受长期干旱。徐阶的信件中充斥着关于赋税改革、水利工程、丝绸制造、腐败控制、价格协定以及其他类似事情的详细建议。他赞成实物税（稻米）用银两估价折付，这是朝着之后的"一条鞭法"迈出的一步。各种问题极其令人困扰：未缴税款的积压、不公的白银估价、赋税登记簿保存地不佳、没有财力恢复耕种的农民。然后袭扰开始了。

在严嵩和徐阶之间，形成了对沿海防御管理事实上的责任分工。他们大体上遵循和平共存政策，倾向于远离彼此的轨道。严嵩的影响范围通过他的义子、亲密助手赵文华向下，延伸到1556年后三个沿海省份的最高指挥官，司令部在杭州的胡宗宪。徐阶不和他打交道，因为他属于对立的官僚网络。他和在南京的官员打交道，他们在制度上处于胡宗宪的管辖下，但是在地理上离他太遥远了（直线距离 150 英里），于是不受阻碍地听从于徐阶并自由行动。因此，在胡宗宪控制浙江海岸的同时，主要由南京的官员管理南直隶的海岸。

数年来，这一安排对徐阶而言的主要问题是严嵩的人——有才干但是腐败臭名昭著的赵文华。作为一名从北京派下去的特使，他和胡宗宪一起参加军事行动，对实际上在严嵩的网络之外的每一个人提出激烈的、导致定罪的弹劾。徐阶焦急地向处于危险中的官员寄去建议的信件，提醒他们容易遭到攻击的地方，试图保住他们的脑袋，但是无济于事。聂豹由于拒绝对赵文华的一项提议提供全面支持，被免去了兵部尚书的职务。然后赵文华自己于 1557 年被免职，当时他的谎言甚至激怒了严嵩。自始至终，胡宗宪在浙江镇压倭寇的表现引人注目；徐阶尽管受挫，却从未屈服，而是坚持自己的决心，帮助恢复沿海的安全。他给南京的高级官员写信，偶尔给有文化的将军甚至府县官员写信。基层发展是他的主要关注点：地方民兵与外来的北方士兵以及来自西南边境的少数民族战士的关系，防守与追击的争论，后勤与人事管理，武器、侦察和谍报活动，以及地方社会和经济的复兴。没有什么超过他的所见和能力。他处理（甚至是微观管理）清除 300 英里海岸线上的倭寇这一非常困难的工作。他始终意识到从遥远的北京妥善处理这些事务潜在的困难，一名信使送信并带回答复要用去数周。[60]

徐阶忍受了作为在严嵩之下的大学士艰难的十年。在这些年中，他是明朝政治和政府中前所未有的活跃力量。这并不容易。他不得不取悦嘉靖。他不得不安抚严嵩和他的儿子严世蕃，将自己对二人深切的厌恶以及对他们支持的腐败行为的憎恶隐藏好。他不得不支持讲学，但是没有到引起宗派主义的指控以及嘉靖和其他人怀疑的程度。他不得不和尽可能多的官员交朋友，不管他们是否改信"良知"。他可以只是被动地坐着，阅读呈入的奏疏和起草嘉靖的敕令，然后到此为止。但事实并非如此。他是一个有雄心的人，他变成了活动的"一人旋风"。1550年庚戌之变后，他不知疲倦地致力于修补明代中国千疮百孔的北部边疆防御。然后，在随后的倭寇危机中，他充当了一名不眠不休的总管，负责处理对沿海防御机器构成威胁的每一个挑战和每一个内部故障。1559年后，当时劫掠者撤离了南直隶和浙江的海岸，向南去寻找更成熟的目标，他仍然急于协助安排战后复兴。到了1562年，他的官方记录光彩夺目，他在许多官员中间的声望无与伦比，深受嘉靖宠信，不仅因为他撰写道教祷文和参加皇帝的宗教仪式的意愿，还因为他作为大学士的效用。

然后在1562年，他协助策划了严嵩及其儿子的免职，运用了这种行动所要求的一切政治技巧。1565年，他用一把熟练使用的匕首继续行动，接着是一把大砍刀，这导致了严世蕃被公开处决，抗倭英雄胡宗宪竟被关押并瘐死于狱中，年老的严嵩被削职为民，严氏家族及其追随者的巨额财富被没收，以及很可能毫无根据的虚假指控：严世蕃和他的朋友们将与虏寇和倭寇结盟并发动政变。谋反的指控使得肃清数名严嵩的高层支持者成为可能。徐阶现在终于能公开表达他长期掩藏的对严氏家族的仇恨，以及对他们处于完全毁灭状态的官僚机器的腐败行为的憎恶了。

徐阶从1562年至1567年年初嘉靖去世一直担任首辅的职务。他在嘉靖的继承者隆庆的统治下保留了这一职位，直到他于1568年被迫致仕。

他在首辅任期的岁月受到的压力，基本上小于在严嵩之下度过的十年。现在他可以不受限制地接近嘉靖。安全危机仍然存在，但正在逐渐平息。通过写给一线官员的信件，他一如既往地参与其中。他竟然恢复了张孚敬过去作为导师和心理咨询师的角色，这一次是面对一位开始丧失权柄、挣扎哭泣的皇帝。

徐阶公开制定了三条程序规则，作为后严嵩时代管理政府的明确指导方针。请注意，这并不是想象中的专制君主嘉靖给徐阶的指示，而是徐阶告诉嘉靖该怎么做事。能称徐阶是一名立宪主义者吗？他的第一条规则是将所有决策权归还给皇帝（以威福还主上），嘉靖对此大惑不解：他已经没有这项权力了吗？徐阶解释说，在官僚机构的下层，他的诏书被惯常无视。徐阶没有接着说明是谁，又是为什么无视它们，不过可能是严嵩的官僚机器暗中将其撤销了。

他的第二条规则是让六部管理各自的事务，不受来自内阁的支配（以政务还诸司）。这条规则否定了严嵩的行事方式。徐阶在另一篇文章中曾经表达过对独断统治的反感。严嵩对各部作威作福，是弹章中经常提出的一项指控。第三条规则是"以用舍刑赏还公论"。这意味着向科道（多年来受到惊吓和压制）开放"言路"。当嘉靖发声询问他信任的严嵩犯了多大的错时，徐阶安慰他说："嵩之才尽足辅政，其初皇上用之，未尝不是……过听其子，而子之贪狠又特异于人，遂致上负圣恩耳……然使早有人言，亦岂得至如此之甚哉。"

徐阶还就内阁的性质和作用与嘉靖进行了研讨。在 41 年的统治后，为什么 55 岁的嘉靖想要和徐阶讨论这样一个问题？他至今都不知道吗？或许是受严嵩影响，嘉靖说："此官（指首辅）虽无相名，实有相职。"徐阶并不同意。在复杂的信件交流中，徐阶坚决主张实际上皇帝就是丞相。大学士和吏部尚书拥有的地位如此至关重要，以至于他们必须由皇帝亲自选择，而不能由官僚推荐。吏部尚书必须是大学士无法威吓的人。朝廷呈上其他最高职务候选人的推荐固然很好，但不能是对大学士和吏部尚书的推荐。所以，当袁炜于 1565 年去世使徐阶成为唯一的大学士时，他耐心地向嘉靖解释为什么他不能独自完成工作，为什么需要立即增加至少两人，以及为什么他不能为这个职位推荐任何人。皇帝了解他的高级官员，他必须亲自做出选择。这是祖制。

嘉靖不仅顺从了徐阶，还选择了两个南方人——严讷和李春芳。严讷（并非严嵩的亲戚）是一名正直勤勉的吏部尚书。李春芳是农民的儿子，任礼部尚书。徐、严和李三人都是（或者曾经是）讲学的支持者，也是王阳明、湛若水等人的学派的追随者。这是一个出色的团队，观点一致并且对他们的首席徐阶恭敬。但这是短暂的。1565 年年末，严讷由于健康原因离开。嘉靖想要用另一个南方人董份接替他[1]，但董从前是严世蕃的追随者；尽管徐阶坚持皇帝应独享权力，他还是强烈反对并使嘉靖改变了想法。或许是过于相信自己的公正和吸引所有新来者的能力，徐阶热烈赞同两个北方人升入内阁的任命：郭朴和高拱。高拱被证明是权力游戏的重要玩家，拒绝听从徐阶，在后嘉靖时代的 1568 年策划免去了徐阶的职务。徐阶再也没有回来，于 1583 年去世。

---

[1] 原文疑误，《明史》卷二百十三："及严讷由吏部入阁，帝谋代者。时董份以工部尚书行吏部左侍郎事，方受帝眷，而为人贪狡无行。徐阶虑其代讷。"则嘉靖是想用董份接替入阁的严讷担任吏部尚书，而非接替他入阁。据《明世宗实录》卷五四七嘉靖四十四年六月戊寅条，董份在严讷去职前已被劾罢。

嘉靖没有轻视严嵩的免职和耻辱。几年来，他对严嵩从西苑离开感到非常难过。他考虑退位，正如他在 1521 年做的那样，当时他的母亲被拒绝给予在进入紫禁城时应有的礼仪上的尊重。41年后的 1562 年，他考虑让位并将余生献给宗教。1565 年，他表达了同样的愿望。1566 年，他对海瑞的著名奏疏对他个人的批评感到苦恼，说想要隐退到南京的一座宫殿中。然后他说想要重访承天故居，并拜谒在那里的父母陵墓。正是徐阶表现良好的细致工作，消除了嘉靖反复发作的抑郁和自我怀疑，并且说服他留下来工作。

嘉靖于 1567 年 1 月 23 日中午离世。他不顾一切地要求药品、药丸、长生不老药是徒劳的。徐阶在场，举世瞩目，他现在的任务是宣布皇帝的遗诏，管理复杂的出殡和安葬仪式，以及安排 12天后嘉靖尚在人世的长子朱载垕的正式登基——他不受宠爱，被称为隆庆帝。徐阶完成了这些职责。

遗诏看上去似乎是嘉靖亲自撰写的，但其实并非如此，这是一篇熟练的政治手法的产物，除了一个错误。徐阶将其他大学士（两个北方人和李春芳）排挤出圈子，请求由自己才华横溢的门客、翰林学士张居正（前面已经提到，明代最后一位强力大学士）而不是他们帮助自己做这件事。他们整日整夜地致力于撰写。这道诏书颁布于嘉靖驾崩次日的 1 月 24 日，似乎积极回应了天下一直等待的事情，除了两名来自北方的大学士，诏书受到了广泛的赞誉。它做了两件大事。第一，嘉靖被迫完全放弃对道教的长期崇奉。没有一点声音为他的宗教辩护。嘉靖在西苑内修建的祭坛和庙宇的整个建筑群被立即拆除，材料被回收用于其他建筑工程。只有一座宫殿被保留。第二，所有已经去世或者还在世的、曾经因直言不讳被惩罚的人被恢复名誉和地位。共有超过 200 名受害者，包括 1524 年对大礼的抗议、1527 年的大狱的受害者，还有其他令嘉靖愤怒的所有正直之士，轻而易举地从耻辱的垃圾坑升入了为道德英雄预设的特殊英烈祠。[61]

　　嘉靖和他的时代被怎样记忆？这个时代是否在消除了多年不满的氛围中终结在人们心中？答案是否定的。

　　晚明的时评家从一种令人惊讶的积极角度评价这个时代。由张居正等人在 1577 年编纂的《明世宗实录》对使人不愉快的方面轻描淡写，并对整个统治期给予强烈支持。"上隆准修髯，威容若神。性明断，多大略，识达治体……诛除巨奸，革去镇守内臣，清汰冗滥，诸凡弊政以次尽罢，海内欣欣若更生焉（实际上这是首辅杨廷和的工作成果，但是无关紧要）。"嘉靖在大礼议上有正确的坚定立场，在改革天地祭祀和其他全部礼仪上同样有坚定的后续行动，以至于"明兴以来，文治之盛未始有也"。

　　"初年勤于政治……孜孜以敬天恤民为务……贫民无告者为设糜粥之，施药疗之。诏书数下，每言及有司酷刑苦役，上干天和，一篇之中必三致意焉……北障胡氛，南清海沴……群臣中虽素贵有宠者，不敢以隐情疑事尝试上前……其他勋戚近侍朝为肺腑，暮或谴诛。雨泽露而威风霆，虽四荒万里之外廓如也……每遇（其父）时节忌辰侍臣窃窥圣容惨怛，承享精虔，无不泣于下者。晚年留意玄理……宸衷惕然，惓惓以不闻外事为忧，批决顾问日无停笞。""中兴大业视之列祖有光焉……真可谓神圣不世出之主矣。"[62]

　　其他明人的评价普遍重复了这种积极的思路。[63]但是后继清人的评论提出了不同的看法。修成于 1736 年的《明史》说："（嘉靖）力除一切弊政……顾迭议大礼，舆论沸腾，幸臣假托，寻兴大狱。夫天性至情，君亲大义，追尊立庙，礼亦宜之；然升祔太庙，而跻于武宗之上，不已过乎！若其时纷纭多故，将疲于边，贼讧于内，而崇尚道教，享祀弗经，营建繁兴，府藏告匮，百余年富庶治平之业，因以渐替。虽剪剔权奸，威柄在御，要亦中材之主也矣。"[64]

　　我自己的评价处于正面和负面之间。一方面，我尊敬他的勤奋和对权力的理解；另一方面，我厌恶他的生活方式，憎恶他的残忍。我试图理解嘉靖，但我必须承认，我不太喜欢他。不过，我在本书中的目的与其说是对他个人做出判断，倒不如说是探索他的首辅们的生活和经历，并从中获得大量在明朝历史相当长一段时间内运转中的政权的具体画面。我希望自己成功地做到了这一点。

注　释

导　言

1. 延伸讨论参见盖杰民（James Geiss），"On the Singnificance of the Reign Title Chia-ching"，*Ming Studies*, no. 30（1990），页37—51。

2. 中国家族经常为生前没有留下儿子的男子安排死后过继。但是就嘉靖的情况而言，他是独子，所以将他过继给弘治帝，就必定夺走了其父直接的继承人。

3. 参见达第斯，*A Political Life in Ming China: A Grand Secretary and His Times*（Lanham, MD: Rowman & Littlefield, 2013）。

第一章

1. 见牟复礼（F. W. Mote），*Imperial China, 900–1800*（Cambridge. MA: Harvard University Press, 1999），页658以下。

2. 可参看以下有关书籍：《明实录》（台北1962年重印），第70册；谈迁，《国榷》（北京：古籍出版社，1958年），第4册；夏燮，《新校明通鉴》（台北：世界书局，1962年），第4册；《明史》（任一版本），第17卷；谷应泰，《明史纪事本末》（任一版本），第50卷；富路特（L. Carrington Goodrich）、房兆楹（Chaoying Fang）编，*Dictionary of Ming Biography*, 2 Vols.（New York: Columbia University Press, 1976）；*The Cambridge History of China*, Vol. 7, *The Ming Dynasty, 1368–1644*, Part I（Cambridge University Press,1988）；费克光（Carney

T. Fisher），*The Chosen One: Succession and Adoption in the Court of Ming Shizong*（Sydney: Allen & Unwin, 1990）。

3. 焦竑编，《国朝献征录》（台北：台湾学生书局，1965 年），第 1 册，页 532（袁宗皋神道碑）。

4. 杨廷和犯了一个不知为何从未出现在兴起的争议中的错误。根据一条严格的明代宫廷法律记载，嘉靖并非合法的继位候选人。他的祖母从未成为皇后，而是一名妃子，妃子的孙子禁止成为男性继承者。但是嘉靖并没有竞争者，他的继承权也从来没有受到质疑。

5. 见牟复礼，*Imperial China*，页 662—663。

6. 为了方便起见，我将从此处起称张璁为张孚敬。嘉靖于 1531 年应张璁的请求赐名"孚敬"，因为他名字的第二个字与嘉靖御讳"厚熜"的第二个字同音，而且张觉得这种相似是冒失的，且令人不安。

7. 张孚敬，《太师张文忠公集》，《四库全书存目丛书·集部》，第 77 册，页 294—305（墓志）。

8. 《明实录》，第 70 册，页 74;《明代登科录汇编》（台北 1969 年重印），第 6 册，页 2999—3002，页 3041。后者是一部记载描述性的报告和所有中式者名单的考试类年鉴汇编。

9. 《国朝献征录》，第 1 册，页 549（王世贞、张孚敬传）。

10. 《明实录》，第 72 册，页 884—886，页 900—902;《新校明通鉴》，第 4 册，页 1896—1897。

11. 《明史》，第 197 卷（列传）;《国朝献征录》，第 2 册，页 1033—1044（墓碣）。

12. *Dictionary of Ming Biography*，第 1 册，页 679—683（传记）。

13. 《明实录》，第 72 册，页 933。

14. 《明实录》，第 72 册，页 900—902。

15. 《明史纪事本末》，第 50 卷。

16. 关于日期，我采用桂萼奏疏的说法，因为《明实录》记载的日期并不清楚。

17. 《明史》，第 197 卷（席书传）。

18. 《明实录》，第 72 册，页 996—998，页 1042;《明史纪事本末》，第 50 卷。

19. 《明实录》，第 72 册，页 985—986。

20. 《明实录》，第 72 册，页 989，页 994—995。

21. 桂萼，《文襄公奏议》，《四库全书存目丛书·集部》，第60册，页44。

22. 《明实录》，第72册，页999—1003。

23. 《明实录》，第72册，页1006—1007。

24. 《明实录》，第72册，页1013—1022。

25. 《国榷》，第4册，页3302。

26. 《明实录》，第72册，页1022。

27. 《明实录》，第72册，页1024—1032，页1035。

28. 《明实录》，第72册，页1036。

29. 《明实录》，第72册，页1036。

30. 《明实录》，第72册，页1041。

31. 《新校明通鉴》，第4册，页1913。

32. 《新校明通鉴》，第4册，页1914。

33. 《新校明通鉴》，第4册，页1913—1914。

34. 陈子龙编，《皇明经世文编》(台北1964年重印)，第12册，页48—50。

35. 达第斯（John Dardess），"Protesting to the Death: The *fuque* in Ming Political History"，*Ming Studies*，no. 47（Spring 2003），页109—118。

36. 《明实录》，第72册，页1051—1052。

37. 《明实录》，第72册，页1079—1083；《明史》，第190卷（毛纪传）。

38. 《明实录》，第72册，页1074。

39. 《明实录》，第72册，页1080—1081，1084；《新校明通鉴》，第4册，页1917。

40. 《明实录》，第73册，页1178—1179（嘉靖三年十二月丁酉条）。

41. 《太师张文忠公集》，页51—52。

42. 《太师张文忠公集》，页56—57。

43. 张孚敬，《谕对录》，《四库全书存目丛书·史部》，第57册，页57—58。

44. 《谕对录》，页58。

45. 《谕对录》，页61。

46. 当时担任大学士的是杨一清（1454—1530）、贾咏（1464—1547）以及费宏（1468—1535）。

47. 《明实录》，第72册，页1104—1105。

48. 《明实录》，第73册，页1158—1159。

49. 详细记载见《新校明通鉴》，第4册，页1987—1989。

50.《太师张文忠公集》，第77册，页66;《明史纪事本末》，第56卷（李福达之狱);《新校明通鉴》，第4册，页1996—2001。

51.《太师张文忠公集》，第77册，页67，页73。

第二章

1. 这件事的复杂性已被戴乐（Romeyn Taylor）" Offcial Religion in the Ming"一文详尽阐述，收入崔瑞德（Denis Twitchett）、费正清（John K. Fairbank）编，*The Cambridge History of China,* Vol. 8, *The Ming Dynasty, 1368–1644*, Part 2（Cambridge: Cambridge University Press, 1998），页840—892;另见贺允宜（Ho Yun-yi），"Ideological Implications of Major Sacrifice in Early Ming"，见 *Ming Studies*, no. 6（1978），页55—73。

2. 夏言，《夏桂洲先生文集》，《四库全书存目丛书·集部》，第74册，页547—549;另见夏言，《桂洲先生奏议》，《四库全书存目丛书·史部》，第60册，页420—421。

3.《新校明通鉴》，第4册，页2049—2050。嘉靖复兴亲蚕礼的完整经过，见林萃青（Joseph S. C. Lam），*State Sacrifices and Music in Ming China: Orthodoxy, Creativity, and Expressiveness*（Albany: SUNY Press, 1998），页55—74。

4.《夏桂洲先生文集》，第74册，页492—494。

5.《新校明通鉴》，第4册，页2052;《谕对录》，第57册，页210—211，页213—214。

6. 霍韬，《渭厓文集》，《四库全书存目丛书·集部》，第68册，页556—564。

7.《渭厓文集》，第68册，页565—569。

8. 夏言年谱，收录于《夏桂洲先生文集》，第74册，页176—178。

9.《新校明通鉴》，第4册，页2054。

10.《谕对录》，第57册，页220—222。

11. 戴彼得（Peter Ditmanson），"Imperial History and Broadening Historical

Consciousness in Late Ming China", 见 *Ming Studies*, no. 71（2015），页23—40。该文指出，皇位继承事务并不局限于宫廷圈子之内，而是受到全国的关注。

12. 全部有关信件收录于《谕对录》，第57册，页220—228。

13.《桂洲先生奏议》，第60册，页276—277。

14.《桂洲先生奏议》，页277—278。

15.《桂洲先生奏议》，页278。

16.《桂洲先生奏议》，页278—279。另见夏言，《夏桂洲先生文集》，第74册，页565—567。

17.《谕对录》，第57册，页265—266。窑厂存在腐败现象，参看第57册，页306—307。

18.《夏桂洲先生文集》，第74册，页538—540。

19. 交通管制留下一个问题，困扰着嘉靖去四坛的视察。1532年2月13日，夏言报告说："东西长安门外新筑御路。近日皇上行方泽朝日夕月坛礼翠华经行，今文武大小官员乃在前项御路之上抬轿骑马。而行为臣僭君路，恬无悚畏……今南郊正阳门外直路，每遇郊祀则有司率地方人先期洒扫划治……新筑之道……中间低洼积水之处，未免塞裳，或逢狭隘，则车马不惟难容往来，易致拥塞梗阻……如有阻碍去处，许开横道径过。"嘉靖表示同意，并命令道："是这各郊经行大路，凡遇祭期先十日除道……不许大小车辆于道上行使（驶）。"（夏言，《南宫奏稿》，第1卷，页50b—52b）。这份报告为新制定的明朝礼仪的规模、困难以及制造的混乱，提供了一份亲临现场的证言。

20.《明史纪事本末》，第51卷；《明实录》，第77册，页2843以下。

21.《南宫奏稿》，第2卷，页1a—4b，页5a—8a。

22.《新校明通鉴》，第4册，页2071—2072；《国榷》，第4册，页3438，页3440。可在《明史》第49卷中找到该礼仪进一步的细节，该礼仪在1559年被取消。

23.《谕对录》，第57册，页16—20。

24.《谕对录》，第57册，页61—62。

25.《谕对录》，第57册，页67—68。

26.《谕对录》，第57册，页62—64。

27. 见杜联喆，《明朝馆选录》(1966年)，页64—67。

28.《新校明通鉴》，第4册，页2006—2007。

29.《明朝馆选录》，页36—37，引自嘉靖十一月丁丑的陈述。

30.《谕对录》，第57册，页81—83。

31.《谕对录》，第57册，页98—99。《桂洲先生奏议》，第60册，页374—375。其中有一道写于1534年，关于给谢诏（1512—1563）任命新教官的长篇奏疏。谢后来成长为一名有着良好声誉的军事贵族。嘉靖的妹妹去世于1540年。见李春芳，《李文定公贻安堂集》，《四库全书存目丛书·集部》，第113册，页206—208，赠少保兼太子太保驸马都尉古庸谢公墓志铭。

32.《谕对录》，第57册，页100—101。关于后来的反佛措施，见《夏桂洲先生文集》，第74册，页634—637；以及《桂洲先生奏议》，第60册，页383—384。

33.《谕对录》，第57册，页135—136。

34.《谕对录》，第57册，页139—140。

35.《谕对录》，第57册，页147。

36.《谕对录》，第57册，页209。

37.《谕对录》，第57册，页217。

38.《谕对录》，第57册，页219。

39.《谕对录》，第57册，页219。

40.《谕对录》，第57册，页278—279。

41.《谕对录》，第57册，页370—371。

42.《谕对录》，第57册，页87—89。

43.《谕对录》，第57册，页107—108。

44.《新校明通鉴》，第4册，页2026。

45.《国榷》，第4册，页3385—3386。《明史》第114卷陈皇后传："一日，与后同坐，张、方二妃进茗，帝循视其手。后恚，投杯起。帝大怒。"12月5日，由于天气变得严寒，嘉靖怜悯为她修建陵墓的工人，所以张孚敬同意工程暂停至次年春季（《谕对录》，第57册，页146—147）。

46.《谕对录》，第57册，页147—150。

47.《明实录》，第76册，页2517。

后浪出版公司

汗青堂

开眼看世界

01

《五四运动史：
现代中国的知识革命》

[美] 周策纵 ｜著

陈永明 / 张静 ｜译
110.00元

02 《丝绸之路新史》

[美]芮乐伟·韩森 ｜著　张湛 ｜译　49.80元

03 《来自纳粹地狱的报告：奥斯维辛犹太法医纪述》

[匈]米克洛斯·尼斯利 ｜著　刘建波 ｜译　68.00元

04 《东大爸爸写给我的日本史》

[日]小岛毅 ｜著　王筱玲 ｜译　68.00元

05 《东大爸爸写给我的日本史2》

[日]小岛毅 ｜著　郭清华 ｜译　60.00元

06 《十二幅地图中的世界史》

[英]杰里·布罗顿 ｜著　林盛 ｜译　99.80元

07 《BBC世界史》

[英]安德鲁·玛尔 ｜著　郭邢科 / 汪辉 ｜译　88.00元

08 《北京的城墙与城门》

[瑞典]喜仁龙 ｜著　邓可 ｜译　99.80元

09

《海洋与文明》

[美]林肯·佩恩 ｜著

陈建军 / 罗燚英 ｜译
128.00元

10 《命运攸关的抉择：1940—1941年间改变世界的十个决策》

[英]伊恩·克肖 ｜著　顾剑 ｜译　88.00元

48.《谕对录》，第57册，页179。

49.《谕对录》，第57册，页179—182。

50.《谕对录》，第57册，页236—237。

51.《明实录》，第77册，页2790—2791。

52.《谕对录》，第57册，页283—285。

53.《谕对录》，第57册，页285—286。

54.《谕对录》，第57册，页286—287。

55.《谕对录》，第57册，页288。

56.《谕对录》，第57册，页321—324，页327—329。

57.《谕对录》，第57册，页347—351；《御制火警或问》，《四库全书存目丛书·史部》，第57册，页1—4；《明实录》，第77册，页2904。

58. *DICTIONARY OF MING BIOGRAPHY*，第1册，页320；子女名单收录于《国榷》，第1册，页15—16。

59.《国榷》，第4册，页3455；《明实录》，第77册，页3134—3135。

60. *DICTIONARY OF MING BIOGRAPHY*，第2册，页1169—1170（邵元节传）。

61.《谕对录》，第57册，页363—364。

62.《谕对录》，第57册，页392—393。

63.《谕对录》，第57册，页397—398。

64.《明实录》，第78册，页3535—3536。

65.《谕对录》，第57册，页415—416。

66.《国榷》，第4册，页3374。

67.《新校明通鉴》，第4册，页2014，页2026。

68.《桂洲先生奏议》，第60册，页441—468；《太师张文忠公集》，第77册，页85—87。

69. 此外更多细节见《国榷》，第4册，页3489—3490。

70.《太师张文忠公集》，第77册，页167—169。

71.《国榷》，第4册，页3491。

72.《太师张文忠公集》，第77册，页169。

73.《国榷》，第4册，页3492—3495。

74.《明史》，第193卷（列传）。

8. 《夏桂洲先生文集》，第74册，页592—599。

9. 同上。

10. 《桂洲先生奏议》，第60册，页408—412。

11. 《桂洲先生奏议》，第60册，页412—413。

12. 《桂洲先生奏议》，第60册，页413—414。

13. 《夏桂洲先生文集》，页172。夏言还被一个梦所鼓舞，在梦中他骑着一匹马从空中经正阳门进入皇城。

14. 《明实录》，第75册，页2172。

15. 《桂洲先生奏议》，第60册，页441—468。之后的一道未注明日期的奏疏详尽地重申了夏言对山西佥事陈大纲作为指挥官在这次事件中的行为的批评。见第60册，页582—585。

16. 《桂洲先生奏议》，第60册，页430—431。

17. 《桂洲先生奏议》，第60册，页431—434；《夏桂洲先生文集》，第74册，页602—605。

18. 《夏桂洲先生文集》，第74册，页602—605。

19. 《桂洲先生奏议》，第60册，页441。

20. 《桂洲先生奏议》，第60册，页469—470。

21. 《夏桂洲先生文集》，第74册，页605—610。

22. 《夏桂洲先生文集》，第74册，页610—616；《桂洲先生奏议》，第60册，页437—441。

23. 《夏桂洲先生文集》，第74册，页616—620；《桂洲先生奏议》，第60册，页434—437。以下是他任兵科给事中时另外的一些奏疏：《夏桂洲先生文集》，第74册，页623—625，关于马匹；页620—623，关于倭寇；《桂洲先生奏议》，第60册，页550—551，弹劾一名巡抚；页549—550，为一名知府辩护；页401—402，一件不配获得的军功。

24. 《桂洲先生奏议》，第60册，页551—552。

25. 民国《平顺县志》，收录于《中国地方志集成·山西府县志辑》，页42，页48—49，页108—109。

26. 《夏桂洲先生文集》，第74册，页174—175。

27. 《夏桂洲先生文集》，第74册，页492—494。

28. 《南宫奏稿》（四库全书珍本四集，1973），第109册。

29.《桂洲先生奏议》，第60册，页552—554。

30.《夏桂洲先生文集》，第74册，页553—554。这道奏疏的日期在1521年至1524年间，奏疏中提到的李铎在此期间担任宣府巡抚。

31.《夏桂洲先生文集》，第74册，页627—629。

32.《夏桂洲先生文集》，第74册，页564—565。

33. 王伊同（Wang Yi—t'ung），*Official Relations between China and Japan, 1368–1549*（Cambridge, MA: Harvard University Press, 1953），页76—77。

34.《桂洲先生奏议》，第60册，页562—564。

35.《南宫奏稿》，第4卷，页7b—9b。

36.《南宫奏稿》，第4卷，页24b—28a；《桂洲先生奏议》，第60册，页566—567；《夏桂洲先生文集》，第74册，页568—571。

37.《南宫奏稿》，第4卷，页28a—30b。

38.《南宫奏稿》，第4卷，页30b—36b。

39.《桂洲先生奏议》，第60册，页574—575；*DICTIONARY OF MING BIOGRAPHY*，第2册，页1037—1038（满速儿传）。

40.《桂洲先生奏议》，第60册，页572—573。

41.《桂洲先生奏议》，第60册，页573。这道奏疏没有给出日期。

42.《南宫奏稿》，第4卷，页1a—7a。关于这一点，见何汉德（John E. Herman），*Amid the Clouds and Mist: China's Colonization of Guizhou, 1200–1700*（Cambridge, MA: Harvard University Asia Center, 2007），页129—131。

43.《桂洲先生奏议》，第60册，页565—566；《南宫奏稿》，第4卷，页20b—24b。

44.《桂洲先生奏议》，第60册，页573—574。

45.《夏桂洲先生文集》，第74册，页632—633。另见 Richard Pearson，*Ancient Ryukyu: An Archeological Study of Island Communities*（Honolulu: University of Hawaii Press, 2013），第9章和附录二。

46.《夏桂洲先生文集》，第74册，页633—634。

47.《南宫奏稿》，第5卷，页35b—40b。

48.《南宫奏稿》，第5卷，页40b—43b；《夏桂洲先生文集》中的版本较短（第74册，页571）。

49.《桂洲先生奏议》，第60册，页356—360。

50.《夏桂洲先生文集》，第74册，页625—627；较短的版本收录于夏言，《桂洲先生奏议》，第60册，页575—576。

51. 明清考试制度已经得到充分研究。见何炳棣（Ho Ping-ti），*The Ladder of Success in Imperial China: Aspects of Social Mobility, 1368–1911*（New York: Wiley, 1964）；宫崎市定著，谢康伦（Conrad Schirokauer）译，*China's Examination Hell*，（New Haven, CT: Yale University Press, 1981）；以及艾尔曼（Benjamin A. Elman），*A Cultural History of Civil Examinations in Late Imperial China*（Berkeley: University of California Press, 2000）。

52. 杜联喆，《明朝馆选录》，页36—37。

53.《桂洲先生奏议》，第60册，页424—425。

54.《南宫奏稿》，第1卷，页16a—20b;《桂洲先生奏议》，第60册，页369—371。

55.《南宫奏稿》，第5卷，页1a—2b;《桂洲先生奏议》，第60册，页374。

56.《南宫奏稿》，第1卷，页8b—13b;《桂洲先生奏议》，第60册，页367—369。

57.《桂洲先生奏议》，页362;《夏桂洲先生文集》，第74册，页551。

58.《南宫奏稿》，第1卷，页1a—3a，页3a—4b;《桂洲先生奏议》，第60册，页362，页362—363。

59. 夏言有意避开不提的对生员的大清洗，是嘉靖的伯父弘治帝在1494年和1504年下令的。见达第斯，*A Ming Society: T'ai—ho County, Kiangsi, in the Fourteenth to Seventeenth Centuries*（Berkeley: University of California Press, 1996），页152。

60.《南宫奏稿》，第1卷，页13b—16a;《桂洲先生奏议》，第60册，页369。

61.《南宫奏稿》，第1卷，页20b—22a;《桂洲先生奏议》，页373;《夏桂洲先生文集》，第74册，页563—564。

62.《南宫奏稿》，第1卷，页22a—28a。

63.《南宫奏稿》，第1卷，页4b—8a。

64. 《南宫奏稿》，第1卷，页28a—29a。这道奏疏的日期是1533年2月23日（嘉靖十二年正月三十日）。

65. 《桂洲先生奏议》，第60册，页375—377;《夏桂洲先生文集》，第74册，页573—575。

66. 《桂洲先生奏议》，第60册，页377—378。

67. 《桂洲先生奏议》，第60册，页378—379。

68. 《桂洲先生奏议》，第60册，页379—381。

69. 例如沈国棘手的继承争议（《桂洲先生奏议》，第60册，页302—307）；代国（《南宫奏稿》，第1卷，页39b—43a，第5卷，页7a—9a）；宗藩的监禁（第5卷，页11b—14a）；一次差错（第5卷，页14a—16a）；晋国（第1卷，页44b—49a）；岷国（第4卷，页56b—60a）；庆怀郡国（第1卷，页43a—44b）；庆城郡国（第1卷，页49a—50b）。见柯律格（Craig Clunas），*Screen of Kings: Royal Art and Power in Ming China*（Honolulu: University of Hawaii Press, 2013）。

70. 《桂洲先生奏议》，第60册，页334—335。

71. 《桂洲先生奏议》，第60册，页335—336。

72. 《桂洲先生奏议》，第60册，页382—383;《南宫奏稿》，第4卷，页53b—56a。

73. 《夏桂洲先生文集》，第74册，页579—580。

74. 《桂洲先生奏议》，第60册，页337—338。

75. 《桂洲先生奏议》，第60册，页338—339。

76. 《新校明通鉴》，第4册，页2041—2042。

77. 《桂洲先生奏议》，第60册，页577—578。

78. 《桂洲先生奏议》，第60册，页578—580。

79. 《夏桂洲先生文集》，第74册，页639。

80. 《桂洲先生奏议》，第60册，页580—581。

81. 《桂洲先生奏议》，第60册，页557—558。

82. 晋升的职位被猜测是詹事。

83. 《桂洲先生奏议》，第60册，页581—582。编者给这道奏疏所加的日期是8月14日（七月二十二日）。夏言一定有正确的日期。

84. 姜永琳译，*The Great Ming Code: Da Ming Lü*（Seattle: University of

Washington Press, 2005），第16节，页18。

85.《桂洲先生奏议》，第60册，页585。

86.《桂洲先生奏议》，第60册，页585—586。

87.《桂洲先生奏议》，第60册，页586—588；《明史》，第196卷（霍韬传）。

88.《桂洲先生奏议》，第60册，页588—589。费宏是1525年至1527年的首辅，他是杨廷和的继任者。

89.《新校明通鉴》，第4册，页2129—2130。

90.《南宫奏稿》，第5卷，页3a—7a，9ab；《桂洲先生奏议》，第60册，页542—543。宣告同样被精心安排，见第60册，页352—353。

91.《南宫奏稿》，第5卷，页22a—29a；《桂洲先生奏议》，第60册，页348—350。

92.《桂洲先生奏议》，第60册，页351—352。嘉靖的答复（如果有的话）并没有被提供。

93.《桂洲先生奏议》，第60册，页354—355。

94.《桂洲先生奏议》，第60册，页353—354，页360—361。婴儿的母亲是庄嫔王氏。

95.《桂洲先生奏议》，第60册，页522—525（其中一条并不属于：页524，第16条。《南宫奏稿》，第3卷，页10a—11b，是对完全不同的另外一件事的部分回复）。

96.《桂洲先生奏议》，第60册，页522，页525—528；夏言，《夏桂洲先生文集》，第74册，页524—526，页578—579。在去皇陵的路上，皇帝经过昌平县，免除了当地三分之二（或三分之一）的税负，赐给长者粟帛。他注意到沙河县人口非常稀少，并指示为了北京的安全，要加强当地的防御。见《新校明通鉴》，第4册，页2124—2125；《国榷》，第4册，页3526。

97.《国榷》，第4册，页3577。

98.《桂洲先生奏议》，第60册，页474以下。仅嘉靖十五年（1536），就有总计68道对皇帝的礼物和其他表示尊重的纪念品的谢恩疏。

99.《明史》，第196卷（列传）。王世贞写的传记说法也类似；收录于《国朝献征录》，第1册，页560—568。

100.*DICTIONARY OF MING BIOGRAPHY*，第2册，页1029—1035（莫

登庸传)；《夏桂洲先生文集》，第74册，页457—458。

101. 见王世贞写的传记。

102. 同上。

103. 这些谢恩疏收录于《桂洲先生奏议》，第60册，页474—519。

104. 《明实录》，第81册，页4645。根据《明实录》，第81册，页4645以下，37人被推荐，但是大部分人被拒绝了。

105. 《明实录》，第81册，页4645—4646。

106. 《明实录》，第81册，页4646。

107. 《明实录》，第81册，页4659。

108. 《明实录》，第81册，页4669—4670；《新校明通鉴》，第4册，页2159—2160；《国榷》，第4册，页3593。

109. 其中许多可在《夏桂洲先生文集》中找到。

110. 《夏桂洲先生文集》，第75册，页114; DICTIONARY OF MING BIOGRAPHY，第2册，页1169—1170 (邵元节传)。

111. 《新校明通鉴》，第4册，页2182。

112. 《国榷》，第4册，页3587。

113. 《新校明通鉴》，第4册，页2182—2183。

114. 《新校明通鉴》，第4册，页2190—2191。

115. DICTIONARY OF MING BIOGRAPHY，第2册，页1303—1305 (曾铣传)。夏、曾二人都曾经被人们以修建生祠的方式纪念，夏是因为他在青羊山的工作，而曾是因为处理辽东兵变。

116. 曾铣，《复套议》，《四库全书存目丛书·史部》，第60册，页592—666。

117. 《新校明通鉴》，第4册，页2230—2231；《明实录》，第84册，页5924—5928。

118. 《新校明通鉴》，第4册，页2242。

119. 《新校明通鉴》，第4册，页2237。

120. 侯仁之，《北京历史地图集》（北京，1985年)，页31地图。《国朝献征录》，第1册，页361，赵时春对仇鸾用词尖刻的描述。赵相当了解仇，但他对仇在收复河套之议中的角色极少着笔。彭泽是1521年至1523年的兵部尚书，并于1523年去世。

21.《钤山堂集》，第56册，页196—197。

22.《钤山堂集》，第56册，页191—192。

23.《明史》，第308卷(严嵩传);《新校明通鉴》，第4册，页2147—2148;《明堂或问》，《四库全书存目丛书·史部》，第268册，页769—772。

24. 严嵩，《南宫奏议》(续修四库全书)(上海:上海古籍出版社,2002年)，第476册，页263—283，页284—293。

25.《南宫奏议》，第476册，页295—298。

26.《南宫奏议》，第476册，页302—303。

27.《南宫奏议》，第476册，页303。

28.《明实录》，第85册，页6254—6266。

29.《明实录》，第85册，页6268—6269。

30.《新校明通鉴》，第4册，页2152—2153。

31.《新校明通鉴》，第4册，页2153;《南宫奏议》，第476册，页309—314。

32.《南宫奏议》，第476册，页317—319。

33.《南宫奏议》，第476册，页320;《新校明通鉴》，第4册，页2155。

34.《南宫奏议》，第476册，页335。

35.《南宫奏议》，第476册，页338—340。

36.《御著大狩龙飞录》，《四库全书存目丛书·史部》，第45册，页180—216。

37.《明实录》，第81册，页4552—4553。

38.《明实录》，第81册，页4551—4552。

39.《南宫奏议》，第476册，页335—338。

40.《明实录》，第81册，页4603，页4605;陆深，《圣驾南巡日录》，《四库全书存目丛书·史部》，第46册，页607—618;《御著大狩龙飞录》，《四库全书存目丛书·史部》，第45册，页204;涂山，《明政统宗》(台北1969年重印)，第6册，页2299。陆深说张衍庆仅被罚俸六月，也许是嘉靖变得温和了。究竟是谁挽救了嘉靖，并不完全清楚，见沈德符，《万历野获编》，第1册，页142—143。费克光（Carney Fisher）关于嘉靖之行的文章非常值得阅读，见 "Center and Periphery: Shih-tsung's Southern Journey, 1539"，见 *Ming Studies*, no. 18（1984），页

15—34。

41. 《圣驾南巡日录》，第46册，页612—614。

42. 柯律格，*Screen of Kings: Royal Art and Power in Ming China*（Honolulu: University of Hawaii Press, 2013），页59，见其中的彩色照片。

43. 《御著大狩龙飞录》，第45册，页206—207。

44. 《南宫奏议》，第476册，页348—349。

45. 《明实录》，第81册，页4650—4665；《南宫奏议》，第476册，页321—325。

46. 见《（万历）承天府志》，页24—66。该建筑花费巨大，从1539年到嘉靖统治结束共计998 900两白银。

47. 《南宫奏议》，第476册，页330—333。

48. 《南宫奏议》，第476册，页499—502；王伊同，*Official Relations between China and Japan, 1368–1549*（Cambridge, MA: Harvard University Press, 1953），页78—81。

49. 《南宫奏议》，第476册，页496—497。

50. 《南宫奏议》，第476册，页493—496；另见《皇明经世文编》，第14册，页461—472。这部巨著只收录了严嵩大量作品中的极少一部分，他关于外交关系的奏疏除外。这道奏疏的其余部分是关于"回夷"和"汉回"的长篇发言。他接下来提出了关于测试、任命以及监视通事和翻译的实用建议。

51. 《南宫奏议》，第476册，页502—503。

52. 《南宫奏议》，第476册，页503—504。在《皇明经世文编》这道奏疏的副本中，一条行间评注责备严嵩认为惩罚外夷入贡愆期为制夷要策（见14册，页481）。严嵩在随后的一道奏疏中说："钦降段正解送出境……启其贪得之望，犬羊之性无厌……不满所欲，适足启衅……买办采段布疋，足以为军门一时犒赏，后不为例。"10月14日，嘉靖表示同意。《南宫奏议》，第476册，页504。

53. 《南宫奏议》，第476册，页504—506。

54. 《桂洲先生奏议》，《四库全书存目丛书·史部》，第60册，页356—360。

55. 《桂洲先生奏议》，第60册，页575—576；一个较短的版本见《夏桂洲先生文集》,《四库全书存目丛书·集部》, 第74册, 页625—627。

56.《南宫奏议》, 第476册, 页473—474, 页477—480。

57.《南宫奏议》, 第476册, 页480—481。

58.《南宫奏议》, 第476册, 页482—484。

59.《南宫奏议》, 第476册, 页485—488。

60.《南宫奏议》, 第476册, 页488—491。

61.《南宫奏议》, 第476册, 页491—492。

62.《明实录》, 第82册, 页4966—4973;《国榷》, 第4册, 页3601—3603; 另见罗荣邦（Jung-pang Lo）, "Policy Formulation and Decision-Making on Issues Respecting Peace and War", 见贺凯（Charles O. Hucker）编, *Chinese Government in Ming Times: Seven Studies*（New York: Columbia University Press, 1969）, 页63—66; *DICTIONARY OF MING BIOGRAPHY*, 第2册, 页1029—1035（莫登庸传）。

63.《南宫奏议》, 第476册, 页429—430, 页433—434;《国朝献征录》, 第2册, 页771—772（伦文叙传）。

64. *DICTIONARY OF MING BIOGRAPHY*, 第1册, 页36—42（湛若水传）; 穆四基（John Meskill）, "Academies and Politics in the Ming Dynasty", 见贺凯编, *Chinese Government in Ming Times*, 页152—156; 穆四基, *Academies in Ming China: A Historical Essay*（Tucson: University of Arizona Press, 1982）; 科大卫, "The Emperor in the Village: Representing the State in South China", 见周绍明编, *State and Court Ritual in China*, 页282—297（Cambridge: Cambridge University Press, 1999）。

65.《南宫奏议》, 第476册, 页434—435。

66.《明实录》, 第80册, 页4191;《南宫奏议》, 第476册, 页422—424; 穆四基, *Academies in Ming China*, 页95。另见施珊珊, *Community Schools and the State in Ming China*（Stanford, CA: Stanford University Press, 2006）, 页160—161。

67.《南宫奏议》, 第476册, 页450—452。《明实录》, 第80册, 页4292。

68.《南宫奏议》, 第476册, 页418—421。云南六凉卫因为某些原因允许设立学校, 但没有廪膳。

69.《南宫奏议》, 第476册, 页430—431。

70. 《南宫奏议》，第476册，页432；《明实录》，第80册，页4333。

71. 《南宫奏议》，第476册，页443—444。

72. 《南宫奏议》，第476册，页446—447。

73. 《南宫奏议》，第476册，页447—448。

74. 《南宫奏议》，第476册，页448—449。

75. 《南宫奏议》，第476册，页449—450。太常寺也需要厨师。不清楚厨师是共用的，还是每个寺各有自己的。

76. 《南宫奏议》，第476册，页445—446。

77. 《南宫奏议》，第476册，页444—445；另见《历官表奏》，第2卷，页12b—14b。

78. 《南宫奏议》，第476册，页397—415。

79. 《南宫奏议》，第476册，页384—386。

80. 《南宫奏议》，第476册，页389—391。

81. 《南宫奏议》，第476册，页391—392。

82. 《南宫奏议》，第476册，页392—394。

83. 《南宫奏议》，第476册，页394—396。

84. 《南宫奏议》，第476册，页396。

85. 同上。

86. 朱鸿林（Hung-lam Chu），"The Jiajing Emperor's Interaction with His Lecturers"，见鲁大维（David M. Robinson）编，*Culture, Courtiers, and Competition: The Ming Court（1368–1644）*（Cambridge, MA: Harvard University Asia Center, 2008），页197。

87. 《历官表奏》，第1卷，页5b—8a；《明实录》，第81卷，页4868。《明实录》实际上只提到了持不同意见者。

88. 王　岗（Richard G. Wang），*The Ming Prince and Daoism: Institutional Patronage of an Elite*（Oxford: Oxford University Press, 2012）。

89. 《国榷》，第4册，页3279；《明史纪事本末》，第52卷（世宗崇道教）。

90. 这篇神道碑文见《国朝献征录》，第8册，页5285—5260；另见《明史》，第307卷；以及*DICTIONARY OF MING BIOGRAPHY*，第2册，页1169—1170（邵元节传）。

91. 《明实录》，第82册，页5247—5252。

92.《历官表奏》，第1卷，页8a—12a。

93.《明实录》，第82册，页5259—5260；《历官表奏》，第10卷，页5a—6a。

94.《明实录》，第82册，页5269。

95.《明实录》，第82册，页5282；《历官表奏》，第10卷，页6b—7a。

96.《历官表奏》，第10卷，页7a—11b。

97.《明实录》，第83册，页5396—5397。

98.《历官表奏》，第10卷，页12b—14a。严嵩后来给许赞写了神道碑文，完全没有提到这件事。

99.《明实录》，第83册，页5397—5398。

100.《国朝献征录》，第2卷，页1121—1122（赵时春所作的《王与龄行状》）；《明史》，第207卷（王与龄传）。

101.周怡，《讷豀奏疏》（四库全书珍本九集，1979年），页17a—22a。

102.例如过庭训编，《明代分省人物考》，收入《明代传记丛刊》（台北：明文书局，1991年），第138册，页563—564；汤斌编，《潜庵先生拟明史稿》，收入《明代传记丛刊》（台北：明文书局，1991年），第159册，页766—776。周怡所作的另一道日期注明为1543年6月8日的长篇奏疏详述了樊继祖的五条罪行，但没有提到严嵩。

103.《讷豀奏疏》，页43b—44b。

104.《历官表奏》，第10卷，页14a—15b。

105.参见Zhang Xiangming，"A Preliminary Study of the Punishment of Political Speech in the Ming Period"，见 *Ming Studies*, no. 62（2010），页56—91。

106.《讷豀奏疏》，页43b—44b。

107.杨爵，《杨忠介集》（四库全书珍本五集，第356册），第2卷，页11a。

108.《杨忠介集》，第1卷，页1a—4a。

109.《杨忠介集》，第1卷，页1a—4a，页4a—11b。另见《国朝献征录》，第5册，页2882（杨爵传）。

110.《杨忠介集》，第1卷，页11b—18b。

111.《新校明通鉴》，第4册，页2175。

112.《新校明通鉴》，第4册，页2177—2178；《国榷》，第4册，页3611，

页3619;《杨忠介集》，第3卷，页7a—12a。

113.《明实录》，第82册，页5269—5270; *DICTIONARY OF MING BIOGRAPHY*，第2册，页1506—1508（杨爵传）。

114. 嘉靖的前任正德帝也不喜欢紫禁城，所以他把自己的行动基地移到了同样在西苑内的豹房。见盖杰民，"The Leopard Quarter during the Cheng-te Reign"，见 *Ming Studies*, no. 24（1987），页1-38。

115. 沈德符，《万历野获编》，第1册，页65，第2册，页469—471;《明史》，第114卷（方皇后传）。

116.《国榷》，第4册，页2634; 傅凤翔编，《皇明诏令》（1548年，台北1967年重印），第4册，页1964—1967。参见 Bao Hua Hsieh, "From Charwoman to Empress Dowager: Serving Women in the Ming Palace"，见 *Ming Studies*, no. 42（1999），页26—80。

117. 沈德符，《万历野获编》，第2册，页471。

118.《历官表奏》，第6卷，页1ab。

119.《历官表奏》，第6卷，页1b—2a。

120. *DICTIONARY OF MING BIOGRAPHY*，第2册，页1266（陶仲文传）;《明史》，第307卷（段朝用传）。

121.《历官表奏》，第11卷，页2a。

122.《历官表奏》，第11卷，页2a—3a。

123.《国朝献征录》，第2册，页1393（顾可学传）;《明史》，第307卷（列传）;《历官表奏》，第11卷，页3a—3b。

124. 严嵩解释说："秋石制法，载在本草及奇效良方……原非秘术隐法，民间知者多，制者亦多。"盛端明受到湛若水、欧阳德等坚定的儒家信徒的尊敬。

125.《历官表奏》，第10卷，页15a—17a;《明史》，第210卷（何维柏传）。

126.《明实录》，第83册，页5567—5569。

127.《国榷》，第4册，页3660（引自徐学谟）;《明史》，第193卷（翟銮传）。

128. 见《钤山堂集》，第34册。《新校明通鉴》（第4册，页2211）认为："銮自以行边起用，通贿赂，得再柄政，声誉日衰。至是复为其子所累，讫不复振。"

129.《历官表奏》，第13卷，页6a—8a。

130.《历官表奏》，第6卷，页6b—7b。

131.《国朝献征录》，第1册，页587—591（汪道昆所作李本传）。在去职后的1561年，他将姓名改为吕本。

132.例如王维桢，《王氏存笥稿》，《四库全书存目丛书·集部》第103册，页176（与严东楼书）。

133.对于1550年9月至10月的事件，见《明实录》，第85册，页6482—6512以下；高岱，《鸿猷录》（1557年，台北1977年重印），页1422—1442；《明史纪事本末》，第59卷（庚戌之变）；*DICTIONARY OF MING BIOGRAPHY*，第1册，页252—255（仇鸾传）。

134.《明实录》，第85册，页6547—6549。谷应泰补充了进一步细节："（严嵩之）私徒南还，辎车数十乘，軿车四十乘，潞河楼船十余艘，贮载而归，悉假别署封identified识。"见《明史纪事本末》，第54卷（严嵩用事）。

135.《明实录》，第85册，页6549；《历官表奏》，第14卷，页7a—8b；《新校明通鉴》，第4册，页2275。

136.杨继盛的故事见韩慕肯（Kenneth J. Hammond），*Pepper Mountain: The Life, Death, and Posthumous Career of Yang Jisheng*（London and New York: Routledge, 2007）。

137.《明实录》，第86册，页6912；《新校明通鉴》，第4册，页2306—2307。

138.《历官表奏》，第15卷，页4b—6a。

139. *DICTIONARY OF MING BIOGRAPHY*，第1册，页631—638（胡宗宪传）；贺凯，"Hu Tsung-hsien's Campaign against Hsu Hai, 1556"，见小弗兰克·基尔曼（Frank A. Kierman Jr.）、费正清编，*Chinese Ways in Warfare*（Cambridge, MA: Harvard University Press, 1977），页273—307；卫思韩（John E.Wills Jr.），"Maritime China from Wang Chih to Shih Lang: Themes in Peripheral History"，见史景迁（Jonathan D. Spence）、卫思韩编，*From Ming to Ch'ing: Conquest, Region, and Continuity in Seventeenth-Century China*（New Haven, CT, and London: Yale University Press, 1979），页201—238。

140.这里引用了许多主要人物在*DICTIONARY OF MING BIOGRAPHY*中的传记，其中有赵文华和胡宗宪。另见《历官表奏》，第12卷，页

1a—12a；赵文华，《赵氏家藏集》（四库未收书辑刊，第5辑），第19册，页229—239（信件和命令）。

141. 邹应龙的奏疏在各种来源中有少许不同。见《明实录》，第90册，页8386—8388；《国榷》，第4册，页3977；《新校明通鉴》，第4册，页2429—2430；以及《明史》，第210卷（邹应龙传）。

142.《明实录》，第90册，页8388—8390。

143.《明实录》，第90册，页8389—8390；《新校明通鉴》，第4册，页2430。

144.《明实录》，第90册，页8890—8891。

145. *DICTIONARY OF MING BIOGRAPHY*，第1册，页924—926（林润传）。据记载，罗龙文"贾人子，以善浮水尝受总制胡宗宪金二十万，往贼酋汪直所，解桐乡围"。见《国朝献征录》，第4册，页2676（林润传）。罗龙文正是通过胡宗宪的影响力进入严世蕃的圈子，并成为一名中书。

146.《明实录》，第91册，页8737。

147.《明史》，第210卷（林润传）。

148.《明实录》，第91册，页8789—8791。

149.《明实录》，第91册，页8792。

150. 达第斯，*A Political Life*，页142—143。

151. 这些资料后来被加上了《天水冰山录》的标题（暗示巨额财富易受损害），见《知不足斋丛书》（台北1964年重印），第6册，页3705—3840。张显清，《严嵩传》，页375—391，其中有一份严氏持有的书画清单。

152.《明史》，第308卷（严世蕃传）。

153.《明史纪事本末》，第54卷（严嵩用事）。

154. 达第斯，*A Political Life*，页147。

155.《明实录》，第91册，页8891；《新校明通鉴》，第4册，页2453。

156.《明史》，第210卷结尾。

157.《明实录》，第91卷，页8792—9793。

第五章

1. 对于接下来几页的内容，史料引文可见达第斯，*A Political Life*。

2. 徐阶，《世经堂集》，《四库全书存目丛书·集部》，第79册，页476—477。

3. 《新校明通鉴》，第4册，页2066—2067。黎贯有着令人感兴趣的职业生涯，见《国朝献征录》，第5册，页2854—2855（黄佐所作的墓志）。王汝梅的论据是有力的，见《明史》，第208卷，黎贯（王汝梅）传。另见《明实录》，第77册，页2823—2833。关于先师庙的议题，见司马黛兰（Deborah Sommer），"Destroying Confucius: Iconoclasm in the Confucian Temple"，见魏伟森（Thomas A. Wilson）编，*On Sacred Grounds: Culture, Society, Politics, and the Formation of the Cult of Confucius*（Cambridge, MA: Harvard University Asia Center, 2002），页95—133。另见她的 "Ming Taizu's Legacy as Iconoclast"，见施姗姗编，*Long Live the Emperor! Uses of the Ming Founder across Six Centuries of East Asian History*（Minneapolis: Society for Ming Studies, 2008），页73—86。

4. 王世贞，《徐阶行状》，收入《弇州山人续稿》（台北1970年重印），第13册，页6246—6250。

5. 见 George L. Israel，*Doing Good and Ridding Evil in Ming China: The Political Career of Wang Yangming*（Leiden: Brill, 2014）。

6. 《弇州山人续稿》，第13册，页6254。

7. 申时行，《赐闲堂集》，《四库全书存目丛书·集部》，第134册，页471—477（徐阶墓志铭）。

8. 《弇州山人续稿》，第13册，页6254。

9. 《新校明通鉴》，第4册，页2223；《明史》，第186卷（列传）；*DICTIONARY OF MING BIOGRAPHY*，第1册，页608—609（许赞传）。具有讽刺意味的是，严嵩写了他的神道碑，除了乏味的赞美外什么也没说。见《国朝献征录》，第1册，页581—583。

10. 《明史》，第197卷（列传）；《国朝献征录》，第2册，页1033—1034（墓碣）。

11. 《弇州山人续稿》，第13册，页6255；《明史》，第203卷（列传）。

12. 姜永琳译，*The Great Ming Code: Da Ming Lü*（Seattle: University of Washington Press, 2004），页58。

13.《世经堂集》，第79册，页461—462。

14.《世经堂集》，第79册，页459—460。

15.《世经堂集》，第79册，页463—464。

16.《世经堂集》，第79册，页486—487。

17.《世经堂集》，第79册，页501—512。

18.《世经堂集》，第80册，页146—149。

19.《世经堂集》，第79册，页483—485，页489—490。

20. 达第斯，*A Political Life*，页23。

21.《国榷》，第4册，页3737。《国榷》中有另一条此事的错误条目（第4册，页3707）。

22.《世经堂集》，第79册，页481—483。

23. *DICTIONARY OF MING BIOGRAPHY*，第1册，页373—375（朱纨传）；《新校明通鉴》，第4册，页2265。

24.《明实录》，第85册，页6462—6463。

25.《明实录》，第85册，页6466，页6470。

26.《明实录》，第85册，页6482—6483。

27.《明实录》，第85册，页6483—6484。

28.《明实录》，第85册，页6484—6485。

29.《明实录》，第85册，页6486—6488。

30.《世经堂集》，第79册，页490—491（这道奏疏的《明实录》版本被删节了，第85册，页6488—6489）。

31.《世经堂集》，第79册，页369。

32.《明实录》，第85册，页6489—6495。

33.《世经堂集》，第79册，页369—370。

34. 要更准确地了解俺答汗，参看艾宏展（Johan Elverskog），*The Jewel Translucent Sutra: Altan Khan and the Mongols in the Sixteenth Century*（Leiden: Brill, 2003）。1594年，萧大亨的《北虏风俗》一书填补了这一空白，见司律思（Henry Serruys）收录于 *Monumenta Serica* 10（1945）页117—208的法文译本。

35.《明史》,第211卷(周尚文传)。

36. 我略微修改了 A Political Life 页26—27对这件事所描述的内容。

37.《明实录》,第85册,页6497—6498。

38.《世经堂集》,第79册,页491;《明实录》,第85册,页6500—6501,有删节。《明实录》接着评论道:"虏自壬寅以来,无岁不求贡市……乃庙堂不为之主议。既大言闭关以绝其意,又不修明战守之寔而为之备。至于戎马饮于郊圻,腥膻闻于城阙……为一切苟且之政,以敛财供费,而民愈困……政以贿成,士由幸进,十余年间,海内骚动……祖宗德泽,固结民心,幸靡有他,不然天下之祸可胜讳哉。"

39.《明实录》,第85册,页6501,页6506—6509。

40.《明史》,第202卷(聂豹传)。

41.《世经堂集》,第79册,页491—492;《明实录》,第85册,页6509—6510;《国朝献征录》,第4册,页2425—2426(何栋墓志铭)。

42.《世经堂集》,第79册,页370—371。

43.《世经堂集》,第79册,页493—495。

44.《世经堂集》,第79册,页495—496。

45.《新校明通鉴》,第4册,页2279—2297。

46.《世经堂集》,第79册,页737。

47.《世经堂集》,第79册,页371。显然,徐阶说服了嘉靖放弃支持仇鸾攻打兀良哈的领土,以报复其支持俺答的计划。徐认为:"永撤我百八十年之藩篱……我得其地,不能戍,将毋为虏外圉何?"见王世贞,《徐阶行状》,收入《弇州山人续稿》,第13册,页6270。

48.《世经堂集》,第79册,页371。

49.《新校明通鉴》,第4册,页2297。夏燮可能是在记述传闻证据。

50. 徐阶为他的亲家公写的墓志铭中对这一切的表述相当不同:"鸾病死,其所畜死士,故尝横于京师,及是惧罪,汹汹思变。公为好语安之,而奏请还诸各镇,京师遂安……剖其棺,斩首传示九边。公分遣旗校……尽获其党,时义、侯荣等以置诸法。义、荣本与虏通,当是时,非公几北走虏矣。"(《世经堂集》,第79册,页737。)

51.《明实录》,第86册,页6827—6828。

52. 高岱,《鸿猷录》(1557年,台北1977年重印),页1422—1442。徐

阶也在一道在他被任命为大学士时准备的奏疏中，将北京的奢侈生活方式作为目标，但是由于某种原因，他没有提交，或许是因为害怕冒犯严嵩。"近年以来，在京大小官员于饮食、服用、居室、舆马及一应问劳往来之礼，俱喜以奢侈，至相夸耀……其禄入势不能以自给，禄入既不能自给，则其势不容不苟取于外。然欲苟取于外，而无以庇之，则人莫之与也，故必巧为延誉，曲加援引……浚军民之膏血以利其身图，而皇上安民御房之盛心又于是乎梗矣……伏乞圣明……敕锦衣卫严禁坊肆制造……奇巧华丽之物……如有违者……军民听该卫拿问。"（《世经堂集》，第79册，页497—498。）

53. 见《国朝献征录》，第1册，页360—363。另见《明史纪事本末》，第59卷（庚戌之变）；*DICTIONARY OF MING BIOGRAPHY*，第1册，页252—255（仇鸾传）；达第斯，*A Political life*，页47以下。

54. 《世经堂集》，第80册，页17—20（欧阳德神道碑铭）。

55. 《新校明通鉴》，第4册，页2366—2368。

56. 《新校明通鉴》，第4册，页2420；缩写见《明实录》，第90册，页8267。嘉靖驳回了弹章。

57. 《新校明通鉴》，第4册，页2435—2436。

58. 达第斯，*A Political Life*，页43—47。

59. 达第斯，*A Political Life*，页47—65。

60. 达第斯，*A Political Life*，页89—137。

61. 对于徐阶作为首辅的任期的引文来源，参看达第斯，*A Political Life*，页139—170。

62. 《明实录》，第91册，页9065—9068。

63. 《国榷》，第4册，页4037—4038，列举了数条。编纂者谈迁认为："今治不及开元、庆历，而亦无天汉、天宝之失。"

64. 《明史》，第18卷。

参考文献

史　料

《兵部问宁夏案》，《玄览堂丛书》版，台北 1981 年重印

陈子龙编，《皇明经世文编》，全 30 册，台北 1964 年重印

傅凤翔编，《皇明诏令》，全 4 册，台北 1967 年重印

高岱，《鸿猷录》，台北 1977 年重印

谷应泰，《明史纪事本末》，全 80 卷

桂萼，《文襄公奏议》，《四库全书存目丛书·史部》（1996 年），第
60 册

过庭训编，《明代分省人物考》，《明代传记丛刊》（台北：明文书
局，1991 年），第 138 册

黄宗羲，《明儒学案》，全 62 卷

霍韬，《渭厓文集》，《四库全书存目丛书·集部》（1997 年），第
68—69 卷

焦竑编，《国朝献征录》，全 8 册，台北 1965 年重印

李春芳，《李文定公贻安堂集》，《四库全书存目丛书·集部》（1997
年），第 113 册

李时，《南城召对》，《四库全书存目丛书·史部》（1996 年），第 46 册

陆深,《圣驾南巡录》《大驾北还录》,《四库全书存目丛书·史部》(1996年),第46册

《明史》,全332卷

《明实录》,全133册,台北1962年重印

《御制火警或问》,《四库全书存目丛书·史部》(1996年),第57册

《御著大狩龙飞录》,《四库全书存目丛书·史部》(1996年),第45册

《明代登科录汇编》,全22册,台北1969年重印

《民国平顺县志》,《中国地方志集成:山西府县志辑》,第42册

沈德符,《万历野获编》,全3册,北京:中华书局,1980年

申时行,《赐闲堂集》,《四库全书存目丛书·集部》(1997年),第134册

谈迁,《国榷》,全6册,北京:古籍出版社,1958年

汤斌编,《潜庵先生拟明史稿》,《明代传记丛刊》(台北:明文书局,1991年),第159册

《天水冰山录》,《知不足斋丛书》版,全6册,台北1964年重印

涂山,《明政统宗》,台北1969年重印

王世贞,《弇州山人续稿》,全18册,台北1970年重印

王维桢,《王氏存笥稿》,《四库全书存目丛书·集部》(1997年),第103册

《(万历)承天府志》,北京:书目文献出版社,1990年重印

夏燮,《新校明通鉴》,全6册,台北:世界书局,1962年

夏言,《夏桂洲先生文集》,《四库全书存目丛书·集部》(1997年),第74—75册

夏言,《桂洲先生奏议》,《四库全书存目丛书·史部》(1996年),第60册

夏言，《南宫奏稿》，《四库全书珍本四集》（1973 年），第 109 册

徐阶，《世经堂集》，《四库全书存目丛书·集部》（1997 年），第 79 册，第 80 册

严嵩，《历官表奏》，1812 年刊刻版

严嵩，《南宫奏议》，《续修四库全书》，第 476 册，上海 2002 年重印

严嵩，《钤山堂集》，《四库全书存目丛书·集部》（1997 年），第 56 册

杨爵，《杨忠介集》，《四库全书珍本五集》（1974 年），第 356 册

曾铣，《复套议》，《四库全书存目丛书·史部》（1996 年），第 60 册

张孚敬，《太师张文忠公集》，《四库全书存目丛书·集部》（1997 年），第 77 册

张孚敬，《谕对录》，《四库全书存目丛书·史部》（1996 年），第 57 册

赵文华，《赵氏家藏集》，《四库未收书辑刊》，第 5 辑（1997 年），第 19 册

周怡，《讷谿奏疏》，《四库全书珍本九集》（1979 年），第 117 册

今人论著

曹国庆，《严嵩年谱》，北京：中国人事出版社，1995年

Chu Hung-lam（朱鸿林）."The Jiajing Emperor's Interaction with His Lecturers," in *Culture, Courtiers, and Competition: The Ming Court (1368–1644)*, David M. Robinson（鲁大维）ed. (Cambridge, MA: Harvard University Asia Center, 2008), 197

Clunas, Craig（柯律格）. *Screen of Kings: Royal Art and Power in Ming China.* Honolulu: University of Hawaii Press, 2013

Dardess, John W.（达第斯）*A Ming Society: T'ai-ho County, Kiangsi, in the Fourteenth to Seventeenth Centuries*. Berkeley: University of California Press, 1996

―――. *A Political Life in Ming China: A Grand Secretary and His Times.* Lanham, MD: Rowman & Littlefield, 2013

―――. "Protesting to the Death: The *fuque* in Ming Political History." *Ming Studies*, no. 47(2003): 86–125

Ditmanson, Peter（戴彼得）. "Imperial History and Broadening Historical Consciousness in Late Ming China." *Ming Studies*, no. 71 (2015): 23–40

杜联喆编,《明朝馆选录》, Ming Biographical History Project, *Monograph* No. 1, 1966

Elman, Benjamin A.（艾尔曼）*A Cultural History of Civil Examinations in Late Imperial China.* Berkeley: University of California Press, 2000

Elverskog, Johan（艾宏展）. *The Jewel Translucent Sutra: Altan Khan and the Mongols in the Sixteenth Century.* Leiden: Brill, 2003

Fisher, Carney T.（费克光）"Center and Periphery: Shih-tsung's Southern Journey." *Ming Studies*, no. 18 (1984): 15–34

―――. *The Chosen One: Succession and Adoption in the Court of Ming Shizong.* Sydney: Allen & Unwin, 1990

Geiss, James（盖杰民）. "The Significance of the Reign Title Chia-ching." *Ming Studies*, no. 30 (1990): 37–51

Goodrich, L. Carrington（富路特）、Chaoying Fang（房兆楹）eds, *Dictionary of Ming Biography.* 2 Vols. New York: Columbia University Press, 1976

Herman, John E.（何汉德）*Amid the Clouds and Mist: China's Colonization of Guizhou, 1200–1700.* Cambridge, MA: Harvard University Asia Center, 2007

Hammond, Kenneth J.（韩慕肯）*Pepper Mountain: The Life, Death, and Posthumous Career of Yang Jisheng.* London and New York: Routledge, 2007

Ho Ping-ti（何炳棣）. *The Ladder of Success in Imperial China, 1368–1911.* New York: Wiley, 1964

Ho Yun-yi（贺允宜）. "Ideological Implications of Major Sacrifices in Early Ming." *Ming Studies*, no. 6 (1978): 55–73

侯仁之,《北京历史地图集》, 北京: 北京出版社, 1985 年

Hsieh Bao Hua. "From Charwoman to Empress Dowager: Serving Women in the Ming Palace." *Ming Studies*, no. 42 (1999): 26–80

Hucker, Charles O.（贺凯）"Hu Tsung-hsien's Campaign against Hsu Hai, 1556." in *Chinese Ways in Warfare*, Frank A. Kierman、John K. Fairbank（费正清）eds, 273–307. Cambridge, MA:Harvard University Press, 1977

Israel, George L. *Doing Good and Ridding Evil in Ming China: The Political Career of Wang Yangming*. Leiden: Brill, 2014

姜永琳译. *The Great Ming Code: Da Ming Lü*. Seattle: University of Washington Press, 2005

Lam, Joseph S. C.（林萃青）*State Sacrifices and Music in Ming China: Orthodoxy, Creativity, and Expressiveness*. Albany: SUNY Press, 1998

Lo Jung-pang（罗荣邦）. "Policy Formulation and Decision-Making on Issues Respecting Peace and War." in *Chinese Government in Ming Times: Seven Studies*, Charles O. Hucker ed., 41–72. New York: Columbia University Press, 1969

McDermott, Joseph P.（周绍明）编, *State and Court Ritual in China*. Cambridge: Cambridge University Press, 1999

Meskill, John（穆四基）. "Academies and Politics in the Ming Dynasty." in *Chinese Government in Ming Times: Seven Studies*, Charles O. Hucker ed., 149–174. New York: Columbia University Press, 1969

―――. *Academies in Ming China: A Historical Essay*. Tucson: University of Arizona Press, 1982

Miyazaki Ichisada（宫崎市定）. *China's Examination Hell*. Conrad Schirokauer（谢康伦）trans. New Haven, CT: Yale University Press, 1981

Mote, F. W.（牟复礼）. *Imperial China, 900–1800*. Cambridge, MA: Harvard University Press, 1999

Mote, Frederick（牟复礼）, Denis Twitchett（崔瑞德）编, *The Cambridge History of China*. Vol. 7, *The Ming Dynasty, 1368–1644*. Part I. Cambridge: Cambridge University Press, 1988

Pearson, Richard. *Ancient Ryukyu: An Archeological Study of Island Communities*. Honolulu: University of Hawaii Press, 2013

Schneewind, Sarah（施姗姗）. *Community Schools and the State in Ming China*. Stanford, CA: Stanford University Press, 1999

———ed., *Long Live the Emperor! Uses of the Ming Founder across Six Centuries of East Asian History*. Minneapolis: Society for Ming Studies, 2008

Sommer, Deborah（司马黛兰）. "Destroying Confucius: Iconoclasm in the Confucian Temple." in *On Sacred Grounds: Culture, Society, Politics, and the Formation of the Cult of Confucius*, Thomas A. Wilson（魏伟森）ed., 95–133. Cambridge, MA: Harvard University Asia Center, 2002

———. "Ming Taizu's Legacy as Iconoclast." in *Long Live the Emperor! Uses of the Ming Founder across Six Centuries of East Asian History*, Sarah Schneewind ed., 73–86. Minneapolis: Society for Ming Studies, 2008

Taylor, Romeyn（戴乐）. "Official Religion in the Ming." in *The Cambridge History of China*, Vol. 8, *The Ming Dynasty, 1368–1644*. Part 2, Denis Twitchett, Frederick W. Mote eds., Cambridge: Cambridge University Press, 1998

Wang, Richard G.（王岗）*The Ming Prince and Daoism: Institutional Patronage of an Elite*. Oxford: Oxford University Press, 2012

Wang Yi-t'ung（王伊同）*Official Relations between China and Japan, 1368–1549*. Cambridge, MA: Harvard University Press, 1953

Wills, John E., Jr.（卫思韩）"Maritime China from Wang Chih to Shih Lang." in *From Ming to Ch'ing: Conquest, Region, and Continuity in Seventeenth-Century China*, Jonathan D. Spence（史景迁）, John E. Wills Jr. eds., 201–238. New Haven, CT: Yale University Press, 1979

Zhang Xiangming. "A Preliminary Study of the Punishment of Political Speech in the Ming Period." *Ming Studies*, no. 62 (2010): 56–91

张显清,《严嵩传》, 合肥: 黄山书社, 1992 年

出版后记

　　嘉靖帝绝对是中国古代史上最富传奇色彩的皇帝之一。他在位 45 年，避居西苑二十余载，时而整顿朝纲，励精图治，时而崇信道教，宠信权臣，是各类小说、电视剧、民间传说里的常客。

　　嘉靖帝的独特，从他继位时就开始显现。通过耗时三年的大礼议之争，他终于扳倒了三朝元老杨廷和，将自己的得力助手张璁（张孚敬）送上了首辅之位。本书围绕的核心，便是嘉靖帝与统治期间最重要的四位首辅大臣的关系。本书用"四季"来比喻嘉靖帝牢牢抓住控制国家的缰绳之后，其漫长统治的四个阶段。每一个阶段的突出标志在于不同的、强有力的首辅：张璁、夏言、严嵩、徐阶，分别对应春、夏、秋、冬四个季节。他们与皇帝合作，应对迄至当时世界上要求最高的政治责任。作者揭示皇帝如何与大臣合作治理国家，皇帝如何与成熟的行政官僚体系博弈共存，使读者更清晰地了解明代中后期的政治运转特点，透视最高统治者与位极人臣者之间的互动关系。

图书在版编目（CIP）数据

嘉靖帝的四季 / (美) 窦德士著 ; 谢翼译 . -- 北京 : 九州出版社 , 2021.1

ISBN 978-7-5108-9794-8

Ⅰ . ①嘉… Ⅱ . ①窦… ②谢… Ⅲ . ①中国历史—明代 Ⅳ . ① K248

中国版本图书馆 CIP 数据核字 (2020) 第 221679 号

Four Seasons: A Ming Emperor and His Grand Secretaries in Sixteenth-Century China

by John W. Dardess

Copyright © 2016 by Rowman & Littlefield

Published by agreement with the Rowman & Littlefield Publishing Group through the Chinese Connection Agency, a division of The Yao Enterprise, LLC.

Chinese simplifed translation copyright © 2021 by Ginkgo (Beijing) Book Co., Ltd.

All Rights Reserved.

著作权合同登记号：图字 01-2021-0065

嘉靖帝的四季

作　　者	[美]窦德士 著　谢翼 译
责任编辑	周　春
出版发行	九州出版社
地　　址	北京市西城区阜外大街甲35号(100037)
发行电话	(010) 68992190/3/5/6
网　　址	www.jiuzhoupress.com
电子信箱	jiuzhou@jiuzhoupress.com
印　　刷	北京盛通印刷股份有限公司
开　　本	889 毫米 × 1194 毫米　　32 开
印　　张	10.5
字　　数	236 千字
版　　次	2021 年 6 月第 1 版
印　　次	2021 年 6 月第 1 次印刷
书　　号	ISBN 978-7-5108-9794-8
定　　价	68.00 元